北京外国语大学中央高校基本科研业务费专项资金资助（Supported by the Fundamental Research Funds for the Central Universities），项目名称：从语言接触角度看《清议报》中的“的”字用法，项目编号：2012XJ009

近代中日词汇交流与“的”“性”“化”构词功能的演变

杨超时　著

中国社会科学出版社

图书在版编目(CIP)数据

近代中日词汇交流与“的”“性”“化”构词功能的演变 / 杨超时著 .
—北京：中国社会科学出版社，2017. 12

ISBN 978-7-5203-0519-8

Ⅰ. ①近… Ⅱ. ①杨… Ⅲ. ①词汇-文化交流-研究-中国、日本-近代
Ⅳ. ①H363②H134

中国版本图书馆 CIP 数据核字(2017)第 135670 号

出 版 人 赵剑英
责任编辑 宫京蕾
特约编辑 大 乔
责任校对 季 静
责任印制 李寡寡

出 版 中国社会科学出版社
社 址 北京鼓楼西大街甲 158 号
邮 编 100720
网 址 http：//www. csspw. cn
发 行 部 010-84083685
门 市 部 010-84029450
经 销 新华书店及其他书店

印刷装订 北京君升印刷有限公司
版 次 2017 年 12 月第 1 版
印 次 2017 年 12 月第 1 次印刷

开 本 710×1000 1/16
印 张 18. 5
插 页 2
字 数 267 千字
定 价 78. 00 元

序　言

杨超时是我指导的第四个博士生，前面的三个学兄学姐都出版了专著，这次轮到她似乎是情理之中的事，其实背后经历了许多曲折和艰辛。虽然博士毕业已有六年了，我还清楚地记得她为完成博士论文终日若有所思、神情恍惚的样子，感叹她当年真是下了大功夫。

近代中日词汇交流史研究不过三四十年的历史，先由日本学者起步，中国学者随后加入。在汉语方面，19—20 世纪之交进入汉语的日语词汇被称为日语借词，在汉语的外来词中，日语借词的数量和作用均居首位。日语借词研究具有三方面的特点：一是需要中日对接，双向推进。比如要认定某个词是日语借词，既要弄清日语中的源头，还要说明进入汉语的过程。如果有可借鉴的研究成果自然幸运，否则就必须自己动手去查找日语的词源。二是需要做足词源考证的功夫。比如 1984 年出版的《汉语外来词词典》，只列出 890 多个日源词的词目却没有拿出任何依据。反观日本学者的研究，则尽量罗列例证，做到言必有据，值得我们学习。三是需要宏观梳理与微观描述并举。前者大多以一种或多种文献为范围，对其中的日语借词进行穷尽性的辨别和整理。后者主要以一个或若干个日语借词为对象，开展从日语词源到进入汉语的全程调查。

可喜的是，杨超时的专著在以上三个方面都取得了实实在在的进展。近年来，采用宏观梳理的研究比较多见，相比之下，本书的微观视角属于冷门，加之研究对象并非实词类日语借词而是虚词类的后缀，关于“的、性、化”的选题有何意义呢？

“的”是在宋元白话资料中逐渐形成的结构助词，它的部分用法于江户时期随白话小说传入日本，影响了日语。传统的汉语书面语一向只用“之”而不用“的”，直到20世纪初，“的”才开始出现在书面语里并逐渐取代了“之”。然而查看一些20世纪初译自日文的资料，会发现其中有不少“的”是从日语原文直接照搬进汉语的。那么，“的”取代“之”的变化是单纯由汉语内部的原因所致，还是与日语的影响有关？为了弄清这个问题，本书作者调查了中日双方的一手资料，并以词汇学的分析方法得出了自己的结论。

“性”和“化”在汉语里称为类词缀，虽然语法功能与“的”不同，但共同点是它们都受到过日语的影响。清末以前“性”和“化”只能充当二字词的后语素，而由于日语借词的影响，现代汉语的“—性”和“—化”不仅增加了充当三字词后语素的功能，还从一般的实义构词语素转变为虚义类词缀。本书作者通过调查和梳理中日双方的资料，对以上变化过程进行了细致的解读。

当然，“—的”在日语和汉语里的使用率极高，涉及的资料面太广，不能指望本书描述出“的”在中日词汇交流史中的全貌。同时，“—性”和“—化”在日语里发生变化的时期一前一后，进入汉语的时间也不相同，需要进一步扩大资料的覆盖面，才能提供足够的例证。总之，希望杨超时再接再厉，今后能取得更多的成果。

北京外国语大学日语系教授、博士生导师　朱京伟

2017年6月22日

序章

本书的意义与研究方法

语言是人类文明的“专利”，文字是人类文明的“积淀”。中华古老文明的一个重要表征，是象形的汉字，汉语的最大特点是同它农耕文化背景相适应的相对的稳定性；然而，同其他语言一样，汉语也有着属于自己的发展过程。其间，不同语言的交融，是打破这种“稳定”的重要诱因。在漫长的发展过程中，给汉语带来变化的交融发生过很多次。这其中，作为当今世界上仅有的两个使用汉字的国家，中日语言的近代交流尤为值得关注。本书以后缀为切入口，探求中日两国近代语言的交流及演变情况。

1. 近代词汇交流研究的概况

早在20世纪就有中国学者针对近代的汉语交流问题展开过研究。如王力（1958）论述中指出：“开明人士纷纷介绍西洋的哲学、社会科学和自然科学，因此，西方哲学、社会科学和自然科学的名词术语大量传入中国。……从鸦片战争到戊戌政变（1898），新词产生是有限的。从戊戌政变（1898）到‘五四’运动（1919），新词产生得比较快。”以此为契机，很多研究者开始对近代两国词汇交流，即“借词”问题进行研究。如王立达《现代汉语从日语借来的词汇》（1958）、冯天瑜《新语探源》（2005）、朱京伟『《清議報》に見える日本語からの借用語』（2008）、沈国威《近代中日词汇交流研究——汉字新词创制、容受与共享》（2010）等。目前中日词汇交流的研究相对偏重于个别“借词”的问题，缺乏关于两者构词法上的交流关系的关注。研究单位多局限为二字词汇，如“政治”“经济”等，但是对于更大语言单位上的研究，如三字词汇、派生构词等，并没有给予过多的关注。王立达曾指出过：“在现代汉语中，有许多从现代日语中借来的词汇。……我们试着翻阅一下《新名词词典》《新知识词典》一类的工具书，即可发现其中所收的词汇几乎有一半是借自日语的”；“现代汉语词汇里凡是词尾是‘化’‘式’‘炎’‘力’‘性’‘的’‘界’‘型’‘感’‘点’等的词，都是从现代日语中借用过来的，或是利用这种构词法创造的。例如：速成式、一元化、多元化、支配力、可能性、现实性、民族的、思想界、生命线、辩证法。”① 笔者虽不能完全赞同论文作者的一些“结论”，但对上述两段论证中提及的问题产生了兴趣：文中所说汉语从日语中借用了很多带后缀的词汇，这些词汇是怎样从日语“借用”来的；文中提到的词尾应该就是现在汉语界多数定义为后缀或类词缀的用法②，它们在现代汉语构词中发挥着巨大的作用，能确定全部来自日语吗；为什么汉语语素会成为日语的后缀，其后又怎样传回到汉语中来；汉语与日语的这种交流与影响具体发生在何时，又是以何种方式与形式表现出来的，是否有规律可循等。上述问题是笔者兴趣所在，是笔者选择本课题的原因。

2. 本书的研究内容、目标及意义

笔者希望通过对近代中日双方后缀的历时性研究，解决以下一些问题：（1）明确中日两国近代语中重要后缀“的”“性”“化”的使用情况；（2）明确各个研究对象在中日两国近代语言史上的交流情况及演变；（3）在近代语中和研究对象相关的词汇、结构的用法；（4）明确近代汉语中的用法是否受到日语的影响，若受到影响表现在哪些方面；（5）各后缀在构词时表现出的特点及其规律。

---

① 王立达：《现代汉语中从日语借来的词汇》，《中国语文》1958 年第 2 期。

② 对于“词尾”和“后缀”的区别，《现代汉语词典》（1995）中如此解释：【词尾】，加在词的最后，表示词形变化的词素，如站着的“着”，孩子们的“们”，汉语语法著作中常用“词尾”兼指后缀和词尾。【后缀】，加在词根后面的构词成分，如“作家”、“科学家”里的“家”，“规范化”“绿化”里的“化”，“人民性”“党性”里的“性”。从这样的解释来看，本选题中涉及的对象更适合定义为“后缀”；另外考虑到日语中「接尾辞」的对应，“后缀”也是相对严密的用语。

本书首次系统地历时性研究后缀用法，笔者认为有以下几个方面的意义：（1）从中日词汇交流研究上来看，目前历时性研究中还有很多空白等待解决，弥补这些研究空白有助于构造中日词汇交流研究的整体性和系统性；（2）从词汇学来看，后缀用法是主要的构词法，调查历史上的用法可以进一步完善目前后缀构词的研究；（3）整理近代词汇调查的资料，探讨历时性后缀研究的方法。

3. 本书的研究方法

针对目前中日交流研究的现状，笔者解决本书的问题站在“中日词汇交流史”和“中日后缀研究”的两个研究背景中进行。由此，本书的研究方法为：（1）从近代中日词汇交流切入，总结目前在历史维度的研究及两国现代语后缀研究；（2）以调查近代资料为基础，分别对研究对象的中日两国近代语言中的用法进行分析；（3）从构词的角度，利用对实例的分析，考察近代汉语的后缀在与近代日语交融中产生的变化，两者的相互关系及影响；（4）最后尝试在上述研究的基础上对中日近代词汇交流，尤其是对近代汉语后缀产生的影响，得出规律性认识及结论。

所谓“温故而知新”，笔者认为解决本书涉及的问题，不仅可以加深对中日两国词汇交流的认识，还可进一步追溯现代中日两种词汇用法异同的来源，从历时的视角透视中日词汇交流研究的现实意义。

目　录

第一章

与本研究相关的前人研究

本书涉及汉、日两种语言的后缀问题。界定并确认研究对象必须兼顾历史断代与地域影响、典型意义与使用频率等。本章笔者选择了和本研究背景密切相关的研究，对前人研究目前的情况进行整理。内容主要包括以下几个部分。首先，研究对象的选择及后缀的确认应该在近代中日词汇交流的大背景之中进行，故需要探讨目前中日词汇交流研究的现状。其次，从后缀研究的角度对研究对象的“典型性”和“普遍性”进行调查；研究对象在汉日词汇交流中可能产生的影响力；在现代语中使用情况的异同；初步掌握各个研究对象的构词情况。最后，总结前人研究的成果和各种研究方法的借鉴之处。明确本书内容在目前该研究领域中的所处位置。

第一节　汉日词汇交流研究的历史及现状

作为仅存的使用汉字的两个国家，中日双方的词汇学者分别站在本国语言的立场上论述过词汇的交流问题。他们的研究反映了汉日词汇交流的必要与意义。本节也将分别从中日研究者的视点出发，将上述研究进行分类和比较，探讨该领域研究的历史及现状，把握汉日词汇交流研究的大背景，为本研究搭建一个可靠的平台。

一　以汉语为对象的研究

所谓“以汉语视点为基础”是指汉语在和外国接触时，从汉语的变化角度出发并以此为基础进行的研究。从历史上看，近代汉语的演化与变迁受到了来自多方面的影响。本节以“近代”为关键词，[①]尝试总结近代汉语受到来自外语影响的历史。由于本书也倾向于站在汉语视点上的研究，故首先进行这部分内容的总结和梳理。明确此领域研究现状有助于把握本书研究的位置和价值。以笔者目前调查的情况来看，有以下几个主要的前人研究。

（1）王力[②]

《汉语史稿》在第四章第五十五、五十六节“鸦片战争以前、后汉语的借词和译词”中，多次提到这一时期汉语中产生了很多新词，指出：“开明人士纷纷介绍西洋的哲学、社会科学和自然科学，因此，西方哲学、社会科学和自然科学的名词术语大量传入中国。……从鸦片战争到戊戌政变（1898），新词产生是有限的。从戊戌政变（1898）到‘五四’运动（1919），新词产生得比较快。”

从以上论述中我们可以看出，词汇史上的“近代”以1898年为起始点是易于接受的；而笔者认为，在词汇交流的研究领域，以汉语为角度进行语言接触的研究，必须关注另外一件对中日词汇交流具有重大影响的历史事件，即“自1896年清政府正式选拔派遣了13名留学生到日本”[③]。据此，本书把“近代”的起始点确定为1896年。其“近代”的含义是从1896年开始到1919年这一历史时段。这一“断代”虽表面上有悖于“从戊戌政变到‘五四’运动”的标准，但在语言学或词汇学，尤其是中日词汇交流研究的意义上，这一“断代”考虑到了首批留日学生及其后的留学生对中日词汇交流的作用及影响，更符合词汇交流史意义上的时代划分。

另外，王力指出：“现代汉语中的意译词语，大多数不是中国人

---

① 笔者这里一概不予考虑关于汉语在古代和日语或是翻译佛教用语时和印欧语系发生的互相影响的研究。原因有二：笔者考察的对象大致确定为“近代”，即鸦片战争后中国社会发生急剧变化，开始吸收西方近代各种知识的时期。另外，从语体的变化来看，本书倾向于考察从古典文言文到现代白话文转变这一过渡时期。故对于古典汉语和各国外语的接触方面的研究不予涉及。

② 王力：《汉语史稿》，中华书局1958年初版。本书实际使用的是1980年重排版本，第587—613页。

③ ［日］実藤惠秀：『中国人日本留学史稿』，黑潮出版社1970年版，第76页。

自己创译的，而是采用日本人的原译。换句话说，现代汉语吸收西洋词语是通过日语来吸收的。……中国早期的留学生以留学日本为多，他们很自然地把日本译名搬到中国来。”由此，不难发现，这一时期日语对汉语的巨大影响。汉语“采用日本人的原译”从日语吸收了大量的词汇，这一结论已经被之后的研究者证实了。

《汉语史稿》中主要有两方面的内容值得借鉴：①对于近代的划分，尤其是从词汇角度对近代期的划分是笔者需要确定的；②大致概括了当时近代汉语“借用”日语的情况。

（2）王立达①

《现代汉语从日语借来的词汇》重点论述了从日本“借词”的问题，受到当时很多中日语言研究者的重视，但他的结论因为时代原因也曾引发争论。笔者认为其研究日语借词的角度非常值得借鉴。在论文中，作者共搜集到可以判定为日语借词的用例 589 个。这也是第一篇量性统计汉语中日语借词的论文，可以说是里程碑式的研究。他具体将这些日语借词分为八类，包括日语的音译词、训读词②、近代新词、进入汉语后意义发生变化的词、中国古典词在日本获得新义后回流汉语的词、日本的国字等。从他的论述中我们可以看出，他从语义角度对日语借词做了详细的分类，另外，从量化角度统计并探究搜集到的词汇，也大大提升了论文的说服力。事实上，在他的影响下，其后的词汇交流研究都很注重量化的方法，也是这篇论文的价值所在。

该论文中对后缀构词方面的论述也是笔者选题的原点。其中指出：“现代汉语词汇里凡是词尾是‘化’‘式’‘炎’‘力’‘性’‘的’‘界’‘型’‘感’‘点’等的词，都是从现代日语中借用过来的或是利用这种构词法创造的。例如：速成式、一元化、多元化、支配力、可能性、现实性、民族的、思想界、生命线、辩证法。”③ 前面二字加后面

---

① 王立达：《现代汉语从日语借来的词汇》，《中国语文》1958 年第 2 期。

② “训读”是日语汉字的一种读法，王立达的论文中没有对训读做解释，可能是考虑到论文读者多有日语基础，事实上作为一般读者，对于“训读”还是比较陌生的，还有后面的“国字”都是这种情况，应该给予读者解释。这里只引用原文说法。

③ 王立达：《现代汉语中从日语借来的词汇》，《中国语文》1958 年第 2 期。

一字构成的三字词中，后缀的一字很不稳定，和前面二字的组合没有什么规律可言，有的几乎和所有词性的二字词都能组合，如“性”。有的则比较固定，如“化”。这样的情况使“词”的判断非常困难，即使判定为一个三字词，字典上也很可能不会作为一个词条给予解释，更不用说其和日语的关系了。由此也可以推断，近代后缀构词的这种“自由”(不确定性)、难以判断的特点可能造成汉字后缀研究的滞后。笔者需在以后的研究中探讨适当的后缀构词的调查方法。文中提到“的”受到日语影响非常值得深入探讨，值得注意。因为在汉语中“的”不会被视为后缀构词；另外，作为一个与语体有密切关系的关系助词，“的”的演变直接体现和影响汉语语体的发展。

《现代汉语从日语借来的词汇》中的一部分研究是笔者选题的起因，其中有很多内容值得笔者借鉴，这里概括为以下几个方面：①谈到汉字后缀构词的问题，并把其列入研究对象；②提到了从日语中借用了“的”；③定量性的研究方法。

(3) 荒川清秀[①]

由于一些历史原因，20世纪50年代的研究热潮过后直到80年代后期，国内词汇界才有了新的研究出现；而在隔海的日本，随着日本国内语言研究的进展，也有一些日本的学者注意到日语对外输出的现象，并进行了考证。如：『漢語と日本人』[②] 中对跨越千年的汉日语言交流进行了论述，并指出梁启超为近代汉语吸收日语起到了很大作用。这种具体到个别人物用词的研究，拓宽了之后的研究领域。以此为契机，有更多的学者也把目光投放到了近代。其中，荒川清秀是比较典型的代表人物。『近代日中学術用語の形成と伝播——地理学用語を中心に』[③] 中，对地理学用语“半岛”“盆地”“回归线”等词

① ［日］荒川清秀:「日本漢語の中国語への流入」,『日本語学』17-5，明治書院1998年版。虽然荒川为日本学者，但笔者选取的内容和近代汉语更加接近，故放入本节内容中。

② ［日］鈴木修次:『漢語と日本人』，みすず書房1978年版。

③ ［日］荒川清秀:『近代日中学術用語の形成と伝播——地理学用語を中心に』，白帝社1997年版。

的来源做了辞源上的考查，对上述诸词的产生和传播做了大量的实证研究。

另外，荒川的论文「日本漢語の中国語への流入」中结合前人的研究成果，概括出当时近代日语词汇进入汉语的几种途径。这对于调查资料是极具参考价值的。例如，文中提到近代日语词汇进入汉语的四个方式：「（1）清末中国人の遊記類、（2）ロプシャイトの英華字典、（3）留学生による翻訳書と梁啓超らの活動、（4）辞書・用語集にとられた日本語」，其中第三种途径「留学生による翻訳書と梁啓超らの活動」更是最主要的，「こうした遊記の多くは、後の日清戦争後の留学生の翻訳活動や梁啓超らの新聞による活動とは比べようがない小規模なものである。日本漢語が中国語となるには、それ相当の量的な広がりを必要としたのである。」由上述论述可以发现：清末梁启超等进步人士做了很多翻译工作，他和留学生们在其创办的《清议报》《新民丛报》上，使用了大量的日语词汇。而这种在公开出版物中广泛使用日语词汇的结果是扩大了日语的影响，是日语词汇进入汉语的最有效途径。

笔者认为荒川的研究有以下几个内容需要注意：①近代日语词汇进入汉语的途径可以为选择调查资料提供线索；②应对近代词汇在双方语言中的使用进行实证性的研究。

（4）沈国威[①]

《近代中日词汇交流研究——汉字新词创制、容受与共享》是对近代中日词汇交流的全面总结，共五编，包括语言接触编、词汇交流编、词源考证编等，这里不一一列举。其中论及日语进入汉语的途径时指出："19 世纪末 20 世纪初的一段时间里，成千上万的留学日本的中国人、在中国各类学校担任教师的日本人（以下简称为日本教

① 沈国威：《近代中日词汇交流研究——汉字新词的创制、容受与共享》，中华书局 2010 年版。作者 1994 年在日本出版的『近代日中語彙交流史』也是写近代中日词汇交流的研究，由于内容的关系，最新的 2010 版本包括了 1994 年的内容，故此处选取 2010 年在中国出版的版本。

习）和大量译成中文的日本书籍将近代西方新的知识体系带进了中国。”① 文中还对个别的用例进行了词源考证，如“热带”“陪审”“化学”，其考证方法很多不仅是语言学方面的，还包括自然科学、人物志方面的。这表明在进行近代词汇研究时，不能忽视作为时代背景的社会关系、人际关系。例如，梁启超的用例，若用例是他在日本期间使用的，那么其受日语影响的可能性将会大大提高。

《近代中日词汇交流研究》是现阶段这个领域研究的总结，具有很强的代表性。其中①从各个角度系统全面地分析近代词汇；②注意历时性研究的特点等研究方法值得笔者借鉴。

（5）贺阳②

近年，伴随国内语言学研究领域的不断扩展，原来聚焦于基础语法研究的状况有了很大改变，学者们将目光投放到更广阔的视点。语言接触理论便是其中一个很活跃的视点：如胡开宝（2006）《汉外语言接触研究近百年：回顾与展望》中就提到过“语言接触（language contact）主要指语言内部接触和语言外部接触。前者是双语人心理词库中的两种或几种语言之间的相互影响，具体表现为口头交际形式，又称为直接语言接触。后者则指语言应用过程中，两种或几种语言经由文字传播或文献翻译等途径所发生的接触，即间接语言接触”③。而运用这种理论进行研究似方兴未艾，这里仅举近期出版的《现代汉语欧化语法现象研究》来考察除日语以外的外语对汉语产生的影响研究有何进展。

贺阳《现代汉语欧化语法现象研究》（2009）第六章“连词、助词的欧化现象”中针对五四以后“de”字在书写形式上分化为“的”和“地”的情况进行了论述，通过比较旧白话和新白话，认为“的”字的书写形式分化与印欧语言的影响大概只有一种间接的影响关系，

---

① 沈国威：《近代中日词汇交流研究——汉字新词的创制、容受与共享》，2010 年，第 232 页。

② 贺阳：《现代汉语欧化语法现象研究》，商务印书馆 2009 年版。

③ 胡开宝：《汉外语言接触研究近百年：回顾与展望》，《外语与外语教学》2006 年第 5 期。

这种关系是："人们仿照英语等印欧语言中形容词与副词的形式区别，将'de'在书面上分化为'的'字和'地'字，'的'字被确定为定语标记，'地'字被确定为状语标记。"并且"在一个不太长的时间内，'de'的这种书面上的分化，借助大量翻译作品的影响便迅速流行开来"。

形容词		副词	
active	积极的	actively	积极地
anxious	忧虑的	anxiously	忧虑地
brave	勇敢的	bravely	勇敢地
carm	镇静的	carmly	镇静地
mild	温和的	mildly	温和地

前面的两段论述，首先引发了笔者这样的思考：①"五四"时期的语言基本上已经属于比较成熟的白话，这种所谓的新白话不是突然产生的，而是在之前通过文言文和白话文融合而产生的。仅考察白话方面的变化是不是忽视了来自文言文的影响；当时文言文中"的"字是如何使用的，是否也受到印欧语言的影响，或是其他语言的影响。②这里提到的"大量的翻译作品"都是指哪些？其传播途径是什么？

针对这些问题，笔者认为：只有对"大量的翻译作品"的"典型"词汇及例词进行梳理，尤其是通过西洋→日本→中国这样的路径来对中国的词汇进行具体分析，展开对这些作品中"的"字的使用，以及其对"新白话"影响的调查，才能深化这一课题的研究。

另外，贺阳关于"语言接触""强度"的观点虽有新意，但值得我们深思。文中提道："语言接触可以具有不同的接触强度，接触强度越高，接触所引发的语言影响也就越广泛，越深刻，不同语言社团交往的密切程度、语言社团的双语化程度等因素都会直接影响接触强度的等级。"若照此"分等"，日本与中国比邻又同样使用汉字，而且两国历史文化背景，尤其是词汇的"交融"及影响密不可分，因此日语理应成为汉语"语言接触"的主要对象。笔者认为，就近代汉语后缀的形成与演变而言，是不能否定"日本制造"对汉语的影响的，在这一特定的前提下，研究汉日语言的交流，比其他语言和汉语的交流更为重要。

二　以日语为对象的研究

与上一小节中的研究内容相对应，这里是以日语研究为基础的词汇交流研究，即包括汉语的外语对日语的影响研究。中日词汇交流的历史长河中，除了前面提到的近代时期，在古典汉语时期，几乎是单方面的汉语→日语的输出。由前一节的前人研究内容，我们可以推测，近代时期开始，两国词汇的交流可能从汉语→日语的输出，转变为“日语→汉语”的输出。也就意味着近代日语中「漢語」的用法可能对近代汉语产生了影响。[①] 故本节将调查关于近代日语中「漢語」的研究，希望借此把握向中国“输出”前日语的情况，即把明治二十六年（1896）之前日语的使用情况搞清。下面选择关于近代日语中「漢語」的主要研究进行介绍。

（1）山田孝雄[②]

如果说王力代表了中国的语言学者开始关注日语对汉语的影响，那么在日本首先关注「漢語」对日语影响的就是山田孝雄。山田『国語の中に於ける漢語の研究』可算是近代日语「漢語」研究的开山之作。著作中论及汉字词流入的历史，汉字词的认定范围，汉字词的特点、字形、渊源、在汉语中的现状和汉字词对日语的影响等问题。涉及的时间跨度之广、用例之多前所未有。基于山田的研究，使我们能更为直观、全面地了解近代「漢語」：

「江戸時代に至りての漢学の奨励は漢文漢語の勢力をますます盛んにし、漢文はなほ国家公式の文として用いられ、学者と名づけられるるものは皆漢文を用いて、公式の著述をなしたれば、

---

① 在日语里也被叫作「漢語」，为了区别中文的“汉语”，本文使用「漢語」表示，也可译为“汉字词”。

② ［日］山田孝雄：『国語の中に於ける漢語の研究』，宝文館 1940 年版。

その影響は国語界にも及び、漢詩文的の熟語の著しく日用の言語、文章に混入せるをみる。そしてこの傾向は明治維新以後ますます甚しくなれるをみる。これその当時政府の要路に立つに至りし所謂元勲と称せられたる人物は皆漢学書生のなりしものなれば、その素養とする所を以て直ちに天下に行ひしが故に、法令布達皆かたくるしき漢語を以て充さるるに至りしなり。」上面这一段论述已经基本勾勒出近代日语中汉语的发展和地位，对于这种发展山田认为「道理もなく、条理も立たず、若し正しき条理をたどりて解釈せばかへりて世の物笑いとなるべきが如くなれるまで、妄りなる語の跋扈するあさましき世となりぬ。」①

这段论述表明，山田对自古以来从中国引进的汉字词是持积极的肯定态度的，而对近代，特别是明治后「漢語」的滥用表示疑虑。这也从一个侧面说明明治时期「漢語」在日本的流行。对于这些流行的日本「漢語」，山田在第五章到第八章中着重进行了论述。此处仅选择与本书相关的内容进行介绍。

山田首先对近代日语中使用的汉语按照构词上的特点进行了分析，即「組織上よりの観察」。其中对三字汉语词，山田认为「三字の漢字が、そのまま国語の中に収用せらるるものはその数多からず。そしてそれらの多くは名詞としてのものなるが、そのうちにも物の名、薬品のな、病の名、音楽の調又は曲の名、官職の名等のものを多しとす。……その他のものにして一の名詞として取り扱はるる三字の漢語は多からず。そしてそれらにはその三字を二分して、下に質をあらはす語を置きて、上にそれを限定して意を明らかにしたるもの多し。そのうちにも、上二字がその意を限定し、下一字が質をあらはすもの多し。」虽然三字汉语词数量并不多，多引自中国的名称，但是其中有一种构词法构成的三字词却占有很大比例，这种

① 两段论述引自山田孝雄『国語の中に於ける漢語の研究』，宝文馆 1940 年版，第 260—265 页。

构词法山田没有明确地给出定义，而是列举了80个用例。从这些用例的解释来看，都是汉语的后缀用例。笔者按其后缀构词数量的多少重新进行了整理：

后缀：用例

人：未亡人、被告人、弁護人、周旋人、風流人

者：修験者、哲学者、案内者、当局者、造物者

官：行政官、裁判官、検査官、監督官

使：観察使、鎮撫使、慰問使　道：明経道、紀伝道、入木道

師：陰陽師、教诲師、調馬師　生：卒業生、得業生、研究生

状：案内状、勧誘状、連名状　経：一切経、大蔵経、十三経

帳：歓進帳、大福帳、出納帳　所：行在所、研究所、出張所

学：朱子学、陽明学、生理学

家：陰陽家、小学家　心：執着心、愛着心

院：学士院、福田院

體：編年體、紀伝體　艦：巡洋艦、戦闘艦

書：通告書、絶交書

宮：十二宮、水晶宮

僧：行脚僧　漢：門外漢　本：袖珍本　図：地球図

集：和歌集

物：出版物　剣：斬馬剣　石：自然石　燈：走馬燈

言：一家言

吼：獅子吼　傳：自叙傳　銘：墓誌銘　眼：一隻眼

城：不夜城

殿：伏魔殿　国：君子国　堂：観音堂　楼：蜃気楼

碑：颂德碑

節：天長節　艇：水雷艇　界：安養界　罪：無量罪

祭：復活祭

从上面山田所列的例子来看，在「若し正しき」时代，日语就从汉语中吸收了很多汉字后缀的用法，虽然后缀的语素都是「質をあらはす」名词，但是数量上和构词能力上的发展潜力已经初见端倪。有

一点引起了笔者的注意，近代日语中使用频繁的「的」「性」「化」「式」[①] 等后缀未见一例。山田没有解释原因，但笔者可以推测有两种原因：要么日语中没有吸收汉语中「的」「性」「化」「式」等后缀用法；或是古典汉语中还没有这些后缀用法。若考虑日本对古典汉籍学习与运用的悠久历史等因素，前者的可能性很小而后者的可能性很大。即当时的汉语中没有「的」「性」「化」「式」这样的后缀用法。由此引发笔者的进一步联想，若当时没有这样的后缀用法，我们现代汉语中常用的这些后缀是怎么来的，无论对于中国还是日本的语言文字研究，这都是一个无法回避的问题。从上面的分析来看，这些用法由日本人自己创造的可能性非常大。

山田的研究内容丰富，论证翔实，成为之后很多研究者借鉴的对象。笔者认为本书需要借鉴的主要内容有：①「漢語」在日语中的发展历史悠久，近代可能创造了新的后缀用法；②明治时期是「漢語」发展的最高峰，明治日语在语体、内容方面都受到「漢語」的巨大影响；③在「漢語」中三字词也是重要的组成部分，其中「□□+□」结构有很多用例出现；④山田调查的范围中三字用例多表示古汉语的专有名词，但山田并没有明确指出这些用例的资料、使用时间。这也是笔者需要注意的问题。

（2）杉本つとむ[②]

近代「漢語」的发展源自兰学时期的翻译。在日本关于兰学翻译的研究，当属杉本。其知名的『江戸時代蘭語学の成立とその展開』全5卷[③]、『江戸時代翻訳日本語字典』[④] 应该是日语史研究界家喻户晓的著作。杉本的研究中论述了兰学者使用「漢語」翻译的情况：

---

① 本文对象涉及中日两国同样的研究对象，为了区别，日语用「」引号，汉语用“”引号，以示区别。

② ［日］杉本つとむ：「近世における外国語の摂取とその影響——近代日本語史の一断面—」，『国語と国文学』，東京大学国語国文学会、至文堂1959年版。

③ ［日］杉本つとむ：『江戸時代蘭語学の成立とその展開』全5卷，東京早稲田大学出版部1977年版。

④ ［日］杉本つとむ：『江戸時代翻訳日本語字典』，東京早稲田大学出版部1982年版。

「江戸の蘭学者たちが我が国最初の蘭学翻訳書「解体新書」の翻訳に苦心したことは玄白の「蘭学事始」で良く知られている。……本木良永（栄之進）が独力で翻訳した最初の天文学書「星術本原太陽窮理了解新制天地二球用法記」は、ほとんど未知の世界であった。ただ一人、苦心を重ねながら訳出していった。」怎样翻译这些从未听说过的事物和名词，当时的日本人采取的一个办法就是用现有的汉字造词。「翻訳することはオランダ語と漢語との対決をせまられるということでもある。……もっとも蘭学者の翻訳によって漢語は急増していくし、造字「腺」のことなどもある。」事实上，这个过程就是近代日语发展的一个契机。「蘭語学が近代日本語の形成に大きな影響を与えている事実も決して見逃すことができない。いわゆる「文明開化」も、蘭学によってその幕が切っておとされたといってよかろう。……彼ら蘭学者により近代文体であるデアル体が創始され、文化や学問を推し進めるための近代日本語がつぎつぎと生まれていった。」上述使人联想到日语在进入汉语时，有没有也同样给汉语带来类似的变化，如新词的创造、新语体的发展。对此杉本曾提醒：「西欧近代文化を受けいれるために、日中は相携えて、その近代化に進んでいったともいえよう。中国の白話文学に及ぼした言文一致運動の影響まで考えれば、なおさら両国の関係は密接であろう。」是应引起足够重视的。

继杉本之后，更多的学者把这部分研究细化。杉本仅对当时的『和蘭辞典』等对译词典进行了研究，而其后的学者则在拓展研究领域的同时，把研究重点转向更为专业的各个领域。如朱京伟（2003）『近代日中新語の創出と交流——人文科学と自然科学の専門語を中心に』[①] 中就对这一时期哲学、植物、音乐方面的新专业术语进行了细致的研究。近代日本兰学的兴起，为明治时期汉字的流行做了准备，也预示日语词汇发展新时代的来临。

---

① 朱京伟：『近代日中新語の創出と交流——人文科学と自然科学の専門語を中心に』，白帝社 2003 年版。

杉本等学者的研究有以下几个内容值得笔者借鉴：①近代「漢語」的发展源头在兰学时期；②「漢語」的产生和翻译内容（西方自然科学知识）和翻译语体（近代汉文体）都有着密切的关系。

（3）佐藤喜代治①和佐藤亨②

另一位在日本汉字词研究界享有盛名的是佐藤喜代治。他在1971年和1970年分别出版了『国語語彙の歴史的研究』和『日本の漢語』。按照古代、中古、中世、近世、近代的时间序列，分析有代表性的「漢語」在日语中的变化。虽然分析用例的量并不大，但注重特定资料中的用例搜集，具有鲜明的特点，『国語』就选取了江户时期知识阶层的名流赖山阳、桥本左内、吉田松阴的书信进行了调查。还选取了当时知名的译著『万法精理』作为资料调查的对象。这些资料开拓了新的研究领域，搭建了深入研究的平台。之后和其思路相似的研究者就要数佐藤亨。

佐藤亨的『近世語彙の研究』、『幕末・明治初期語彙の研究』两部著作，是按照从近世到幕末、明治的顺序，分类选取每一个时期的主要调查资料，对其中使用的词汇出处进行的语言调查。其中『近世』调查了9种资料中的汉语词，『幕末』中调查了12种资料。涉猎资料之广为前人所未有。

笔者认为他们的研究方法非常值得借鉴：①收集大量的实际用例进行实证研究，注重出处的考据；②力求覆盖当时主要有代表性的文本资料；③按照时间顺序注重历时性的分析。

（4）森冈健二③

『近代語の成立　語彙編』是论述明治时期日语对外国语的接受

---

①［日］佐藤喜代治：『国語語彙の歴史的研究』，明治書院1971年版；［日］佐藤喜代治：『日本の漢語―その源流と変遷―』，角川書店1979年版。

②［日］佐藤亨：『近世語彙の研究』（1986）、『幕末・明治初期語彙の研究』，桜楓社1983年版。

③［日］森冈健二首次于1969年写成『近代語の成立　明治語彙編』，明治书院出版，后经改订对其中一些问题进行了补充并在1991年10月由明治書院出版了『改訂　近代語の成立　語彙編』。本次选取的内容实为改订后的版本。

情况。在和外语接触时并不是单一地吸收，其中当然也包括日本人自己的造词。这部分造词是笔者最为关心的问题，因为前面提到「的」「性」「化」的用法很可能是日本人创造的。那么，这个时期日本都造了什么词？为什么会创造这些词？森冈在书中对上述问题给予解释：

> 開化の時期に怒涛のように押し寄せた新概念に対し、日本人が一つ一つ新語を製造してこれに当てることは、事実上困難であったと思われる。したがって、英学のレベルの進んでいた中国語の訳語を一般の翻訳者や辞書編纂者が採用したのは、むしろ自然の勢いであったと思われる。しかし、当時の中国の英学は、イギリス及びアメリカの宣教師たちの仕事の上の必要から生じたものである。そのため、辞書の編纂や聖書の翻訳の面では、大きな功績を残したが、中国人自身が西洋の学術全般を摂取しようという気運ではなかったため、あらゆる領域にわたって、中国語訳が整備されているというわけではなかった。したがって、開化の始めからあらゆる領域を開拓しようとした日本人には、当然、範とすべき中国語を発見し得ない場合も少なくなかったのである。一般用語なら、『英華字典』のような辞書の訳語を借用すれば、大方は間に合うとしても、事、専門術語となるとそうはいかない。ここに、それぞれの領域において、日本人自身の手で術語の作製をなす必要に迫られたと考えられる。①

具体的构词法有以下几种：「1 古語の再生、2 和語に当てた漢字の音読、3 接辞的性格の一字漢字、4 既成漢語による造語」，其中第三种「接辞的性格の一字漢字」和之前山田没有具体定义的后缀构词法异曲同工。对于这类词，他认为：

① ［日］森冈健二：『改訂　近代語の成立　語彙編』，明治書院 1991 年版，第 202 页。

漢字の中には、訓のないものや訓はあっても音のほうがむしろ日本語として熟しているものも少なくない。このような漢字は、和語と同じように、訓に改めることなく、そのままで造語要素となりえる。たとえば、「長」「会長、所長、社長などなど」「量」「雨量、水量、微量」「線」「沿線、直線、下線」の例にならえば、日本人でも割合に自由に造語することができるかと思う。しかし、これらの漢字が、造語要素として、最大の自由度を発揮することができるのは、接辞的な性格をもって既成漢語と合成語を造る場合である。厳密にいえば接辞でなく語であるが、下のような強い造語要素としての性格をもつ一字漢字は、既成漢語の上もしくは下について、自由に新語を作成することができる。

此处，森冈列举了20个用例，如：

的：反面的　式：定形式　法：差違法　性：屈折性　計：角度計

点：孤立点　面：共軛面　数：不変数　角：切触角　題：作図題

円：曲率円　図：側面図　尺：計算尺　学：反射学　器：水圧器

体：蹄形体　節：循環節　術：等周術　論：函数論　率：心差率

他虽然只列举了20个用例，但是我们从中发现了“性”“式”“的”等现代日语中也常用的后缀。说明“这些后缀产生于日本”，首先产生于日本的明治时期，是随着日本人尝试翻译西方知识的过程而形成的。后缀用法的产生虽然可能起源于中国，但是那些以名词后缀为主的词汇不能满足当时新知识、新概念的需要，而富有更深刻抽象含义的新后缀则应运而生。虽然森冈并没有对这些用例的具体用法进行说明，但其提出的「接辞」的构词概念，给日后的研究提供了重要的理论依据。

森冈的另一个重要贡献在于：在近代「漢語」研究领域，从西方语言学的视角出发来研究问题，森冈在著作中启用了「形態素」，汉语中称为“语素”的概念①。森冈利用“语素”的概念，对日语的词汇重新进行了分类、定义。这种尝试给「漢語」的分析注入了新的血液，这对于「漢語」研究近代化的发展，是具有里程碑意义的。

20世纪80年代之后，「漢語」研究进入了新的发展时期，日本国内研究该领域的研究者增多，如柏谷嘉弘（1982）、池上祯造（1984）、松井利彦（1993）、日向敏彦（1993）、高野繁男（2004）②等，从不同角度深入近代日语「漢語」的研究。由于篇幅关系，这里不一一列举，具体涉及与本书相关的内容将在各章介绍。

森冈的研究内容很多，其中和笔者本书内容相关的结论有：①各种原因迫使近代日语造词；②明治时期创造了很多现代日语中仍使用的后缀，如「的、性、化」；③这些语素在当时和既有的汉语词构成了很多新的三字词；④这些自由的汉字语素具有很强的造词能力。

第二节　后缀问题研究的历史与现状

在概括汉日词汇交流研究成果之后，本节将进入本课题的具体研究对象，即关于后缀问题研究。作为三字词构词方式的一种，对于后缀的研究，无论在中国还是在日本都受到普遍关注。本节笔者将分别从中国、日本两个方面，对后缀构词法研究的进展及成果进行概括。

一　汉语方面的定性研究

周荐《三字组合与词汇单位的确定》③曾指出：“三字组合中为

① “语素”的概念首先出自美国描写语言学派，是morpheme的汉译。在日本被翻译为「形態素」。

② ［日］柏谷嘉弘：「漢語の変遷」，『講座日本語学4　語彙史』，明治書院1982年版。池上禎造：「漢語流行の一時期」，『国語・国文学』，中央図書出版社1984年版。松井利彦：「明治初期の漢語の意味」，『国語語彙史の研究18』，和泉書院1993年版。日向敏彦：「近代漢字の位相一明六雑誌を中心として」，『日本語学』7月号，明治書院1993年版。高野繁男：『近代漢語の研究——日本語の造語法・訳語法』，明治書院2004年版。

③ 周荐：《三字组合与词汇单位的确定》，《语言科学》2003年第5期。

学界视为词的单位和大于词的固定短语的单位在数量上不分轩轾，如何将它们正确地划分开来就已经是令人费斟酌的问题。”这种复杂情况导致现代汉语三字词的尴尬处境，这种三字词的难确定性又直接诱发后缀研究的分散与混乱。本节将从定性与定量研究两个方面，分别加以讨论。

（1）吕叔湘和朱德熙①

由于词汇研究界关于如何定义后缀及类后缀一直存在争论，所以如何更清楚地辨识后缀及类后缀一直受到普遍关注。吕叔湘《汉语语法分析问题》中第一次更加明确地指出汉语中存在类词缀：“汉语里地道的语缀并不很多，有很少语素差不多可以算是前缀或是后缀，然而还是差一点儿，只可以称为类前缀或是类后缀……类后缀有员，家，人，民，界，物，品（商品，药品）②，具（用具，吹具，雨具），件（文件，邮件），子（分子，原子，电子，转子），种（军种，兵种），类，别（性别，级别，国别），度，率，法，学，体（磁体，导体，抗体），质，力，气（脾气，才气，勇气），性，化等。说他们得加个‘类’字，是因为它们在语义上还没有完全虚化，有时候还以词根的面貌出现，存在这种类前缀和类后缀可以说是汉语语缀的第一个特点。……汉语语缀的第二个特点是有些语缀（主要是后缀）的附着对象可以不仅是词根或词，还可以是短语。例如：世界战争不可避免论者、战斗英雄、劳动模范们；还有划入助词的了、过、的等，还有一般语法书里没有明确其性质的似的、的话等。不把前缀、后缀总称为词缀而总称为‘语缀’，就可以概括不仅是词的而且是短语的接头接尾成分，连那些不安于位的助词也不愁没有地方收容了。”③ 吕叔湘提出了两个汉语词缀的特点，其中第一个就是“类语缀”，并列举了23个类后缀，对个别的类后缀举了用例。他还解释

① 吕叔湘：《汉语语法分析问题》，商务印书馆1979年版；朱德熙：《语法讲义》，商务印书馆1982年版。

② 括号的用例表示只有在这些用例中，对象才体现类后缀的用法。

③ 吕叔湘：《汉语语法分析问题》，商务印书馆1979年版，第41—42页。

了选择用"语缀"而非"词缀"的原因[1]。这段论述既简洁地给类后缀下了定义，又给予汉语的这种特殊语言现象以全新的解读，为当代数十年的汉语后缀研究拉开了帷幕。

从"类词缀"产生之日起，就有研究者持否定态度，其中立场最鲜明的是朱德熙。他对词缀的定义更为严格。比如在他《语法讲义》[2]中就指出："词缀只表示抽象的语法意义，如'着'，表示动作的持续；词缀都是定位语素，和动词组合的时候，位置总是在动词后边，如'吃着''走着'。这类语素叫词缀，与词缀相对的叫词根。把词缀黏附在词根上的构词方式叫'附加'。所有的不定位语素，我们都不把它看成词缀。如'性''式'可以造词：酸性，硬性，弹性，可能性，新式，老式，手提式；但是也可以造词：性质，性状，式样，式子，这样的前后两个成分之间存在着明显的修饰关系。因此都应该看成是复合词。"以此为准绳，朱德熙认为汉语中真正的后缀只有"阿、子、头、儿"几个。虽然朱德熙的这种意见不断被后来的研究者所诟病，但是笔者认为正是朱德熙提出的"意义虚化"和"定位性"两条严格的标准，为之后的研究者提供了更为明确的探讨空间。

通过二者的论述我们可以知道：①汉语中存在一种"类后缀"，它区别于一般的后缀，具有自己本身的特点；②这种类后缀有时可以变现为派生构词，有时则仍是作为构词语素使用；③朱德熙认为"意义虚化"和"定位性"为类后缀的两条标准。

（2）陈光磊[3]

到了20世纪80年代后期，对于后缀中包含类后缀的这种认知基本已经被确定下来。研究者对"类后缀"进行了各个方面探索。陈

---

① 对于术语的选择也是一个学术界一直争论的话题，后来的研究者也多有选择"词缀"作为统一术语的。因为和选题关系不大，所以笔者这里不对该问题进行讨论。更详细的论述可参照蒋宗许《汉语词缀研究》第五章，巴蜀书社2009年版。在后面的论述中，如果是引用时，笔者维持原作者使用的术语；其余的笔者选择"词缀""后缀""类后缀"。

② 朱德熙：《语法讲义》，商务印书馆1982年版。本书引用的版本是2007年商务印书馆（香港）有限公司重印的版本。新版里对于后缀的论述没有任何改变。第23页。

③ 陈光磊：《汉语词法论》，学林出版社1994年版，第20—27页。

光磊《汉语语法论》补充了吕叔湘（1979）提出的汉语词缀的两个特点，指出："汉语的词缀有这样一些特点：第一，地道的词缀不是很多，而类词缀相当丰富；第二，有些词缀或类词缀，主要是后缀，其附着的对象可以是词以上的单位，如，者—好事者、持不同意见者，界—创作界、评论界，这实际上是把所附着的短语单词化；第三，从类词缀所构成的词看，绝大多数是体词性的，名词最多。而动词、形容词等相对要少得多：这和类词缀本身的语义特征有关，类前缀多半是限制说明事物的，类后缀本身则大都是从名词演化来的。这种情况有利于我们从构词形式上辨认词类。"从这段论述中可发现类词缀的另一个特点，即类词缀本身的语义特征会影响构成词的词性。

关于词缀的产生，陈光磊认为："汉语里地道的构词词缀不很多，前缀、中缀尤其少，后缀较多些。但是类词缀相当丰富。所谓类词缀，就是类乎词缀的语素。它比词缀的虚化程度差一些，又没有词根的意义那么实；是一种半实半虚一般是虚大于实而在复合词里结合面相当宽的语素。它的虚化程度大小不等，但都是可以明显感受到的。也许可以说它是一种正在转变而尚未最后完成虚化的词缀，是一种'准词缀'或'副词缀'或者说是'预备词缀'。"

陈光磊还列举了"半""超"等类前缀20个，类后缀44个，并把类后缀分为"用于指人名词的，如夫，家，匠，生等16个；其他名词的类后缀也相当丰富，如：观，论，学，派，度，率等26个"，除了这些，陈光磊还指出：

> 化：绿化，美化，净化，同化，工业化，现代化，中国化，经常化，民族化，大众化，规范化（这可能是从翻译英语动词词尾-ize而兴起的，"使化为、使变成"之意。）
>
> 性：普遍性，片面性，可能性，能动性，正确性（这可能是从翻译英语名词词尾-ness而兴起的，造成表示性质、状态的抽象名词。但以"性"为后缀的词有相当一部分并非名词，而是简别词①。）

① "简别词"，区别于定语的名词修饰成分，也有研究者称为"非谓形容词"。

陈光磊在列举类后缀“性”“化”的时候注意到它们产生的问题，并推测是翻译英语动词词尾产生的。这种推断在以往的研究者中没有人提及，之后的后缀研究者则多赞同并附和这种观点，事实上缺少这方面的深入研究。值得注意的是，在汉日词汇交流的研究者中，如王立达（1958）则在很早以前就提到过这些用法来自日本。究竟这些用例中英译的影响早，还是日译的影响早，这种相同研究对象的不同地域词汇交流的相悖的结论，很值得我们注意。而且两者研究都指出类后缀受到外语的影响，却都没有进行论证，这是笔者认为应该继续解决的问题。

陈光磊所论在以下几个方面有启发。①汉语“类后缀”的特点逐渐明确：汉语里类后缀比较丰富；会影响构成词的词性；意义虚化的程度比较模糊。②陈光磊推测类后缀的用法可能产生于英语翻译，但并没有论证。

（3）马庆株①

马庆株的研究中，对现代汉语后缀进行了更为深入的研究。其基本观点和前面研究者一致，而且又发现了后缀的另一个特点：“从历时的古今比较和共时的方言比较的角度来看，和词根相比，词缀古今四方差异大，容易产生和消失，例如上古汉语名词前缀‘於’‘有’‘句’，形容词副词后缀‘而’‘耳’‘如’‘若’等秦汉以后消失了。还有缩略而造成的新后缀。”这是第一次有学者提及历时角度的变化特点，笔者认为这一部分更值得我们关注。马庆株还从以下两个角度对词缀进行了分类②。

第一，按标示词性的功能：单一功能的：名词词缀、动词词缀、形容词词缀、方位词词缀、副词词缀等；多功能的（跨类词缀）：跨类词缀是两类或更多类词共用的词缀。如跨三类词性的类后缀，性：

名/记性，悟性，抒情性，艺术性，哲理性

---

① 马庆株：《现代汉语词缀的性质、范围和分类》，《中国语言学报》1995年第6期。之后马庆株又把这部分内容收录其著作《汉语语义语法范畴问题》，北京语言文化大学出版社1998年版。

② 同上。

区（非谓形容词）/感性，纲领性，过敏性，流行性，中毒性

副/索性，爽性

这是首次在后缀构词内部进一步进行分类的研究，也是笔者值得借鉴的地方。

第二，按词缀的能产性：

词缀：结合面宽的词缀能产型（化、性、学、员），非能产型（子、儿、头）

结合面窄的词缀非能产型（别、个、价、其、来）

除了这些内容，马庆株还提到了语体和词缀的关系："汉语词缀语体色彩很浓，和语体之间的相互选择比较严格。"虽然文中只对口语体的词缀进行了举例，但考虑笔者的选题，语体和词缀的关系也是值得注意的问题。

到了这个时期，后缀和类后缀的定义之争已经告一段落。其后的研究者不再以具体标准来界定这些语言现象，而是按自己的研究内容更加具体、有效地分析问题。如朱亚军《现代汉语词缀的性质及其分类研究》，潘文国等《汉语的构词法研究》，王洪军、富丽《试论现代汉语的类词缀》等，[①] 都从不同的角度有所选择和侧重，对词缀及类词缀的问题进行了论述。

总之，综合上述现阶段研究成果，多数学者认为汉语类词缀应具有以下特点：①意义仍然存在，但开始不完全虚化，产生了某些附加意义；②构词能力较强，可以产生大量的新词语；③具有改变、标示词性的作用；④后缀在历史发展上有变化；⑤用法和语体的关系密切。

二　汉语方面的定量研究

至此，笔者认为国内对于汉语后缀、类后缀特点的研究已经告一段落，近年来有很多学者从量化分析的角度对后缀进行了考察。其中

① 朱亚军：《现代汉语词缀的性质及其分类研究》，《汉语学习》2001年第2期；潘文国、叶步青、韩洋：《汉语的构词法研究》，华东师范大学出版社2004年版；王洪君、富丽：《试论现代汉语的类词缀》，《语言文字学》2006年。

比较有代表性的是杨爱姣和曾立英。

（1）杨爱姣[1]

《近代汉语三音词研究》选取了宋初至清末这一历史断代，从历史演变的角度进行了分析。也可以说为这一历史时期内的共时研究。研究的主体是三音词，对搜集的三音词从构词、演变等角度进行了分析。其中她对后缀的定义非常广泛，选取了很多典型后缀，也列举了一些类后缀。她选取了以《西游记》《水浒全传》《儿女英雄传》《金瓶梅词话》《儒林外史》《红楼梦》《元曲选》等经典文本为参照编辑而成的《近代汉语词典》（许少峰编）、《近代汉语词典》（高文达编）、《宋元语言词典》《宋语言词典》《元语言词典》《唐五代语言词典》共六种词典中的共3228个三音词为调查对象。在其书中确定的词缀也非常丰富，书中称“纯词缀”（以别于类词缀）的包括：“老”“子”“儿”“个”“里”“自”“生”“小”“头”“阿”“上”等，除了“纯词缀”之外，还有一些定义为类词缀成分也包括在调查对象之内，如“人”“手”“家”等。她从语义构成的角度把这类三音词称为“附和构成”。

本书有以下一些问题需要笔者注意：①历时性的量化研究是研究后缀的重要手段；②选择了词典中的用例为研究对象；③对三字词的界定没有提出明确的标准，没有选择典型的研究对象。

（2）曾立英[2]

专门对现代汉语类词缀进行考察的有曾立英《现代汉语类词缀的定量与定性研究》。论文中主要介绍了她的研究方法：“基于《现代汉语语法信息词典》8万词的词库，对类词缀的构词频率进行了统计和分析，同时也对类词缀的能产性、定位性以及虚化程度等构词特征进行了探讨。”“采用定量研究和定性研究相结合的方法，对每一个类词缀从读音、义项、同形、词频、构词方式等方面进行全方位的考察，共确立了现代汉语的单音节类前缀23个、类后缀53个。”这其中所提的类后缀包括

---

① 杨爱姣：《近代汉语三音词研究》，武汉大学出版社2005年版。

② 曾立英：《现代汉语类词缀的定量与定性研究》，《世界汉语教学》2008年第4期。

"单""度""额""犯""方""费""带""性""化""群""症""族""风""感""观""鬼""户""机""计""记""家""件""界""狂""力""率""论""迷""面""品""期""气""器""热""赛""商""生""式""手""术""体""物""星""形""型""学""仪""员""业""园""者""制""状""方"。这种定量分析的方法有利于更准确地把握汉语的后缀。

综上，不难发现：同样是调查后缀用法，基于不同目的在不同时代得到认证的结果也不同。难怪潘文国等（2004）在《汉语的构词法研究》中，关于各研究者对汉语语缀的认定问题写道："在 14 部著作和论文中出现的 340 个语缀或类语缀成分里，只有 16 个或者 4.7%获得多数通过，它们是'—巴''—度''—儿''反—''—了''—化''—家''老—''—们''—然''—头''—性''—员''—者''—着''—子'。另外还有 7 个或者 2.1%达到半数票，它们是'阿—''—的''第—''非—''可—''—人''—士'。两者加在一起，还不到 7%。与此相反，340 个被列举的语缀里，有 223 个提出的语缀，除了提出者外没有得到任何别的人支持。"① 这种对类词缀的不同认定，虽在一定意义上带来某种混乱，却客观地为词缀问题的深入研究提供了可能和更为广阔的研究空间。

从目前的量化研究来看，有以下几个特点：①有共时性量化研究也有历时性量化研究，但是没有兼顾中、日两种语言用法的量化研究。②各研究者在类后缀的认定上存在很大不同，每个人都有自己理解的判定标准，没有统一。③有些类后缀的认定度比较高，如"性""化""者""员"。

三　日语方面的研究

这一节将介绍日本方面的后缀研究。相对于各持己见的中国后缀研究界来说，日本方面的研究则要统一得多。日语称后缀为「接尾

① 潘文国、叶步青、韩洋：《汉语的构词法研究》，华东师范大学出版社 2004 年版，第 81 页。

辞」，一般定义为：「語を構成するにあたって、単独でも語を構成することができ、語の中核的な意味を担うものを語基と呼ぶのに対し、それ自身では語を構成することができず、常に他の造語要素と結合して、形式的な意味を付け加えるものを接辞と呼ぶ。」① 这种情况跟日语本身的特点有关：「漢字のような表形態素文字とカナのような表音節文字を併用する日本語の文字言語は、他に類をみない独特の世界を構成している。」② 日语中有汉字和假名的表记区分，也使词缀按词汇来源可明确地分为「和語系接辞」、「漢語系接辞」と「外来語系接辞」。从选题出发，本节将主要考察日本「漢語系接辞」③ 的用法。日方研究者另外一个特点即很多研究者在论文研究方法上都兼顾了定性和定量的方法，笔者认为这也非常值得借鉴。其中有代表性的是：

（1）野村雅昭④

从20世纪70年代，野村在国立国语研究所期间和其后的十年间，对日语中的汉字词进行了各个角度的分析。他的研究不但概括了前人研究的成果，也基本描绘出现代日语中汉字词的全貌。其中对三字词的研究也是比较成功的。下面笔者将从定性研究和定量研究两个方面评价他的研究：

① 朱京伟：《日语词汇学教程》，外语教学与研究出版社2005年版。

② ［日］野村雅昭：「字音形態素考」，『国語と国文学』，東京大学国語国文学会1999年第5期。

③ 对于「漢語系接辞」的用语，也有不同的说法，如「接辞性字音語基」、「字音接辞」、「副語基」，但这些术语所指内容略有不同。笔者认为「漢語系接辞」更接近选题内容。汉语中使用“构词性词缀”翻译「漢語系接辞」。本文中，引用的场合按原作者的用语，论述时日语使用「漢語系接辞」或「漢語系接尾辞」或中文翻译“后缀”；汉语使用“类后缀”。

④ ［日］野村雅昭：「三字漢語の構造」，『電子計算機による国語研究Ⅵ』，秀英出版1974年版。野村雅昭：「造語法」，『岩波講座日本語9　語彙と意味』，岩波書店1977年版。野村雅昭：「接辞性字音語基の性格」，『電子計算機による国語研究Ⅸ』，秀英出版1978年版。野村雅昭：「複合漢語の構造」，『朝倉日本語新講座1　文字・表記と語構成』，朝倉書店1987年版。野村雅昭：「字音形態素考」，『国語と国文学』，東京大学国語国文学会1999年版。

A. 定性研究

日语中「三字漢語」会以如下几种方式出现①：

1）自立……いわゆる各助詞を伴うもの。

2）派生……接辞や付属的要素を伴うもの。

3）結合 1……語基相当の1 最小単位と結合したもの。

4）結合 2……語基相当の最小単位同士の1 次以上の結合形と結合したもの。

其中词缀的构成方式为（2）派生，其中的「接辞」又必须具备以下几个条件②：

ア. 二字以上の字音複合語基と結合し、かつ和語や洋語の語基とも結合する.

イ. 形式的な意味をあらわす.

ウ. 語基の品詞性をかえ、語の文法的性格を決定する.

从上面的条件来看，基本上和汉语中后缀的判定条件是一致的，如"定位性""语义虚化""标示词性"。这种一致性为中日语言的后缀比较研究从理论上提供了可能性。笔者认为其中"标示词性"的特点有利于笔者研究对象的确定，故进一步参考了野村（1978）。其中野村从标示词性的角度出发把后缀分类为：

1）名詞をつくるもの

—さ（暑—・悲し—）

—け（寒—・ねむ—）

—性（可能—・柔軟—・積極—・自主—）

—イズム（ゆっくりズム・がんばりズム）

2）形容動詞の語幹及びそれに準じた体言をつくるもの

—げ（うれし—・こころよ—）

—そう（寒—・にぎやか—）

—的（法—・機械—・具体—・イデオロギー—）

① ［日］野村雅昭：「三字漢語の構造」，1974 年，第 41 页。

② ［日］野村雅昭：「複合漢語の構造」，1987 年，第 139 页。

—風（王朝—・勤め人—・中国—）

—用（家庭—・子供—・レジャー—）

3）形容詞をつくるもの

—い（赤—・丸—・黄色—）

—しい（とげとげ—・かるがる—）

—ぽい（あきっ—・理屈—）

—らしい（男—・わざと—）

4）動詞をつくるもの

—る（デモ—・サボ—）

—がる（ありがた—・かわい—）

5）サ変動詞の語幹をつくるもの

—化（液—・近代—・合理—）

—視（敵—・問題—・重大—・絶望—）

6）副詞をつくるもの

—に（特—・現—）

—と（じっ—・ほっ—）

上にあげたのは、僅かな例であるが、接頭辞のタイプにくらべると、和語系のものも、かなり働いているようにみえる。ただし、生産性という点では、漢語系のものと比較して、すぐれているとは、いいがたい。和語系のものは、語構成意識としては分解できても、新しい語を派生することは、そうなさそうに思われる。

野村论文中对具有标志词性的后缀的论述和汉语方面陈光磊（1994）、马庆株（1995）的论述是对应的。笔者认为这种从改变词性的特点出发分类后缀的研究方法，有利于我们把握各种不同类型后缀的特点、建立后缀用法的系统性。在选取研究对象时笔者必须重视。

B. 定量研究

野村的研究特别值得借鉴的地方就是在做定性研究时不忘做定量研究；反之亦然。这种定量、定性相结合的方式兼备两种研究方法的优点，直观易懂，客观且说服力强。也是笔者以后论述中努力尝试的方法。而且作为能产性强的“类后缀”，其在实际资料中的使用情况也会反映出它的用法特点。

野村研究中选择的主要资料是一般性的报刊。这样的资料最能体现一个时代后缀构词广泛使用的情况「考察の対象となる主たるデータは、現代新聞の漢字調查（『国立国語研究所報告56現代新聞の漢字』1976）に出現したものである。また、部分的には、科学技術情報センター資料部が、『キーワード　リスト』（『JICST科学技術用語シソーラス』1975）にもとづいて作成した部内資料である、「BASE　LIST」から、用例を補充することもある」。

野村（1978）从使用频度和结合对象数两个角度各选择了前20位的后缀进行了列举：考虑到笔者的选题，结合对象数的情况更值得关注。因为结合对象越多表明它的能产性越强，也是笔者更加关心的研究对象。事实上结合力强的后缀，使用频度也高。「概していえば、結合力のつよいものは、使用度数もおおいといえそうである。」野村列举的前20位的后缀有[①]（以下按照「後部分の語基/結合対象語基数/用例」的顺序排列）：

的534	（積極的・現代的）	者376	（科学者・関係者）
中236	（午前中・前売中）	化206	（機械化・正常化）
会167	（委員会・座談会）	性165	（可能性・生産性）
部146	（宣伝部・文学部）	用141	（家庭用・工業用）
力122	（競争力・防衛力）	局121	（事務局・放送局）
後110	（終戦後・数年後）	品103	（食料品・記念品）
所101	（研究所・裁判所）	上　95	（事実上・地球上）
地91	（住宅地・分譲地）	家　87	（評論家・政治家）
費87	（建築費・予備費）	車　84	（乗用車・機用車）
式79	（折りたたみ式・回転式）	室　79	（休憩室・図書室）

从这个调查结果出发，笔者认为：①从定性、定量的研究来看，汉语和日语在后缀用法上是非常有可比性的；②两国现代语中，「漢

① ［日］野村雅昭：「接辞性字音語基の性格」，1978年，第109—110页。笔者这里进一步缩小只列举前20位的用例。

語系接尾辞」和“类后缀”都是使用频率、认定度非常高的用法，具有很高的研究价值；③在确定研究对象时必须兼顾其在定性、定量两方面用法的特点，即选择时兼顾“典型性”和“普遍性”。综合考虑两国用法，「性」「的」「化」三个后缀比较符合笔者的选题要求。

（2）荒川清秀①

荒川在野村的研究基础之上，比较了几种后缀的用法。他也按野村的分类把后缀构成的词分为：

A.（体言）類〈が〉をとるもの。

B.（相言）類〈ナ〉をとるもの、連体修飾成分になるもの。

C.（用言）類〈スル〉をとるもの。

D.（副言）類 直接あるいは〈ニ〉をとって連用修飾成分になるもの。

接着比较了「性」「化」「式」「的」「風」构成新词的词性，他总结各个后缀构词后的情况如表1-1所示：

表1-1　　后缀构成分类

	一性	一化	一式	一的	一風
A類	A、B	C	A、B	B	B
B類	A	C	×	（B）	×
C類	A、（B）	C	×	B	×
D類	（A）	（C）	×	（B）	×

注：括号表示稀少或特殊的用例。

笔者认为该论文值得借鉴的方法有：①按前接词的词性分析后缀构词的结构；②按构词后的词性分析可总结出后缀用法的特点。这两方面的分析都必不可缺。

第三节　前人研究的小结

前两节分别从汉日语言交流和后缀研究两个方面介绍了相关研究

① ［日］荒川清秀：「一性　一式　一風」，『日本語学』，明治書院1986年版，第3—5页。

成果。本节在上述研究的基础上，从以下几个方面概括了前人研究的内容：

（1）从中日词汇交流的角度（中方）：①近代是中日两国研究交流的重要时期，具体时间从1896年开始，下限为20世纪初，可延长到1916年前后。笔者调查的近代词汇是指这一时期两国语言中使用的词汇。②目前对于词汇交流的研究揭示了汉语受到日语影响的事实，对于这部分的前人研究以借词的研究为主。③缺乏构词法上的交流关系研究，即近代“后缀”构词中双方用例的关系。④近代汉语受到日语影响的途径主要是留日人员的翻译活动。

（2）从中日词汇交流的角度（日方）：①「漢語」在日语中的发展历史悠久，近代「漢語」的发展源头在兰学时期。「漢語」的产生和翻译内容（西方自然科学知识）和翻译语体（近代汉文体）都有着密切的关系。②明治时期是近代「漢語」发展的高峰，明治日语在语体、内容方面都受到「漢語」的巨大影响。③在「漢語」中三字词是重要的组成部分，其中「□□+□」结构有很多新用例出现，当时创造了很多现代日语中仍使用的后缀，如「的、性、化」。④目前的研究中缺乏对这一部分内容的调查。即近代后缀的发展和演变。

（3）中日后缀用法的异同：①中日双方的「漢語系接尾辞」和“类后缀”用法具有可比性，使用同样的后缀，如“性”“化”“员”等。②后缀用法在双方语言中具有重要的地位。③双方研究者都从后缀构词结构、前接词、构成词后的性质等角度分析了后缀构词问题。④不同点在于，在对一些后缀用法的认定上存在不同。如汉语中“的”不是类后缀，日语中是；汉语中何时为“类后缀”用法、何时为“构词语素”用法判定标准不够明确。

基于以上前人研究的概括，其中尚未解决的问题如下。①近代构词结构特点的量化研究。很多研究者指出这时期用法的重要性，但还缺乏对当时具体用例的分析。②双方构词结构发展变化的关系。有学者提出近代汉语受到日语的影响，却没有进行证明。③各种后缀构词是否存在关系，缺乏对近代后缀用法的整体把握。

第四节 研究对象的选定

综上，通过对前人后缀研究的梳理，确定本书的研究对象为：“性”“化”“的”。主要依据有：①均为近代新汉语后缀。根据中日词汇交流历程，尤其“近代”中日词汇交流历史的考证，我们可以确认这几个后缀用法是产生于近代的新汉语后缀。②三个对象后缀具有非常强的构词能力，在现代汉语、日语中发挥着重要的构词作用，具有很高的研究价值。③“标示性”或“典型性”。作为有标示词性作用的后缀，它们各代表一类词性，分别属于名词后缀、动词后缀、形容词性后缀，通过四个典型后缀的考察可以代表其他该种后缀的共同特点。④各后缀在现代汉语与现代日语中用法不一致，造成这种不一致的原因尚无具体的考证。笔者认为从产生的根源处进行历时性的研究有助于更好地理解双方用法上的不同。

第二章

日语后缀「的」的用法与演变

国内外很多研究者分别对「的」和“的”进行过研究。本书着重从两国语言交流的角度探讨二者的用法和演变关系。第一章笔者论述过有研究者提出：近代的汉语受到日语影响。[①] 基于这一论题，本书先从日语「的」的产生入手，按时间顺序逐步分析两国“的”的发展过程。本章主要以「的」为研究对象，首先比较、分析关于「的」的前人研究，从中日两国词汇交流的角度总结现今研究的成果和空白；其次从近代日语资料着手，通过当时具体用例的分析，进一步完善关于「的」用法发展过程的研究，弄清其产生的原因和在近代日语中的用法。

第一节　关于日语后缀「的」的前人研究

第一章中笔者论述过，「的」在现代日语词汇中占有重要的地位。故针对其产生及用法的研究也一直受到重视。很早以前就有研究者开始对「的」展开研究。主要可以分为“历时性”“共时性”研究两种。“历时性研究”重点探讨后缀「的」的产生时间、路径、初期的个别用例等问题；“共时性研究”重点针对现代日语中后缀「的」的构词法和用法进行研究。两种研究都取得了一定的成果。本节将会选取各研究中和本书相关的内容进行概括，从中日词汇交流的角度总结目前日语后缀「的」的研究。

① 参考第一章第一节“一”，王立达（1958）。

一　从辞典释义看「的」的用法

在『スーパー大辞林』中「的」的后缀用法有两种:

①名詞及びそれに準ずる語に付いて、形容動詞の語幹をつくる。ア. 主に物や人を表す名詞に付いて、そのものではないが、それに似た性質をもっていることを表す。…のよう。…ふう。たとえば、「百科事典的な知識」「スーパーマン的な働き」「母親的な存在」イ. 主に抽象的な事柄を表す漢語に付いて、その状態にあることを表す。たとえば、「印象的な光景」「積極的に行動する」「定期的な検診」ウ. 物事の分野・方面などを表す漢語に付いて、その観点や側面から見て、という意を表す。例えば、「学問的に間違っている」。{アーイは、もと中国、宋・元の俗語で「の」の意味を表す助辞であったものを明治以降、英語の - ticを有する形容詞の訳語に用いたことに始まる} ②人の名前・行為・職業などを表す語、またはその一部に付いて、それに対する軽蔑や親しみの気持を表す。{中国の俗語にあったのをまねたもの}「泥的=泥棒」。

另外『明治大正新語俗語辞典』[①] 中这样解释「的」:

【的】:「英の接尾辞 - ticの訳語」「の」の意味で用いられる宋・元の俗語を - ticの訳語として用いたもので、中国語の助辞の用法に習ったもの。明治10年前後から、翻訳を主とした学術書・論文に使われた。漢文書き下ろし体の文章に見られる。現代的な用法の「的」の一番古い例は西周の著作に見られ、明治後期から一般化した。なお、「的」は中国語で、人を表し、日本でも「権的」(権妻のこと)「猫的」(芸者のこと)「髭的」(役人のこと)などと幕末・明治初期に用いられた。

通过字典中这两段解释我们可以看出, 日语「的」的产生是受到汉语的影响, 最初吸收自宋元时期的助词“的”, 在明治初期翻译英

① ［日］樺島忠雄、飛田良文、米川明彦:『明治大正新語俗語辞典』, 東京堂出版1984年版。

语文章时逐渐被借用到日语文章中，明治、大正以后，作为后缀的用法得以确立。但是字典中没有给出具体的出典用例。其后，具体针对日语「的」的产生进行的论述主要有以下一些研究。

二　近代日语后缀「的」的产生

关于日语「的」在明治时期的产生及用法，很多语言学者都给予了关注。「的」研究的契因来源于其在文章中的滥用，如藤居信雄分别于 1956 年、1957 年和 1961 年发表了「的のつかわれるわけ」、「的ということば」、「的の意味」等评论性的文章，其中指出「英文の翻訳で的を正しく使用していない実例を示しながら、現代語で的ということばを濫用している事実を指摘した。」[①] 这之后真正从日语的角度，对「的」的产生进行研究是从山田严（1961）开始的。之后研究者关注的问题、分析的角度各有不同。其中有紧紧围绕日语中「的」的产生进行研究的研究者；也有一些从汉日交流角度出发研究近代日语「的」的研究者。前者比较典型的研究是山田严（1961）、广田荣太郎（1969）；后者比较典型的研究是李长波（2006）。

（1）山田严和广田荣太郎

山田「発生期における的ということば」[②] 中，对明治初期「的」的用法出现和发展进行了定性的概述，开启了近代「的」字研究之门。其后，从例句上和字典用例上对他的研究进行补充的是广田荣太郎[③]。基于两者的研究，近代日语中「的」用法最初来源于江户时期翻译的汉语白话俗文学。如接在人名的一部分后表示谦虚或是鄙视之意的「的」，「土左的」（土左卫门）、「ニヤン的」（艺者）、「総生寛的」（表谦虚之意，此处读“メ”）。山田认为，江户末期日语

① 藤居信雄分别于 1956 年、1957 年、1961 年在『言語生活』上发表评论论述「的」的滥用问题。

② ［日］山田严：「発生期における的ということば」，『言語生活』，120 筑摩書房 1961 年版。

③ ［日］广田荣太郎：「的という語の発生」，『近代訳語考』，東京堂 1969 年版。

受到中国俗文学的白话文影响，其中「的」相当于汉语白话文中的助词“的”。这种翻译汉语白话文使用的「的」，在明治时期也有体现。如他列举了明治初期汉文体的剧本中有这样的用例：

2-1 妓們相顧道，那客每謙坐長的。→妓們相顧ミテ道フ、那ノ客ハ每謙坐長的。（『松本万年新橋雑記第一編』，明治十一年）

2-2 妓揖一揖，答道妙法様的。→妓揖一揖答ヘ道フ、妙法様的。（同上）

山田认为这些用法可视为借用汉语俗文学中的结构助词“的”，这种用法没有对现代日语后缀用法产生影响。「いずれの用例も中国の俗文で行われている用法と同様であるが、このような的の用法は、現代語に全然影響を与えていない。」[①]

接着山田指出，近代日语中「的」后缀用法的用例最早可以说出现在明治六年（1873）西周的著述中：

2-3 前ニ述ヘタル如ク衣食住ヨリ銭貨等ニ至ルマテノ外物的ヲ富饒ニ得ル幸福ト（『西周全集第一巻』）

2-4 全ク観察的ト実行的トノ区別ナリトシ、又一ニハ道具立ヲ知る事ト道具立ヲ用イル事トノ関係ナリトス。（同上）

2-5 如何タルヲ論セス人々其心裏貧知的ノ性ヲ……（西周《明六雑誌》『秘密説』，明治七年十月）

山田认为「外物的」后面接续「ヲ」，「観察的ト実行的トノ区別」中，「的」用例还是作为名词性使用。到了明治十年前后出版的译述和论文中，出现了类似现代日语的用法：

① 后来李长波的『近世、近代における「一的」の文体史的考察』中，又对这部分用例有更具体的分析，笔者将在之后介绍。

2-6 一派ノ学アリテナチュラルヂュルスプレデンス猶曰天然的律法ト称スルモノ（中村正直訳『西学一斑』『明六雜誌』明治七年六月）

山田认为「Natural jurisprudenceを天然的律法と訳しているほうがはるかに現代語らしい用い方である。」他还列举了下面这些用例：

2-7 生理的試験法、何的（島田脩海訳《消毒新論》，明治七年）

2-8 健康的ノ情感（千葉繁訳《造化機論》，明治八年）

2-9 必要的ノ事、自由的ノ一物（土居光華訳《英国文明史》，明治十二年）

2-10 動物的食料、化学的ニ

（杉田玄端訳《食物》《東京学士会院雑誌》，明治十五年）

广田（1969）也从日本文部省发行的『百科全書』（明治六年至明治十六年）[①] 中，追加了共100个左右的用例，如：

2-11 是死廃分子ハ既ニ講明セシ如ク慢々的ニ焼散シ（《百科全書》《食物篇》，明治九年）

2-12 右ノ量ヲ可及的遅速ナク鎔鉱炉ニ投シテ混合セシム（《金類及錬金術》，明治九年）

2-13 航海家経度ヲ測定スルニハ常ニ最精最良ノ器械ヲ有シテ其運動可及的確正ナル所ノ時計……（《水運篇》，明治十年）

对于明治十年前后产生的「的」，山田认为「以上主として明治

① 『百科全書』是明治初期［明治六年（1873）至明治十六年（1883）］逐年出版的翻译书。参考『近代訳語考』，第291页。

十年前後に出版された学術的な翻訳書あるいは論文から用例を引用した。当時の学者階層に用いられたものであり、人文科学に属する翻訳書あるいは論文だけでなく、自然科学のものにも使用されていることに注意しなければならない。当時の学術書は、日本人の著作であれ、翻訳書であれ、当時の習慣に従っておおむね漢文書き下ろしの硬い文体の文章であった。的ということばも多くは硬い文体の文章の中に用いられている。……漢文書き下ろしの硬い文体のなかで用いられる的であるから、上接の語も下接の語も当初はほとんど漢語に限られていた。」

随着「的」用例的出现，明治十年之后的各种资料中也逐渐出现「的」的用例。如山田首先列举了『哲学字彙』中出现的用例：

2-14 Implicative 拡充的 Categorical 合式的 Conjunctive 合接的 Discursive 離接的（《哲学字彙》，東京大学，明治十四年）

接着山田还指出，从明治十五年开始，当时的小说、评论中也都开始用到了「的」：

2-15 機械的ノ得識 機械的ノ練習 執意的ノ機関（井上哲次郎訳『心理新説』，明治十五年）

2-16 主観的ニ偏向セシト 科学的ノ体系（井上哲次郎訳『西洋哲学講義巻一—四』，明治十六年）

2-17 実験的ニ之アリ 官能的ニ知覚シ 化学的ノ作用 哲学的宇宙観察 論理的ニモ 神学的ノ意味 流動的ノ理論 有機的物質 実物的ノ作用（中川重麗訳『唯物論一斑第一編』『東洋学芸雑誌第46、48、49号』，明治十八年）

2-18 ジヤアなんだ子君は僕を以て花風病的の人物だと思ッたんだ子……（『当世書生気質』第一回，明治十八年）

2-19 有旨趣的の美貌ぞとは。どんな書生風の妄評にて。(同上)

2-20いやに頑固的の人物だから。(同上书，第十八回)

2-21 君は大方御存知じやアなからうが。先日噴飯的の珍談があってネ。(同上书，第二十回)

其后，二叶亭四迷的『浮雲』（明治二十年）中出现「破廉恥的」，森欧外的『舞姫』(明治十三年）中也有「所動的」「器械的」「綜括的」「精神的」等用例，到了明治三十年，夏目漱石的作品中也有「的」字的用例。

山田和广田的研究，对近代日语中「的」的出现过程进行了概括性的论述。笔者认为其对「的」的研究有以下几点内容值得借鉴：①「的」最初来源于古典汉语的白话小说，而近代日语后缀「的」的用法则是在译文和学术论文中逐渐产生的，并且其用法产生于「硬い文体」。语体对「的」用法发展的重要影响是日语后缀「的」的重要特点。因此山田和广田的论文中主要涉及了如『明六雜誌』『百科全書』中的用例。②明治十年（1877）左右为「的」进入近代日语文章中的时期。研究中涉及的初期用例主要来自明治十年前后。但是并没有具体分析当时的用法。③「的」首先产生于译述及学术论文的文章中，之后逐渐扩展到评论、小说中。这种用例的普及顺序在以后的研究中也值得注意。近年，随着「的」研究的不断深入，还有语言学者对上述研究进行了补充，如堀口和吉（1992）[①] 和李长波(2006)[②]。下面对其中内容更为具体的李长波（2006）进行介绍。

（2）李长波

李长波的研究视角和山田等有所不同，从他选择的资料即可看出。李主要调查了四种资料中「的」的用法：①荻生徂徠訓点『官

① ［日］堀口和吉：「助辞『—的』の受容」，『山邊道』1992 年第 36 号。

② 李长波：「近世、近代における「—的」の文体史的考察」，『DYNAMIS（デュナミス）』Vol. 10 京都大学大学院人間・環境学研究科編集委員会　2006 年 10 月。

刻六諭衍義』（江戸、享保六年［1721］），②松本萬年『新橋雜記』（初編、明治十一年八月），③松本萬年『新橋雜記』（二編、明治十一年十一月），④山成哲造訳『和氏授業法』（明治十二年三月，原本《The Normal：or Methods of Teaching》作者 Alfred. Holbrook 1869）。资料语体属于「漢文体」，这和山田研究是一致的。但从李选择资料的内容来看，可以发现其论文关注的重点是古典汉语“的”进入近代日语的过程。因为其中②③的资料，山田定义这类资料属于近代汉文体写成的戏剧剧本。李的研究可以说从内容上进一步明确了汉文体翻译白话小说中「的」的处理方法。如论文中提到在前三种资料中「白話小説類に通じる“的”の訳の型を示す用例を発見した」；文中更详细地介绍了近世江户时期翻译古典汉语白话小说中“的”的处理方法；并指出到了明治十年前后，②③的资料中，用例体现了“的”影响近代日语、逐渐发展为「的」的过程。和山田“日语「的」的用法产生自英语翻译文章，汉语‘的’未对「的」产生影响”的论点有所不同。换句话说，李认为江户时期一直延续到明治时期，翻译汉语白话小说“的”和「的」的产生是一脉相承的。如他找到了下面一个用例：

2-22 俺レ昔日娘子ト密語スル的ノ事有、娘子枉ケテ依充シ了セヨ、（松本萬年『新橋雜記』二編、七、明治十一年）

李认为「—スル的ノ—」「徂徠訓点『六諭衍義』の連体修飾節に用いられる「—的（ノ）」の訓法を承けたものであり、紛れなく明治十年初めにおける「—的」の流行期と江戸時代の「—的」の訓法との関係を示すものとして、注目に値する」。

李论文的另一个内容是收集了资料④山成哲造訳『和氏授業法』（明治十二年三月，原本《The Normal：or Methods of Teaching》作者 Alfred. Holbrook 1869）中「的」的用例。原本为英语，用汉文体进行翻译的资料中出现了很多「的」的用例。可以说这一部分充实了山田、广田的研究，补充了明治十年前后翻译文章中的「的」用例。

他列举了像下面这样的一些用例：

2-23 記事的 epic　自達的 transitive　通常的 ordnary　報告的 declarative

笔者认为李的论文有以下几个特点：①从历时角度进一步追溯了「的」的产生，时间追溯到江户时期，比较详细地考察了「的」字最初用来翻译古汉语白话小说时的用法。②从中日语言接触的角度论述了近代从汉→日"的"的演变过程。这一部分研究从新的视角填补了"的"的研究。其研究方法值得笔者借鉴。③李选取的资料是很典型的。首先，吸取了山田论文的结论，选取的资料集中于明治十年这个「的」产生的重要历史时期。其次，具体选取了汉文体写成的『新橋雑記』（初编、二编）和『和氏授業法』。前者是山田提到的近代日语翻译古白话小说的代表，而后者『和氏授業法』则是一部英语翻译资料。这种全面、有对比性的选择材料的方法也非常值得笔者借鉴。

比较山田严和李长波等研究者的结论，我们可以发现：①两者资料集中于汉文体写成的较正式的文章。日译汉、日译英资料中的用例都有涉及。都提出了「的」产生于明治时期汉文体文章中的结论。这个结论是笔者以后研究时必须重视的内容。②「的」的调查资料对于结论的判断有非常大的影响：李的研究资料集中于翻译古典汉语的内容，得出「的」的产生和古典汉语"的"的用法联系紧密的结论。而山田关注如『明六雑誌』等译述、论文类的资料，则认为翻译古典白话部分的「的」用例对现代日语后缀用法没有影响。从这种矛盾的结论中可以看出关于近代日语「的」如何产生的问题的复杂性。要想客观地研究近代日语「的」的用法，准确全面地选择适当的研究资料非常重要。③两者研究的重点都集中于明治十年前后这一时期。就资料内容的覆盖面来讲可以说已经相当全面。但是其涉及的主要用例时间过于集中，在「的」整个复杂的发展过程中，短短几年中的用例略显片面。考察明治十年代之前和之后的用例及其中的「的」用法变化，应该更有利于我们历时性地把握「的」的用法演变。④对于资料的分析略显不足。两者都收集了一定的用例，但是对用例的整理，即对其中「的」的用法缺乏更有效的分析。使问题始终停留在现象层面，没有深入。笔者之后的研究中将会借用二者收集的用例，用统一的方法对明治时期的用法做更加系统的分析。

三　大正时期及以后后缀「的」的用法

以上研究表明，从江户末年到明治时期，近代日语中逐渐出现「的」字用例，当时的用法从形式上可以认定为后缀，但距现代日语中「ナ形容詞」词性的确立还有一定的距离。于是，近年很多语言学者在此基础上，对明治后期和大正时期「的」字用法的发展又进行了深入研究。其中比较有代表性的是李秀卿①和李军②。两者研究的内容也各有侧重，下面选取其中和本书相关的内容进行介绍。

（1）李秀卿

论文中主要以调查「的」的「形容動詞」用法发展为目的，把用法具体分为「①連用修飾用法」、「②ナルまたはナを伴う連体修飾用法」、「③ノを伴う連体修飾用法」、「④述語用法」四种。选择的资料为『日本近代文学大系』（角川書店）『近代評論集Ⅰ・Ⅱ』中收录的明治时期和大正时期的评论。李对这些评论中出现的「的」字进行了调查。其结果如表 2-1 所示：

从表 2-1 中数据中李得出结论：「形容動詞」用法形成的时间应该是在明治四十年到大正五年（1907—1916）时期。这个时期②ナ（ル）连体的用例急速增加，和前一时间段明治二十年到明治三十九

① 李秀卿：「明治・大正期の「一的」の性格——形容動詞化機能の定着過程——」，『文学研究論集』明治大学大学院文学研究科　第 9 号 1998. 9。

② 李軍：「明治・大正期の文学に見られる漢字語「的」の使用実態の変遷——日中比較の立場から——」，『福岡教育大学　国語科研究論集 48』2007. 1。

年没有用例出现的情况完全不同。[①]（「連体修飾において「一的ナ(ル)」形態を持つ語の数と「一的（ノ）」形態を持つ語の数の比率にかなりの变化が起こっていることである。この時期に入って両者の交替の傾向がおびただしく、「一的ナ（ル）」の形で現れる語の割合が「一的（ノ）」の場合の二倍近くなる。」）到大正时期后，作为「形容動詞」词性的基础已经确定下来。

表 2-1　明治、大正时期「的」字用例

	異なり語数（%）				延べ語数（%）			
	①ニ連用	②ナ（ル）連体	③ノ連体	④述語	①ニ連用	②ナ（ル）連体	③ノ連体	④述語
明 20—明 29	5（25）	0	14（70）	5（25）	6（23）	0	15（58）	5（19）
明 30—明 39	10（48）	0	3（14）	11（52）	13（35）	0	3（8）	21（57）
明 40—大 5	63（40）	63（40）	36（23）	48（15）	128（39）	89（27）	49（15）	65（19）
大 6—大 15	50（33）	77（51）	30（20）	31（20）	82（29）	120（42）	41（14）	44（15）

注：( ) 内为占全体的百分比（%）。明→明治　大→大正

李秀卿的研究有以下几个方面值得注意：①资料全部是评论，应该属于较正式的语体。也是多使用「的」的语体。②关注「形容動詞」词性确立的过程，如细致区别接续「ナ（ル）」和「ノ」的用例。③主要从形态方面讨论「的」的演变，按构词结构进行分类的研究方法值得借鉴，其对数量的关注也值得笔者学习。

（2）李军

论文调查的主要内容也是「的」的「形容動詞」词性的形成过程，和李秀卿的内容有重合的部分。但是其选取的资料是当时的文学

① 笔者认为明治二十年到三十九年没有用例出现的情况还有待商榷。

作品。时间范围是1880—1930年[①]。按每十年一个计算单位，统计其中「的」的形态和各种形态的用例数量。如其中1880—1890年中出现「的」的形态及各占的比例为「—的ノ+体言」（22%），「—的+体言」（45%），「—的ニ用言」（31%），「—的+用言」（2%）。通过各个十年段的数量比较，李军也得出了「形容動詞」词性的ナ（ル）連体用法出现于大正初期这一结论。大正時代では日本語の接尾辞「的」が、形容動詞の語幹を生成するといった一定の属性・機能に定着し、中国語の“的”が日本語の「的」への変遷の第一歩がほぼ完成したと言えよう。」

李秀卿（1998）和李军（2007）的研究有以下一些特点：①两者研究选取的资料都是特定内容的文章：评论和文学作品。这些资料的语体应该是偏正式的。②两者都注重「的」的形态研究，研究句子中「的」的用法。使用的方法也都是通过比较各时代「的」各种形态数量上的变化，探讨其「形容動詞」词性的形成过程。这种深入「的」形态变化的研究是非常必要的，也是笔者以后将会借鉴的方法。③两者研究的时代选择有重复的部分，但是都是以十年为一个单位考察。这样在把握用法演变上有可取之处。可以根据需要借鉴这种方法。

上述两小节介绍的研究都是通过历时角度对「的」字用法进行的研究，至此近年来对于「的」的历时研究基本告一段落。结合上述研究内容，笔者认为对于「的」字后缀用法产生的研究可以从三个角度进行把握：①明确了「的」产生的年代和背景：江户时期日语最初从古汉语俗文学（白话小说）中吸收了“的”，故「的」最初出现在「漢文書き下ろし」的文章中。明治十年前后又随着英语翻译用法得到扩展，多用在“汉文体”写成的文章中，和汉语词汇一同使用。随着用法的普及，渗透在“和文体”创作的小说中。②「的」的「形容動詞」用法确立得相对较晚。「的」产生当时并不是马上确立了其在文中的用法，明治时期多数的「的」字用例后续「ノ」等助词，还没有形

① 笔者注：明治十三年至大正九年。

成现代日语「的」的「形容動詞」用法。通过近年来研究者对明治末期和大正时期「的」的用法研究发现，到了大正时期「的」才基本完成了向现代日语「形容動詞」的演变，构词结构得以稳定。③历时研究的范围内，即一直到大正时期的研究，还没有研究者对「的」在文中表示的含义进行过论述。只有从共时角度进行的研究才对「的」所表示的含义进行了论述。笔者认为从这种情况来推测，「的」在明治十年前后形式上出现了作为后缀的形式，到大正时期形成了「形容動詞」词性、构词结构的特征，而对于「的」何时产生了日语特有的含义则尚属不明。与此同时对于现代日语中「的」的用法及含义如何，则已经有很多研究者从共时角度进行了论述。笔者将在下一节进行简单的介绍。

四　现代日语后缀「的」的用法

除了上述从历时角度的研究，通过共时角度，研究现代日语「的」的后缀用法的成果也有很多。同样是共时角度，各研究者关注的问题也有所不同。其中遠藤織枝[①]总结了现代日语中「的」的构词结构和其表示的意义，是和本书内容相关的研究。还有如论述中日两国现代语用法不同的原由起子；主要论述现代日语中「的」用法变化的山下喜代[②]。下面简单介绍远藤（1984）和本书相关的内容：远藤收集了以下几种资料中的用例：「朝日・毎日両新聞の社説と「天声人語」「余禄」（1983），『朝日ジャーナル』（1983），『巻頭随筆Ⅰ』（1979），『巻頭随筆Ⅲ』（1982）。」把「的」和前接词的结合方式分为以下几种，如表 2-2 所示：

---

① ［日］遠藤織枝：「接尾語（的）の意味と用法」，『日本語教育』53　日本語教育学会，1984 年。

② ［日］原由起子：「『—的』—中国語との比較から」，『日本語学』5—3 明治書院 1986 年版，第 3 页；山下喜代：「漢語系接尾辞の語形成と助辞化——「的」を中心にして」，『日本語学』2000 年第 11 期。

表 2-2　「的」和前接词的结合形式

結合パターン	用例
体言（抽象的関係）+的	現代的、絶対的、中立的、本質的、直線的
体言（人間活動の主体）+的	男性的、人種的、学究的
体言（人間精神、行為）+的	精神的、批判的、独創的
体言（自然物、自然現象）+的	爆発的、動物的
相言（抽象的関係）+的	直接的、具体的、静的
相言（精神、行為）+的	抽象的、巨視的、積極的
漢語複合語+的	国民経済的、集中豪雨的、体制順応的
派生語+的	ハト派的、非人道的、前近代的
外来語+的	ムード的、マスコミ的、マクロ的

资料来源：表 2-2 为笔者根据远藤论文内容所作。

从远藤总结的情况来看，现代日语中「的」的结合能力很强，可以前接各种词性的汉语和外来语。这些「—的」在文中的构词情况可分为以下几种结构[①]：

① ○○的+体言　例：「軍事的状況」

② ○○的+な+体言　例：「短期的な勝利」

③ ○○的+に+用言　例：「科学的に指摘する」

④ ○○的+用言　例：「比較的安全だ」

⑤ ○○的+○○的+体言　例：「肉体的・精神的ストレス」

⑥ ○○的+○○的+な+体言　例：「総合的・多重的な取り組み」

⑦ ○○的+○○的+に+用言　例：「対立的・対抗的に意識している」

⑧ ○○的+と　例：「個性的という美名」

远藤又把这 8 种结构中「的」的语义分类为：

①……に関する，……について。上。　例：「芸術的才能」

②……のような性質を有する。……らしい。……に似る。

① 下面为原论文的引用。

例:「病的な神経」

③……の状態にある。　例:「圧倒的な勝利」

④……としての,……である。　例:「職業的軍人」

「このように「的」の意味は分けられるが、同一の語句で2種,3種の意味を持ち,いくつかの分類に重なって入るものもある。」

远藤研究中,按「的」的前后组合的词、句子构成情况进行分析的方法值得笔者借鉴。其中提到的「的」的四种语义,作为首先概括「的」语义的研究开拓了共时研究的新领域。从它开始,很多进行中日"的"「的」用法比较的研究都开始关注"的"「的」在两国现代语中构词结构和语义的不同。这一部分研究这里不一一列举。

五　日语后缀「的」的研究现状

历时角度的「的」字研究,从明治初期产生,到大正时期构词结构的确定,基本发展情况已经清晰。但从本选题中日词汇交流的角度看还有一些问题需进一步深入。为了考察近代「的」是否对汉语产生影响,分析两者的用法关系,需要对进入汉语之前「的」的用法有更详尽的分析。第一章已经有研究者论述过,中国向日本派遣留学生的时间为1896年,即明治二十九年。那么掌握明治二十九年之前「的」的用法是本书关注的重点。前人研究中,对于「的」的产生时间给予了比较详细的论述,即明治十年(1877)前后。但对于当时「的」的构词结构缺乏详细的论述。比如,山田(1961)和广田(1969)对明治时期的研究,多停留在定性的概括上,没有针对当时「的」的定量研究及「的」字构词结构的研究。李长波(2006)重点考察的是古汉语白话小说「漢文書下ろし」中「的」的用法,但是这种资料中「的」的用法与本论文要解决的问题关系不大,故对于明治二十九年之前、初期「的」的用法分析和演变还需要进一步研究。

另外必须重视的问题是,「的」字发展和语体的密切关系。如山田(1961)指出:「的ということばも多くは硬い文体の文章の中に用いられている。当時のいわゆる小新聞は、俗文体あるいは、談話体で書かれているので、硬い感じを与える的ということばは、ほとんど用いられていない。」前面的研究者都重视「的」字发展的这个特点，选择了比较恰当的材料，笔者在进行研究时也应遵循这一特点选择研究资料。通过对明治初中期日本出版业情况的调查，笔者选择了『東京日日新聞』和『反省会雜誌』两种出版物为主要的调查资料。关于两种资料的具体出版情况将在下一节论述。

第二节 本书选定的明治书面语资料

本节将会结合前人研究的内容，对明治初中期「的」的用法、特征进行论述。上一节中笔者论述过，山田等对于明治十年前后的用例进行了列举，但是这时期「的」字用例的使用状况，没有具体的分析。明治十年前后的用例还应进行更深入的分析。为了收集更多的用例，笔者须选择这一时期具有普遍性的发行物，并且其文体为汉文体，即「的」容易出现的文章。根据稻冈胜（1996）的研究「当時（江戸末期から明治期まで）の新聞は漢文体を以て政治時事を論じた大新聞と身近な話題を口語体で漢字には総ルビを付した小新聞とに分化していた。……ただ私が個人的に観察したところでは、第一の部類のほうが、圧倒的に多いとは結論できる。」[①] 基于上面的论述推测，当时的「大新聞」和公开发行的杂志应该比较具有普遍性，且其中文章语体为汉文体，使用的「的」比较具有时代特点和代表性。通过笔者对明治时期出版业的调查，首先选定了『東京日日新聞』为研究资料。

明治时期的报纸一个重要的特点是历史悠久。「大新聞」占了很大的比例。不仅如此，这些大型的报纸商发行的报纸、杂志多数都拥有较长的历史。当时的很多报纸、杂志直到今天在日本出版业都占有

① ［日］稲岡勝：「見立からみた明治十年代の出版界」，日本出版学会・出版教育研究所共編：『日本出版史料』，日本エディタースタール出版部発行 1996 年版。

重要地位。『東京日日新聞』是日本四大报纸之一『毎日新聞』的前身，也是明治最先出现的报纸之一。这份创刊于明治五年（1872）的报纸，创刊之日是每日一个版面的报纸，内容为公共信息、海外新闻、香港羊城新闻译、世间汇谈等几项。到了第二年即增加为每日两页版面，到了明治十年（1877），已经发展到每日四个版面，内容覆盖太政官记事、内务府纪事、警方纪录、外报、杂报、电报、投稿、广告等多方面，是各方面信息丰富的综合性报纸。这在当时的报纸业是独一无二的，后来中国报纸中众多海外新闻的翻译原文也都来源于该报。又由于属于「大新聞」，其中多「硬い文体」的文章，多用「漢語」，笔者判定其为理想的调查资料。

第三节　『東京日日新聞』中「的」的用法

笔者选择了从明治五年到明治十年（1872—1877）的每年三月的27期①，共149期为调查对象。这期间只出现「的」的用例19个。当时「的」主要是构词语素及单独成词的用法。例如：

2-24 往往学課成業ノ目的有之（明治五年第28期）
2-25 本年経費ノ的算ヲ立ル（明治八年第963期）

在19个出现的「的」中，这种实词用法共有12个，占63%。这一类用例中「的」作为二字词的构词语素，都具有实际意义。表示「目標、確実、的確」的意思。这是「的」在古典汉语和古典日语中的最基础用法，但不是本章关注的重点。类似的用例还有：的決、的実、的中、的例、的切、的当、目的、標的、命的、定的、射的。

『東京日日新聞』中出现了少量形态上为后缀用法的「的」，其用例从形式上可以分为以下几种，如表2-3所示：

① 第一年明治五年例外，这一年从创刊的第1期开始共搜集调查了37期。

表 2-3　　「的」的结构形式

类别	结构形式	用例
①	N+的+N	内科外科的身体、病的形位（11%）
②	V+的+N	可及的高燥（5%）
③	N+的ノ+N	化学的ノ飽和（5%）
④	A+的ノ+N	貧誉的ノ君主、怠惰的ノ亭主、勤倹諳練的ノ能力（16%）

用例数量很少，可见这时期「的」出现在日语中确是非常个别的用法。只有两种构成，「—的—」，「—的ノ—」。后面只接续名词。这些结构在文中的用法为：

（1）—的—

2-26 其病的形位ヲ見ル可キ者曰ク（明治九年第 1285 期）

2-27スベテ人ノ住民（すみい）スル土地ハ可及的高燥（できるだけこうそう）ニシテ（明治九年第 1287 期）

2-28 内科外科的身体諸病ニ在テハ（明治九年第 1282 期）

「病的形位」、「内科外科的身体」、「可及的高燥」中「的」的前接成分和后接成分构成修饰关系。从语义上看「的」本身也没有实际意义。所以应该属于来自汉语结构助词“的”的借用。说明明治初期在「漢文体」中的「的」并没有摆脱汉语结构助词“的”的影响。

（2）—的ノ—

2-29　幸ハヒ怠惰（なまけもの）的ノ亭主ニハ暇ヲ出シケレバ（明治八年第 958 期）

2-30　是レ我ガ日本帝国ニ勤倹諳練的ノ能力ヲ具有シタル一群ノ好人物ヲ失却スル（明治九年第 1276 期）

2-31　其物質タル化学的ノ飽和ニ至テハ（明治九年第 1282 期）

2-32　外征ノ役ハ概貪誉的ノ君主（アムピッショースルーラル）ガ無上ノ得策ナリト（明治十年第1593期）

「的」字用例开始出现后缀用法的结构。按照日语的语法规则，可以把「ノ」前面的组合认定为一个单独的词，故「的」字在其中应该属于构词成分。笔者认为这种含有「的」字语素的独立，应该是后缀用法产生的一个前提。另外，这种结构对比上一种用例也有了一定发展，出现了前接形容词为形容词、即「A+的ノ+N」的结构。但是其中「的」仍和“—的—”没有区别，「的」也没有表现出后缀的特征，如“改变词性”等。同时这也说明这种结构和汉语白话“的”的关系还很密切。

上面两种构词情况是明治初期「的」的主要结构。山田也提到过「的の付いた語が連体修飾語として用いられる場合は、的が直接、下の漢語に続く時を除いておおむね助詞「ノ」を介して下に続いており、「ナル」あるいは「ナ」という活用語尾を用いることはすくなかった。」可见这两种前后接续汉语的结构确实是当时「的」字用法的特点。另外我们注意到在「的」出现的初期，其用法深受汉语白话结构助词“的”的影响。①

（3）加注假名读法的「的」字用例

「怠惰的（なまけもの）」、「貪誉的ノ君主（アムピッショースルーラル）」、「可及的高燥（できるだけこうそう）」用例上方都加注了假名，有的是翻译英语外来语，有的对应的是「和語」，为下面「漢語」意思的解释。这种情况前人研究者都没有提到过。笔者在调查中发现：『東京日日新聞』时期，标注假名的用例中「的」都不读作「テキ」，「的」没有自己的读音。这也侧面说明「的」还不具备后缀用法，更接近白话助词“的”。另外也揭示了当时一般读者对很多的「漢語」可能不熟悉，需要添加必要的说明的状况。而「外来語」、「和語」都对应「漢語」，应是由于当时日本人更适应汉文体及

① 关于白话“的”的用法，笔者第三章将详细地论述。

「漢字語」的。

从上面的分析来看，当时的用例大多属于二字词的构词语素。笔者调查的资料中最早出现的用例「怠惰的」出现在明治八年(1875)。形式上最接近后缀的第①②类用例中，后接成分均为名词，和前接成分构成修饰关系，其中「的」只起结构助词的作用。读音上也没有用例上面标注为「テキ」,「的」也不具有日语特有的含义。故推断近代汉文体日语中，明治初期「的」仍受汉语白话中结构助词“的”的影响。而且其接续词上也符合这种特点，即山田所述:「的ということばも多くは硬い文体の文章の中に用いられている。……漢文書き下ろしの硬い文体のなかで用いられる的であるから、上接の語も下接の語も当初はほとんど漢語に限られていた。」①

第四节　明治十年（1877）后缀「的」的用法

山田「発生期における的ということば」、广田「的という語の発生」和李长波「近世、近代における「—的」の文体史的考察」中都重点收集了明治十年前后「的」的用例，但是并没有详细地分析这些用例。这一节笔者将按上一节『東京日日新聞』中用例的整理方法，具体分析这一部分用例。其中山田「発生期における的ということば」中的用例主要出自『明六雑誌』和当时一些英译文章，用例出现时间为明治七年到明治十五年（1874—1882)。广田「的という語の発生」中的用例出自『百科全書』，时间为明治六年到明治十六年（1873—1883)。李长波「近世、近代における「—的」の文体史的考察」中主要的用例是翻译汉语白话小说、「漢文書下ろし」语体中的用例，这是一类特殊的用例。如：

2-33 自ラ誇ル、俺ハ則趣キヲ識ル的、俺ハ則情ヲ知ル的、

① ［日］山田巌:「発生期における的ということば」,『言語生活』, 120 筑摩書房 1961 年版。

俺則巣窟ヲ穿ツ的ト抑過テリ。（松本萬年『新橋雑記』第二編・十九）

「漢文書下ろし」中的用例和一般的汉文体明显不同。故笔者省略对这一部分用例的分析，而选取其『和氏授業法』（明治十二年三月，原本《The Normal: or Methods of Teaching》作者 Alfred. Holbrook 1869）中的用例。经过笔者的重新整理，明治十年前后「的」的用法具体如下（见表 2-4）：

表 2-4　「的」字用例及结构形式

类别	结构形式	用例（例数）①
①	N+的+N	生理的試験法、曹達的塩酸（ソデクコロリン）、黄金的塩酸（オウリオムコロリン）、化学的引力、化学的複体、化学的聚合質、化学的作用、化学的現象、器械的作用、天然的法律、動物的食料（11）
②	V+的+N	可及的捷手、協同的設備、可及的遅速、可及的（ナルタケ）名（4）
③	N+的+V	化学的分析、器械的混合、健康的須要、武勇的信教（4）
④	N+的ノ+N	健康的ノ情感、生理的ノ性質、機械的ノ不潔物、化学的ノ成分、化学的ノ反応、禽獣的（ブルタルイグノレンス）ノ無知識、器械的ノ作用、学問的ノ道義（8）
⑤	A+的ノ+N	必要的ノ事、自由的ノ一物、緊要的ノ事、貴重的（ヲノレーブル）ノ競治魂、貪知的（カリヲシケー）ノ性、絶大的（タチコエタル）ノ第十五銀行、快楽的ノ事（7）
⑥	—的ヲ—、—的ト	外物的ヲ、不便的ヲ補フ、観察的ト実行的トノ区別、器械的ト化機的トノ両能（6）
⑦	—的ニ—	慢々的ニ焼散シ、化学的ニ論ズレバ、徐々的ニ（3）
⑧	单独使用	可及的、有層的、無層的（3）

我们从表 2-4 中可以看出：比较『東京日日新聞』中的用例，这一部分资料很多为译文，「的」的用例要多于『東京日日新聞』。另外，「的」字用例构成形式也更加丰富。考虑到其中一部分资料时间为明治十年（1877）之后，晚于笔者收集的『東京日日新聞』（明

① 除了笔者做出特殊说明的用例，其余本书中列举的用例都是单计用例。

治五年至十年），可以推测，「的」的构词形式可能有了新的发展。具体分析这些结构可以发现：

（1）—的—

笔者认为这一类用例和『東京日日新聞』中的用例相似，仍是「的」最主要的构词结构。「—的—」整体作为一个名词使用的情况比较多，其中「的」和“的”的用法几乎没有区别。如：

2-34 動物的食料ノ諸種ハ只其精肉ノミヲ撰ムキニテモ其質大ニ異ナリトス（『東京学士会院雑誌第四編』杉田玄端訳『食物』明治十五年）

2-35 曹達的塩酸（ソデクコロリン）、黄金的塩酸（オウリオムコロリン）ノ如キ皆相反スル孤陰独陽ノ理ニ係ル（『明六雑誌』第二十二号『化学改革ノ大略』明治七年十二月）

笔者认为例句中之所以使用了「的」而没有用日语固有的助词「ノ」可能有三个原因。①为了显示「—的—」的整体性。句子中「—的—」结构都构成一个单独的名词。②前后接续的都是「漢語」，有可能是用汉字词「的」平衡文章的表现形式。「曹達的塩酸（ソデクコロリン）」比「曹達ノ塩酸」似乎更符合近代汉文体的表现形式。③从例句的出处和内容来看，出自西洋近代自然科学翻译的内容较多。近代日本在翻译西洋新知识时，多利用「漢語」造新词。这造成了明治时期汉语的流行。从这一点来看，在翻译时有可能为了故意区别「ノ」而使用「的」。于是出现了上面这种结构的用例。

（2）—的ノ—

这个结构在『東京日日新聞』时期也只出现了两种结合情况，即「N+的ノ+N」「A+的ノ+N」。可以说是相对稳定的用法。通过下面三组用例，比较「N+的ノ+N」和上一种「N+的+N」的结构，我们可以发现：以下例句中加不加「ノ」是非常随机的，可以说完全是翻译者的自由。

2-36 化学的ノ反応、化学的ノ成分（松岡隣訳『食物篇』，明治九年八月）

2-37 化学的作用、化学的現象、器械的作用（柴田承桂訳『地質学』，明治九年九月）

2-38 器械的ノ作用（坪井為春訳『医学篇』，明治七年二月）

2-36 中松冈翻译「化学的」后面都接续「ノ」，而柴田翻译「化学的」时则直接接了后面的名词。而且这种随机不但和前接的名词没有关系，后接同样的名词时，加不加「ノ」也是很随机的。如柴田用「器械的作用」「化学的作用」而坪井则译为「器械的ノ作用」。这说明在前后接续都为名词时，这时「—的—」「—的ノ—」两种结构没有本质的区别，两种结构的使用完全是靠翻译者的个人理解。「的」也没有起到任何区别作用。所以这时「的」本身并没有表现出后缀用法的特点，仅具有后缀用法的形式。

但是另一种「A+的ノ+N」结构，在用法上则有明确的特点。如果比较「—的—」结构我们就可以发现，前接「形容詞」修饰后面的名词时，「的」后面都加了「ノ」。这个特点在『東京日日新聞』中也有体现。如：

2-39 幸ハヒ怠惰（なまけもの）的ノ亭主ニハ暇ヲ出シケレバ（『東京日日新聞』明治八年第 958 期）

2-40 人々其心裏貪知（カリヲシケー）的ノ性ヲ攪動シテ見ムト欲シ聞カムト欲シ（西周『明六雑誌』，明治七年十月）

2-41 仮ニ一種絶大（タチコエタル）的ノ第十五銀行ノ資本ヲ……（『郵便報知新聞 雑報欄』，明治十一年二月）

2-42 而モ快楽的ノ事ハ人ノ共ニ喜フ所ナレハ……（菊池大麓訳『百科全書』修辞及華文 明治十二年五月）

2-43 総テ他ノ諸学科ニオイテハ、一般推究ヲ以テ、必要

的ノ事ト承認シ……（土井光華、菅生奉三訳『英国文明史』，明治十二年三月）

在笔者整理的明治十年前后的用例中还没有发现例外，说明了有可能这是当时「的」用法的一个特点。比较「N+的ノ+N」「N+的+N」用法的无规律性，「A+的ノ+N」这种结构中「ノ」的使用有可能体现了当时日本人对修饰关系的认识也深受汉语影响：汉语白话小说中若是“名词”修饰“名词”时，中间的助词“的”有时是可以省略的①。横观日语同样有这样的对应，「名詞」修饰「名詞」时，同样出现了「N+的ノ+N」和「N+的+N」两种情况。而汉语中若是“形容词”修饰“名词”，为了明确修饰关系则会使用“的”。于是近代日语中「形容詞」修饰「名詞」时，也添加了日语助词「ノ」，即这时「ノ」对应“的”。这种用法的对应反映了近代日语中受汉语影响的部分，同时从侧面反映了其中「的」在产生初期还没有日语自己的后缀意义和用法，只是形式上具有了成为后缀的基础。

（3）—的ヲ—、—的ト

这一类用法从后面接续的助词来看就可以判断「—的」被视为一个名词，这种结构可能反映了当时日本人对“的”字结构的理解。例句也可以证明这一点：

2-44 前ニ述ヘタル如ク衣食住ヨリ銭貨等ニ至ルマテノ外物的ヲ富饒ニ得ル幸福ト（『西周全集第一巻』）

2-45 全ク観察的ト実行的トノ区別ナリトシ、又一二ハ道具立ヲ知る事ト道具立ヲ用イル事トノ関係ナリトス。（同上）

这里的用例中「外物的」「観察的」「実行的」应译为“外物的东西”“观察的行为”“实行的行为”。这种把「—的」理解为名词的想法可能来源于汉语白话文中的“的”字结构。具体当时“的”字

① 这时期给近代日语带来影响的白话文“的”字的用法，将在下一章具体论述。

结构为何种形态，笔者在分析汉语部分时会进一步论述。但从明治十年前后的日语中「—的」结构的使用情况来看其使用特点是：①都是「二字漢字+的」的结构，而且对比前面几种用法也可以发现，当时「的」前多加汉字词；②接续方面，前面可加名词，也可加动词，可以构成「N+的」或「V+的」结构。

（4）—的ニ—

这种结构从形式上符合现代日语「的」的活用变化，但是从用例上看，这些「的」的用法并不符合现代日语的用法规律。如：

2-46 慢々的ニ焼散シ（松岡隣訳『食物篇』，明治九年八月）

2-47 乃チ徐々的ニ階ヲ下リ一柄ヲ執テ曰ク（丹波純一郎訳『欧州奇事花柳春話』，明治十一年十月）

「慢々的」「徐々的」应该是汉语白话文中“的”的用法。[①] 后接「ニ」说明当时的日本人理解了这些用法，在「慢々的」「徐々的」接续「ニ」修饰后面的动词。修饰动词前使用助词「ニ」是日语名词形容动词的语法规则。随着「—的」用例的逐渐出现，明治十五年出现了这样一个用例：

2-48 茶ニハ一異ノ成分・造成機ヲ盛エスル含窒素分「ティ子」ト云フモノヲ含ミテ化学的ニ論ズレバ加非（コーヒー）ノ成分「カヘイ子」ト殆ド同質物ナリト云ヘリ（『東京学士会院雑誌第四編』杉田玄端訳『食物』明治十五年）

「化学的ニ論ズレバ」中「的」和现在日语中的活用用法一致，但从日语最初「的」的用法来看，当时的作者应该只是把「化学的」看作一个修饰动词的词，所以后面接续了「ニ」，这和「的」本身的

① 当时白话文中“的”有代替“地”的用法，第三章笔者将会论述。

用法应该没有关系，不能算是活用后的用法，故还不能算是现代日语后缀的用法。

（5）加注假名的用例

山田等人收集的用例中也有很多加注假名的用例。如：

2-49 曹達的塩酸（ソデクコロリン）、黄金的塩酸（オウリオムコロリン）ノ如キ皆相反スル孤陰独陽ノ理ニ係ル（『明六雑誌』第22号，『化学改革ノ大略』，明治七年十二月）

2-50 人々其心裏貪知的（カリヲシケー）ノ性ヲ攪動シテ見ムト欲シ聞カムト欲シ（西周『明六雑誌』，明治七年十月）

2-51 仮ニ一種絶大的（タチコエタル）ノ第十五銀行ノ資本ヲ……（『郵便報知新聞　雑報欄』，明治十一年二月）

2-52 詮方ナシト雖モ可及的（ナルタケ）名ニ拘泥シテ実ヲ誤ルノ弊ヲ減少スルハ……（『郵便報知新聞　社説欄』，明治十一年七月）

这一类用例在『東京日日新聞』也出现过，可见当时很多「—的」用例需要给一般读者解释。注释的假名，有的是翻译英语的外来语，如例2-49、例2-50，有时又是日语本身的词汇，如例2-51、例2-52。这些情况一方面证明了「—的」的词汇为当时的新词；另一方面也侧面证明了当时「—的」的产生不光是翻译英语产生的，也可能是当时的作者新造的「漢語」。在原有「和語」的基础上另造「漢語」表示同样的意思，这可能是为了让当时的日本人明白这些新词的意思。

通过对明治十年前后用例的分析，我们可以发现「的」产生时的一些新事实。①「的」产生的原因可能不光是前面研究者所说的来自英语翻译，其用法的出现应该是多种因素共同作用产生的。其中有翻译英语的情况，也有可能是受到汉语白话文“的”用法的影响，还有当时汉文体的语体对「漢語」的要求也有可能促使汉语“的”进入日语成为「的」。②从「的」的用法来看，仍是受汉语“的”的影响。其中有些用法开始加入了日语的要素，如「A+的ノ+N」中「ノ」的使用。这类用例反映了日语吸收汉语的过程。③当时吸收汉语白话文“的”的用法应该也包括了“的”字结构的用法，因此当时很多「—的」用例都表现出名词词性。对于当时汉语白话文中“的”的用法需要笔者进一步论证，但是从日语中的使用情况来看，「—的」用例都是「二字漢語+的」的结构，前接词出现了「二字動詞」和「二字名詞」两种用例。这是当时日语本身的特点还是当时汉语“的”字结构的特点还需要进一步调查。

从现代日语来看，常用「二字漢語+的」结构也算是「的」字用法的一个特点。需要我们注意。明治十年前后按前人研究属于「的」的产生时期，之后，在进入近代汉语之前，用法是否发生了变化，即1896年（明治二十九年）左右的用法同样值得我们注意。对于这部分用例，之前没有研究者进行过分析。为了深入研究近代日语后缀「的」，笔者首次调查了当时另一种用汉文体写成的杂志『反省会雜誌』。

第五节　明治中期『反省会雜誌』中「的」的用例

『反省会雜誌』是始于明治，现在也享有盛名的杂志『中央公論』的前身。『反省会雜誌』的创刊号诞生于明治二十年（1887）。虽然杂志是比较大众化的读物，但是其中文章用汉文体写成，多使用汉语词汇，符合选题要求。除了这一点，其内容丰富也是笔者选择其作为资料的原因。『反省会雜誌』从开始的每期48页很快增加为每期70页，保持着一定的信息量。为了和前面『東京日日新聞』，和后面汉语1896年左右的资料进行对比，这里只选取明治二十年到明治二十五年（1887—1892）的每一年第1期为调查对象。每年只选择一期也是因为『反省会雜誌』内容丰富，平均每期都在50页以上，这和『東京日日新聞』选择的每年平均30期的内容可以说不相上下。其中「的」出现的频率是可以做横向比较的。调查后发现，其中「的」作为构词语素的用法没有什么变化，如「目的、的確」等。但是「—

的」的用例急剧增加。有的结构在之前的研究中都没有出现过，为新出现的用例。其构成用例如表 2-5 所示：

表 2-5　　「的」字用例及结构形式

类别	结构形式	用例（例数）
①	N+的+N	閨中的婦人、門外的運動、皮相的禁酒 、宗教的本性、世俗的勢力、道義的平和、世俗的野望、国家的観念、林下的風味、世界的一大佛教（10）
②	V+的+N	加熱的飲料、反省的戒律、売国的宗教家、實行的自力宗（4）
③	A+的+N	保守的勢力、上成的徳星、凡俗的青年、自然的改革、便宜的改革（5）
④	N+的+V	神便的誘導ス（1）
⑤	N+的ノ+N	生活的ノ凡僧、理想的ノ時代、空想的ノ時代、信仰的ノ時代、虚想的ノ宗教、妄見的ノ宗教、婦人的ノ事實、世相的ノ観察、社会的ノ事業、害悪的ノ性質、経練的ノ要用、青年的ノ事業、経済的ノ考、宇宙的ノ大事業、国家的ノ観念、教育的ノ遊戯、哲学的ノ佛教、階級的ノ弊風、蜃気楼的ノ事業（19）
⑥	V+的ノ+N	玩弄的ノ弘法、開化的ノ宗教、建設的ノ時代、破壊的ノ事例、改革的ノ精神（5）
⑦	—的ヲ—、—的ハ	熱心的ヲ棄テ、経練的ヲ反省、事業的ハ、思想的ハ、事業的ニ至ス（5）
⑧	—的ニ、—ニシテ	頑陋的ニ、物質的ニ、建設的ニ、階級的ニシテ、理論的ニシテ、厭世的ニシテ、思想的ニシテ（7）
⑨	—的ナル、—的ナリ	国民的ナリ、階級的ナル、国民的ナレトモ、楽世的ナリ、経験的ナリ（5）
⑩	—的—ノ—、—ノ—的—	表面的一時ノ流行、論理的解讀ノ議法、信仰的生活ノ実例、教理的独断ノ解釈法、批評的自由ノ解釈法、厭世的ノ宗教的青年、（6）
⑪	单独使用	空間的、古代的、宗教的（3）

明治中期杂志中共收集「的」的用例 68 个，形态上比明治十年(1877) 产生初期更加复杂，「—的」的用法也发生了很多新的变化。①前两节中出现的结构，用例数占总数的 50%左右，也就是说新出现结构的用例数占总数的一半左右。可见「的」发生的变化之大。②其中一些构词结构中前接词和后接词的结合情况也发生了变化，如：初期出现的「A+的ノ+N」没有出现，取而代之的是「A+的+N」和「V+的ノ+N」；「—的—」结构新出现了「N+的+V」和「A+的+N」

的用例。③其中有些形态的用例更是以往前人研究中都没有涉及的，如第⑩类「—的—ノ—」。这样的结构在远藤「接尾語「的」の意味と用法」概括的八种现代日语「的」的用法中也没有，应该属于明治日语特有的用法。前人研究虽然没有涉及，但是笔者认为为了深入研究近代「的」的演变过程及中日近代词汇交流中的问题，这些用法都值得我们注意。下面具体分析这些用例中的「的」用法发生了怎样的变化。

（1）基础的「—的—」和「—的ノ—」用法

从『反省会雑誌』的用例来看，这两种结构在明治中期也占有重要的地位，基本可以推断这两种结构为明治初中期「的」的主要构词结构。其中「—的ノ—」用例数的比率增大，「—的—」则是结合形式更加多样。比较明治初期的用法，我们可以发现：

其一，「N+的ノ+N」用例增加，但和「N+的+N」的用法仍很相似，加不加「ノ」并没有对语义产生影响，用法混乱。如：

2-53 三種ノ階段アリ曰ク空想的ノ時代曰ク理想的ノ時代曰ク信仰的ノ時代（明治二十年1号第3页）

2-54 閨中的婦人モ門外的運動ニ皈ス（明治二十年1号第7页）

2-55 世相的ノ観察上ヨリシテ（明治二十一年第2号第15页）

2-56 必ズ幾多経練的ノ要用ナル（明治二十二年第14号第20页）

2-57 腕力世界ニ於テ道義的平和ヲ保維スルノ処（明治二十三年1号第15页）

2-58 脳中深ク印スルモノハ国家的ノ観念ナリ、国家的観念ハ遂ニ彼等ヲシテ（明治二十四年1号第7页）

加不加「ノ」意思上对句子没有影响，和「的」的用法也没有关系。特别是例2-58中，同一句话、前后同样的接续词，一个加一个不加，说明了其中「ノ」用法的不确定性。这和明治初期的情况是一样的。另外，这一时期比明治初期的用例，前接的名词中增加了很多二字抽象名词，如「理想」「国家」「階級」等。这也反映了中期「的」字用法的发展。

其二，新出现的「A+的+N」、「N+的+V」和「V+的ノ+N」结构，证明了「的」用法的发展，『反省会雑誌』中虽然没有出现「A+的ノ+N」的用例（当然，不能排除笔者只是偶然没有收集到用例），至此「—的—」和「—的ノ—」结构中，所有前后接续词、可能出现的词性都已经出现。如：

2-59 建設的（けんせつてき）ノ時代ニオイテハ（明治二十四年1号第3页）

2-60 熱心的ヲ棄テ、玩弄的ノ弘法ヲナス（明治二十年1号第8页）

和明治初期的用法相比，这时「的」的构词情况更加自由。初期「形容詞+的」修饰「名詞」需要加「ノ」的规则也被打破。笔者认为造成这种情况的原因和「—的」用法的普及有很大关系。更多的人了解「—的」的用法并开始使用后，一些原来的“规则”就被“不规则”打破。用例增加的同时，用法也开始变得相对复杂、自由。尤其当时还出现了「N+的+V」的用例：

2-61 熱涙ヨク後進ノ徒ヲ神便的誘導ス（明治二十四年1号第23页）

「—的—」后接的成分中已经可以接续动词性的成分。而且，例句2-61中「的」前接「神便」，这个词并不是汉语中的词汇。可以推断「神便的誘導ス」的用法直接受到汉语白话影响的可能性较小。这时期「—的」中逐渐出现了一些日本人造的新汉语词（新漢語），如「経済的、階級的、改革的」。这些结合用例的出现，也反映了

「—的」在近代日语中的发展。

（2）名词性「—的」用法的演变

明治十年前后，出现了「—的」后接「ヲ」「ト」等助词，表现出名词性的用例。通过分析例句笔者认为，其中「—的」可能受到汉语白话文“的”字结构的影响。到了明治中期，我们发现「—的」从形态上和用法上都发生了一些变化。

其一，形态上：「—的」后面接「ヲ」体现了其名词的词性，故「—的ヲ」这一类用例可以说是受汉语白话文“的”字结构影响的用例，是当时用法不成熟的表现。明治中期的用例中除了上述「—的ヲ」之外，又增加了「—的ハ」这样的用例：

2-62 熱心的ヲ棄テ、玩弄的ノ弘法ヲナス（明治二十年1号第8页）

2-63 其前後左右ノ経験的ヲ反省利用セバ（同上，第20页）

2-64 其第一着歩ハ思想的ニシテ、事業的ハ第二ナリ（明治二十五年1号第26页）

例2-62、例2-63的「熱心的」「経験的」从意思上可以理解为「熱心的（な弘法）」「経験（したこと）」比较恰当，用法类似于汉语白话里的“的”字结构。可见即使到了明治中期这种影响仍然存在。但是例2-64中「的」前接的「思想」「事業」都属于抽象名词，构成「思想的」「事業的」后，很难再按汉语白话文的“的”字结构解释。当时作者出于何种目的使用不得而知，但是可以看出随着「的」用例的增加，逐渐出现脱离汉语白话影响的用例，体现了近代日语「的」用法的演变。

其二，「—的ニ、—的ニシテ」：明治十年前后，这种结合形式中「—的」后接动词，如「徐々的ニ、慢々的ニ」，应是作为修饰成分。但是明治中期的用例中，这种构词则出现了一些新变化。

2-65 頑陋的ニ附スル（明治二十年1号第7页）

2-66 今ハ殆ト物質的ニ沈化セリ（明治二十二年14号第10页）

2-67 一モ其勢カヲ建設的ニ用イタルモノ（明治二十三年1号第4页）

这几个「—的ニ+V」的用例中，「頑陋的、物質的、建設的」从语义上看并不是用来修饰后面动词的，「ニ」表示的是对象，前面「—的」的部分具有名词性的意思。应该理解为「頑陋的なものに附する、物質に沈化せり、建設に用いたる」，才比较符合句义。这样的用例体现出，当时汉语白话文中“的”字结构的影响是相当深的。“的”字结构的形态“—的”进入日语后，为「—的」发展为后缀奠定了形态上的基础。

（3）大正时期用法的萌芽「—的ナル、—的ナリ」

研究大正时期「的」用法的研究者中，李秀卿（1998）和李军（2008）都指出「形容動詞」词性标记「ナ」出现在明治四十年以后。[①] 而笔者从汉文体的『反省会雜誌』中，在明治二十年前后就找到了「—的ナル、—的ナリ」的用例。比前两者研究的数据提早了约20年。这充分说明了近代日语「的」字发展深受语体影响的特点。考察「的」的发展状况，必须找到「的」真正使用的环境，才能进行更有效的调查。这也给笔者以后的研究以启示，对于后缀研究的调查，寻找最适合的语体、最适合的语料是非常重要的问题。具体当时这类的用例，如：

2-68 凡ヘテ階級的ナルヲ以テ、国民一般ニ適セズ（明治二十五年1号第27页）

2-69 浄土門ハ本来国民的ナレトモ、今ハ階級的ノ弊風アルヲ以テ……第ニハ旧来ハ厭世的ニシテ、今ハ楽世的ナリ、第

① 具体参考第二章第一节“三”。

三ハ旧来ハ理論的ニシテ、今ハ経験的ナリ。（同上）

这一类用例的特点是「的」的活用形式，和之前出现的类似汉语白话文“的”的用法不一样。「—的ナル」更接近现代日语的活用，而且首次出现了以「—的」结句的「—的ナリ」的用例。而且这两个用例中，「—的」语义上用「—性質を持っている、—のような」这样的含义理解更符合上下文意思。这些结合形式在「—的」发展史上具有非凡的意义。笔者认为形式上开始出现向「形容動詞」转变的同时，语义上也开始逐渐具有日语特有的含义。

（4）「—的—ノ—、—ノ—的—」结构的出现

「的」和「ノ」出现在一起，这一类用例在数量上不算多，但在新出现的结构中，用例出现最多。前人研究中从没有人提出过明治期这样的结构，但是笔者认为同时出现的情况是非常值得我们注意的，例如：

2-70 完全ナル信仰的生活ノ実例ヲ示シ（明治二十三年 1 号第 7 页）

2-71 其思想的ハ従来佛教ニ用ヒタル教理的独断ノ解釈法ノ外ニ…要スルニ批評的自由ノ解釈法ヲ用イテ（明治二十五年 1 号第 26 页）

这种结构中「的」和「ノ」前后接续的都是「漢語」。笔者认为这种情况一方面反映了当时「漢語」的流行；另一方面前面明治十年用例中没有这样的用例，也说明了当时汉文体文章的发展。从「的」的用法来看：由于受到汉语的影响，初期出现的用例中，基础结构「—的—」「—的ノ—」的用例非常多。笔者认为「—的—ノ—、—ノ—的—」结构也应该是从这种较基础的结构逐步发展起来的。按照这种推断，能够发展为「—的—ノ—、—ノ—的—」结构的应是「—的—」。也就是「—的—」在前面或后面又接续了「ノ」，从而出现了「—的—ノ—、—ノ—的—」这样的结构。故也

可以进一步推断，当时视「—的—」为一个意义相对完整的单位。

这种意识的出现在日语「的」发展上应该是非常重要的。因为一旦把「—的—」视为一个语义单位，那么其中「的」一定失去了语法上的意义，成为构词上的一部分，即出现了词汇上的意义。这就和汉语“的”的用法彻底区别开来，成为日语「的」特有的用法。从现代日语来看，这种「—的—」构词也确实是存在的。从这方面来看，明治中期的用例中「的」虽然形式上仍深受汉语“的”影响，但是比起明治十年时期的「的」，已经开始体现日语特有的要素。开始向日语后缀用法发展。从下面这个用例中也可以看出这个特点：

2-72 其取ル所ノ主義は便宜的改革ニ非シテ、自然的改革なることを陳へ（明治二十五年 1 号第 26 页）

「便宜的改革、自然的改革」从句子的意思来看都可视为意义相对完整的词，其中「的」不再同义于「ノ」，用汉语白话“的”来理解也比较困难。虽然可能还没有完全发展为现代日语中「的」的含义：「……に関する」「……のような」「……の状態である」「……としての、……である」[①]。但「的」已经开始有向这种语义发展的萌芽，具有了日语特有的意思。是日语「的」语义发展上的基础。

（5）少数特殊的用法

单独使用的用例，如：

2-73 宗教的即ち道義上ニ於テハ（明治二十一年 14 号第 15 页）

2-74 若横ニ就ケバ（空間的）……（明治二十三年 1 号第 10 页）

2-75 所謂ユル古代的、即、政府ニヨリテ（明治二十四年 1

① 具体参考第二章第一节“四”。

号第 7 页）

我们注意到从句子意思上来看，单独使用的同时，句子中也或多或少地加上了对「—的」的解释。可见当时「—的」确实为一类新生的词汇。多数情况下是需要解释的。这种情况和明治十年前后在「—的」上标记「和語」或「外来語」的解释应该是一样的。相信通过这样的用例，「—的」的用法将在近代日语中越来越普及。

（6）加注假名的用例

这一类用例也发生了很大的变化：明治中期的杂志中「的」标注的读音首次出现了「テキ」，从语音上为后缀用法的确立奠定了基础。

2-76 世俗的勢力（せぞくてきせいりょく）ノ為に蹂躪セラル（明治二十三年 1 号第 2 页）

2-77 建設的（けんせつてき）ノ時代ニオイテハ（同上，第 3 页）

明治十年前后还没有单独标注「的」读音的用例，到了明治二十年，结构中「的」不但单独标音，还首次出现了「テキ」的标注。可见其读音即成熟于明治二十年前后。音韵上「的」得到了独立的同时，也彻底区别了「ノ」。这个变化也是极具意义的。比较前面「的」的用法来看，可见「的」的读音的成熟要早于其用法的成熟。

『反省会雜誌』中的用例呈现了明治二十年左右「的」字发展中的丰富形态，文章中用例增加的同时，「的」的用法、意义和语音都有了迅速的发展。从一些用例中已经可以看出大正时期「的」字后缀发展的萌芽。这种演变现状会给之后的汉语带来怎样的影响非常值得我们进一步研究。

第六节　本章小结

从前面的分析来看：明治时期用例有以下性质：

（1）明治五年至明治十年（1872—1877）「的」的后缀形态已经出现，可是用例数量和用法上都非常有限。其中很多用例没有摆脱古典汉语白话结构助词“的”的影响。另外「的」前后接续的都是「漢語」，也是当时用法受到语体限制的一个表现。距离「—的」发展为一个独立的后缀还有一段距离。而且很多用例需要添加注释才能传达意思。这些都证明了明治初期正式语体中「的」的用法属于产生的初期。

（2）到了明治十年至二十年（1877—1887），这种情况发生了巨大的变化。①用例的数量大幅增加，形态上也丰富了很多。除了初期汉语白话文用法的用例增加外，还出现了发展了的「的」的用例。②明治二十一年（1888）首次出现了类似现代日语中「—的なり/なる」构成的用例，这推翻了前人研究中明治四十年以后「的」字才开始形成「形容動詞」用法的观点（参见第二章第一节“三”）。③笔者认为明治二十年，「的」字在正式语体中已经有了「形容動詞」形态的萌芽，而其丰富的构词形态，更为以后发展为「形容動詞」奠定了基础。同时随着用例的增加，「的」逐步发展出日语特有的含义，从此彻底开始与汉语“的”有了区别，向日语后缀「的」发展。④这个时期的「的」字在语音上已经被标注为「てき」。⑤而且后接词中还出现了非「漢語」的用例，如「此ヲ経済的ノ考ヨリ眺ル時ハ」（明治二十三年一号第19页）。这些用例都证明「的」的后缀用法正在走向自我发展。这一时期其构词结构为「—的ノ—」「—的—」「—的ニ（シテ）—」「—的ヲ—」「—的ナル（リ）」「—的—ノ—、—ノ—的—」。

第三章

汉语助词“的”的用法与演变

第二章中笔者已经对明治期日语后缀「的」的用法和发展进行了论述，为了研究其和近代汉语“的”的关系，必须对“的”在近代之前及和日语接触之后的用法分别进行分析，才能有所比较。本章的内容主要集中论述“的”近代之前在汉语中的用法。对于这部分内容有些汉语研究者已经进行过论述，笔者将对和本章相关的研究进行介绍。另外，在论述日语方面的资料时，笔者注意到「的」的发展和语体关系密切。因汉语自古既有“文”和“言”之分，故“的”的调查也注意到了其在文言和白话两种语体中的用法异同。

第一节　汉语助词“的”的历时性研究

“的”是汉语中重要的助词，用法也非常复杂，已经有非常多的研究者论述过“的”，论述的角度和研究目的各有不同。本章主要关注历时角度的研究，尤其是“的”在各时期的用法及其和语体的关系。根据笔者的调查，和本章相关的“的”字研究主要有以下几部分内容。

一　关于“的”字的出现

（1）《汉语大词典》中记录“的”字共有三个发音，每个发音又有各自不同的内涵。其中①：

① 罗竹风主编：《汉语大词典》，汉语大词典出版社 1991 年版，第 250—251 页。

的$_1$发音“dì”，表示明亮的。战国楚宋玉《神女赋》：眉联娟以蛾扬兮，朱唇的其若丹。《韩诗外传·卷一》：故人生而不具者五：目无见，不能食，不能行，不能言，不能施化，三月微的，而后能见。

的$_2$发音“dí”，表示确定；准定。唐白居易《百日假满》：但拂衣行莫回顾，的无官职趁人来。

的$_3$发轻声“de”，第一义项构成“的”字词组。表示修饰关系。宋钱愐《钱氏私志》：则是一个有血性的汉子。《宣和遗事》：虏酋大怒，执傅察而杀之。察乃傅尧俞的从孙也。

上述三种读音中，第一种“的$_1$”的用例出现时间最早，义项中多是“的”字的实词用法；第三种轻声“的$_3$”用法最多，用例出现的时间最晚，义项中多是作为虚词的用法。作为本书研究对象的是“的$_3$”。字典中没有进一步介绍这些用法的产生时期。但语言研究者从各种角度论述了“的”的产生。

（2）赵载华的《“的、地、得”语义用法源流概说》①

赵（1990）总结了“的”在文言文中的用法，他认为“的”有“dì、dí”两个音：

的$_1$发音“dì”：有两个意思。一作名词，本义是箭靶子的中心，《荀子》有句“是故质的张，而弓矢至焉”。……同时从本义箭靶子的中心引出目的、标准的意思，如《梁书》有句“准的无依”。二作形容词，词义是鲜明、明白，由名词虚化引申而来。另外，“的”在古白话中作助词，读轻声，由形容词虚化而成。宋人书中凡语之辞皆作“底”。如杨万里《诚斋集》有句“红芙蕖杂白芙蕖，红底终稠白底踈”。

的$_2$发音“dí”：作副词，词义是确实、的确。如白居易诗有句“的应不是别人来”。由形容词义虚化而来。

通过前面的研究，“的”的义项出现时期和主要意义可以概括为：

① 赵载华：《“的、地、得”语义用法源流概说》，《逻辑与语言学习》1990年第5期。

首先，作为实词产生于战国时期。实词表示“目标、明亮的、确实的”等意思。虚词大致产生于宋代白话（“宋人书中凡语之辞”）中，读轻声，且宋人书中用作“底”，为结构助词，表示修饰关系。“的”最初的用法是实词，其次在古白话中作助词，这种从“实”到“虚”的变化发生在何时，如何发生，赵的研究中没有说明。之后的研究者从历时角度逐渐展开了“的”用法变化的研究。

二　唐、宋、元时代“的”的用法

从上面的研究来看，可以说“的”字用法在古代就有了虚词的用法，这应该是“的”演变历程非常重要的变化。“的”助词用法的产生，汉语界普遍认为发生在宋代以后。这段历史时期“的”的相关研究有《近代汉语虚词研究》（1992）、《近代汉语助词》（1995）和《宋元明汉语研究》（1992）①。其中的研究中多指出“的”产生于宋以后。笔者总结其中和“的”字用法相关的研究内容，主要有以下几点②：

（1）“的”出现之前的结构助词“之”

最早在句子中充当结构助词的是“之”。先秦到南北朝的用例中，“前接词+之+后接词”结构占优势。而且中心语除极个别例外，全部为单音节词。如：

3-1 不知明乎天道，辨乎地利，比量逆顺，鉴达兴亡之妙也。

《尔雅》诸书，蚕蛹名魄，又非二首两口贪害之物。（《颜氏家训·勉学》）

3-2 而胜败存亡之机固已见于胸中矣。（《战国策·赵策二》）

---

① 刘坚、江蓝生、白维国、曹广顺：《近代汉语虚词研究》，语文出版社 1992 年版，第 138—145 页。曹广顺：《近代汉语助词》，语文出版社 1995 年版，第 23—33 页。程湘清主编：《宋元明汉语研究》，山东教育出版社 1992 年版，第 125—139 页。

② 下面内容为作者总结。

3-3 通（人名）有补民益主之业。（《战国策·赵策二》）

3-4 赵高不见，有不信之心。（《史记·项羽本纪》）

“之”的统治地位在唐代发生了变化，有一些新的助词出现，如“地”①、“底”。“地”和“底”在唐代中都有零散的例子出现：

3-5 使君，如馨地宁可斗战求胜？（《世说新语·方正》）

3-6 低颜下色地，故人知善诱。（杜甫《上水遣怀》）

3-7 曲江水满花千树，有底忙时不肯来。（韩愈《同水部张元外籍曲江春游寄白二十二舍人》）

唐代初期用例稀少，而且很多研究者对于“底”的来源问题至今仍存在分歧。至唐代晚期，作为结构助词“底”，开始在禅宗史料中出现。

（2）唐宋时期的结构助词“底”

晚唐五代的禅宗史料《祖堂集》中“底”发展为主要的助词，当时的结构助词“底”分别和名词、形容词、动词、副词结合，可以构成句子中的各种成分。“地”只能用在形容词和副词后分别构成谓语和状语。晚唐五代时“地”只是“底”字的一个附属，其分布与功能都被囊括在“底”字之内。而“底”和“之”的区别在于“底”除了可以作为连接定语和中心语的助词之外，有接在名词、形容词、动词之后构成名词性成分的作用。即现代汉语的“的”字结构的原型。两种用法的用例如：

3-8 是你三家村里男女，牛背上将养底儿子。（《祖堂集》卷三《慧忠国师》）

① “地”字一直跟在动词、形容词或副词之后，在句子中作谓语或状语。古代语法中“地”和“之”“的”“底”的区别比较明显。故古汉语中连接修饰语和中心语的助词更受到研究者的重视。

3-9 师云：达底人尚自如此，岂况是你诸人！（《祖堂集》卷十《玄沙和尚》）

3-10 这个是马师底，仁者作摩生？（《祖堂集》卷十五《西堂和尚》）

3-11 师问：篮里底是什摩？（《祖堂集》卷十六《南泉和尚》）

3-12 这个是拣底，不拣底把将来。（《祖堂集》卷六《洞山和尚》）

例3-8、例3-9中“底”取代了一部分“之”，同时例3-10、例3-11、例3-12是“底”自身的用法。这种汉语的语法变化为“的”的产生奠定了基础。《祖堂集》经笔者调查属于俗语语体，在这样的语体中出现“底”取代“之”，可说明“之”与“底”的分化和语体的发展有关系。

（3）结构助词“的”的出现

宋代以后“底”“地”的一个明显变化，是由于语音的演变，“的”音韵变化后与轻声相似，逐渐发展为结构助词。“的”起初只代替“底”，构成名词性词组。例如：

3-13 学是至广大的事，岂可以迫切之心为之。（《二程语录》卷一一）

3-14 善藏此方，虽他的亲人亦不可传，传之则不灵矣。（《夷坚志·三志·壬卷第六》）

3-15 是佳人的领袖，美女的班头。（《关汉卿戏曲集·杜蕊娘智赏金线池》）

元代这类例子更多，到了元代中叶，“的”也开始取代“地”。如：

3-16 他每无体例不便的勾当，续续的整治行者。（《元典章》

卷六）

3-17 廉访司官人每好生的提调者，交学者好生的学。（《同上，卷三一》）

3-18 那般的做好事其间里，不拣是谁休拦当者。（同上，《卷三三》）

总的来说，元代结构助词中“的”的用法已经代替了“底”。元代以后，在明清小说中，“底”消失，代替“地”的“的”也比比皆是了。

前面的三个研究时间的下限就到元，元以后明清的用法均没有涉及；分析中没有明确指出这些作品的语体。通过笔者的调查，前人研究中的资料多是通俗文学。即语体多为古白话。当时的文言语体中似乎没有“的”的用法，故前人研究中都没有涉及；宋元时期“的”字发生的质变是由于语音的演变产生的，而经过这段时期“的”字已经全部代替“底”“地”成为白话语体中最常用的结构助词。刘敏芝（2008）调查了元代《原本老乞大》（口语体[①]）中定语和中心语之间使用的“的”“之”，结果如表 3-1 所示。

表 3-1　“的”与“之”的修饰语分类

名词性修饰语			形容词性修饰语			动词性修饰语		
无标记	有标记		无标记	有标记		无标记	有标记	
47	之 4	的 38	15	之 0	的 10	11	之 2	的 205

资料来源：刘敏芝：《汉语结构助词“的”的历史演变研究》，语文出版社 2008 年版，第 134 页。

刘敏芝指出：“元代结构助词‘之’在口语中已经接近消亡，只在一些固定用法中仍占有一席之地。总之‘的’基本上已经取代了‘之’成为普遍使用的结构助词，和现代汉语的情况已经很接近了。”由此可见，到元代，结构助词的用法彻底分化为文言“之”、白话“的”的情况。

① 笔者注。

三　明、清两代“的”的用法

对明、清两代“的”字进行断代研究的有刘敏芝的《汉语结构助词“的”的历史演变研究》①，这本著作按时间顺序对逐个年代的“的”做了调查。选取了明代《训世评话》（1473）、《金瓶梅词话》（1610—1644）、《拍案惊奇》（1610—1644）、《西游记》（1500年前后）等语料②。从“‘的’的组合功能”、“‘的’字结构的句法功能”和“‘的’表自指和转指的功能”三个方面论述了“的”的用法。这里选取和本书相关的“‘的’的组合功能”的论述加以介绍。按照刘敏芝的分类，明代“的”的组合功能有23种。笔者按本书的需要，重新对其中比较主要的前15种进行了分类（见表3-2、表3-3），并比较日方明治期「的」的用法进行了分析。

（1）“—的—”复合结构

表3-2　　“的”的构成结构

构成	例句
名+的+名	那大圣将身跳上，抖一抖，收了瞌睡虫的毫毛。（《西游记》）
形+的+名	今日个日头，咱弟兄们和顺的上头，酒也醉了，茶饭也饱了（《朴通事谚解》）
动+的+名	三藏道：“正是，要行五拜三叩的大礼。”（《西游记》）
介词结构+的+名	看他对众的说法，他恐防有人暗算。（《拍案惊奇》）
象声词+的+名	耳边厢只听飕的一声，魂魄不知往哪里去了。（同上）
成语/引语+的+名	我是一贫如洗的秀才，怎承受得令爱起？（同上）
多项定语+的+名	张三嫂道：“是开彩帛铺的胡员外的女儿，见年一十八岁。”（《三遂平妖传》）
复句+的+名	王生笑把适才戏写掷瓦，及一男子寻觅东西不见，长叹走去的事，说了一遍。（同上）
X③ 的动/形	这妇人一心只想着西门庆，那里来理会武大的做多做少。（《金瓶梅词话》）

---

① 刘敏芝：《汉语结构助词“的”的历史演变研究》，语文出版社2008年版，第137—186页。

② 资料时间为笔者调查。

③ X表示无法判定成分的加接部分。

从表3-2可以看出，当时白话文中“的”前接的成分比较丰富，字数也很自由，长到句子，短到单字词都可以接续“的”；“的”后面接续的词多为名词性，字数也相对自由。接续动词或形容词时，动词或形容词类似名词性，构成的是“武大的做多做少”这样的“X的动/形”结构。如果比较日语近代「的」初期的用法，我们可以发现二者形态上的异同。①“的”前接续的成分都相对丰富，“的”的构词结构都很丰富。初期「的」的构词结构和“的”的构词结构相对应。②日语「的」前后接续的「漢語」比较接近文言，而“的”接续的多为口语。③比较「—的—」和“—的—”，可以发现「的」前后接续的汉语多为“二字”，而“的”则没有这方面的限制。④“的”可接续多项定语或复句，如“开彩帛铺的胡员外的女儿”“长叹走去的事”的结构。这种接续形式在日语中没有出现过。

（2）“的”字结构

表3-3 “的”字结构的构成形式

构成	例句
名+的	行者道：“正是，你们不曾会着我，我是外班的。”（《西游记》）
形+的	遂此四人分吃那饭，那饭热气腾腾的。（同上）
动+的	不是这等说，小弟家里有的是钱，没的是官。（《拍案惊奇》）
象声词+的	你只顾嘴头子稀里哗啦的！（《金瓶梅词话》）
成语+的	其实水秀才是坐怀不乱的。（同上）
复句+的	却又自有转眼贫富出人意外，把眼前事分毫算不得准的哩。（《拍案惊奇》）

“—的”字结构用法和日语「—的」用法相比也很有特点。①前面接续的成分比较丰富，甚至可以接续句子（见表3-3）。这时日语「的」没有前接复句的「—的」结构。②日方出现的「—的」用例全部是「二字漢語+的」，而白话文中则没有这种倾向。③日方「—的なり/なる」的用例中发展出日语特有的含义。从“的”字结构的比较来看，中日双方的用法表现出的差异较大。当时日语「—的」结构属于构词结构，而汉语“的”字结构更具有语法化意义。汉语白话文中“的”字结构也具有更加丰富的结构，而日语「—的」则逐步

发展为具有一定词汇意义的「三字漢語」。

研究清代的资料，刘敏芝选取了《老乞大新释》《重刊老乞大谚解》《儿女英雄传》《语言自迩集》《燕京妇语》《小额》等语料。笔者调查了这些作品时间，大概覆盖了18世纪中晚期到20世纪初。按刘敏芝的研究：清代“的”的组合功能、“的”字结构的句法功能与明代大致相同。她提出：“现代汉语中口语性较强的说法在清代基本上都已经完备。已经成为定语和中心语之间必要的标记，而且句末作为语气词的功能大大增强，使汉语表达复杂情态和语气的手段更加丰富。在语言面貌上更接近现代汉语。”

以上，刘敏芝选择的资料多是通俗语体的文章，即古代白话体的文章。这些资料中“的”都是口语性很强的用法，比较前面元代的用法可以判断这时“的”是古代白话体中的结构助词。文言文中没有“的”的用法。通过刘敏芝的研究，“的”字在明清小说中的用法基本已经明确，其白话文中结构助词的用法基本趋于完善，并已经和现代汉语用法很接近。至此，从历时角度论述“的”的研究基本已经结束。从上面笔者对“的”和日语「的」用法异同的比较，我们可以发现以下几个问题。

（1）对汉语中“的”字的历时研究只进行到清代小说。即历时研究“的”的资料集中于古典俗文学，清末其他语体中的用例研究不足。尤其从第一章中我们已经了解到，汉语在1896—1916年这个时间范围内发生了重要的变化，近代和日语的词汇交流也主要发生在此时，这个时期的汉语发展是五四时期白话文运动的基础。只有弄清了这一时期汉语中“的”的发展，才能真正意义上完成“的”字的整个历时性研究。

（2）从前人研究中我们也可以发现古汉语中充当结构助词的有“之”“底”“地”“的”等。各种助词在不同的历史时期、不同文章中发挥着作用。“的”产生的时间相对较晚，用法也继承了前面助词的特点。其中最重要的特点就是只适用于口语中，即白话文中。“之”历史虽然最久，但是只是作为文言的结构助词，在白话文中发展受到限制，用法逐渐被其他助词取代。到元代为止，已经形成文言

“之”、白话“的”的用法区别，之后“的”在白话文中进一步发展。到清代为止，白话文“的”主要有“—的—”组合和“的”字结构两种用法；而文言“之”作为结构助词时，不能结句，即不能构成“—之”结构。这是两者用法上的重大区别。

（3）汉语界研究者多数认为作为白话文中的结构助词“的”，清末以后随着文言一致运动逐渐取代了文言结构助词“之”，成为现代汉语最主要的结构助词。但是“的”进入文言并不是一句话可以概括的、简单的语言变化。这其中“的”到底如何取代文言“之”，这个过程中是否受到日语影响；若受到影响，这种影响强度如何，又是如何体现的；这些问题都直接触及汉语语言的发展问题，也关系到汉、日两种语言各自的特点，迫切需要更深入的研究。之前也有一些中外研究者触及了这方面的内容，笔者下一节将对这方面的研究进行介绍。

四　清末文言中“的”的研究

前一节笔者总结了近代汉语“的”字研究中尚未解决的问题，即清末文言文中“的”字的使用情况。古藤友子（1988）[①] 曾考察过清末学者章炳麟翻译的岸本能武太『社会学』中“的”的使用方法，涉及“的”和「的」的关系研究。论文在分析了岸本「的」字的用法基础上，着重考察了章炳麟在翻译时是如何处理「的」的。下面笔者将引用其中一些内容：

「岸本能武太が著わした『社会学』は1896（明治二十九年）の東京専門学校における講義を自ら記し、同校の講義録にのせた、この中には、延べ語数541、異なり語数126の「的」の用例が見られる。……岸本の『社会学』は、社会学の入門書、概説書である。」翻译这本书的章炳麟「戊戌変法失敗後、1899年6月日本に渡り、2ヶ月間滞在した。その後、ふただび清朝に追われ、1902年2月横浜に上陸し、約3ヶ月間、東京牛込の中国人留学生の家に逗留し

① ［日］古藤友子：「近代の日本語と中国語における（的）について　章柄麟訳『社会学』にみる」，『姫路独協大外国語学部紀要』，1姫路独協大外国語学部1988年版。

た。……1902年7月には上海広智書局から『社会学』（2巻）と題して刊行している。」其中翻译的「的」，古藤概括为以下几种情况：

A. 中国文の規則に則って、直接に限定語（＝修飾する語）＋中心語（＝修飾される語）という形に訳している。たとえば、

3－19「社会の有機的説明」→“社会有機説”；「社会の分析的研究法」→“社会分析研究法”；「分化的社會」→“分化社会”；「精神的文明」→“精神文明”；「理想的文明」→“理想文明”

B. 「抽象的観念」を“抽象概念”と訳したり、また、“抽象之概念”とも訳したりする。ほかには、

3－20「絶対的命令」→“絶対之命令”；「向上的傾向」→“上達之傾向”

の用例もあった。“抽象概念”は一つの単語として認識されるが、“抽象之概念”は助詞“之”で構成された名詞フレーズになる。

C. 後接語は動詞で、前接語を目的語とする訳例も見られる。たとえば、

3－21「政治的革新者」→“改革政治者”；「道義的行為」→“行義”

「地球上夥多なる社会の比較的研究を要す」→“必研究世界種種社會之比較”

「社会の変遷を歴史的に研究するは、……」→“研究其變遷之歷史，……”

D. 意訳を使って、原文の「的」を適宜に中国語の文脈に変える。

3－22「此の問題は吾人が決して、演繹的に、先天的に又臆断的に断定すべき問題にはあらす。宜しく帰納的に、後天的に、実験的に決定すべき問題たり。」→“或言以《演繹法》

《先天法》《臆斷法》定之。或言以《歸納法》《後天法》《實驗法》定之。二者相較，吾固取其後者”、「分析的に研究する」→“以分析法求之”、「比較的に研究する」→“比較法研究”、「社会の進化的研究」→“以进化律研究”

のように原文の意味を理解したうえで、「的」を使わないで、中国語のほかの言い方に変えた。

古藤指出，上面几种翻译「的」的情况表明，1902年出版的《社会学》中几乎没有直接把「的」翻译为“的”的用例。「章炳麟は岸本の著作を翻訳するにあたり、訳語として「—的」を取り入れることを拒否した……「—的」の機能、意味を明確にするために、修飾・被修飾、動詞・賓語の構造を明らかにしたり、あるいは“之”“以”“因”“於”などの語や動詞を補って訳している。」也就是说，古藤认为，章炳麟在翻译时对日语中新产生的「的」持一种回避的态度，通过其他的助词，如传统的文言助词“之”等来意译。这一论点似在以前的研究中没有出现过。正如本书在绪论中所提及的，有语言学者认为，汉语的“的”受到日语的影响。古藤的这一认识，作为近代汉日词汇交流研究的“一家之言”，证实了章炳麟对待“的”的态度，明确了当时部分国人对「的」的翻译方法。具有一定参考价值。另外，对翻译文章中“的”字用法的关注也值得笔者学习。笔者分析清末文章时，也应注意翻译资料中“的”的用法。

古藤（1988）之后，清末文言文“的”用法和日语「的」的关系也很少有研究者专门地进行论述。可见这部分研究的缺乏。陈谊「近代の日本語と中国語における「的」について　章柄麟訳『社会学』にみる」中只用了一段话提到了这时「的」和“的”的交流。但是论述得非常模糊：

「当時[①]の翻訳者や文法学者たちは既に日本語の「的」と中国

① 笔者注：根据上下文的意思，这里的“当时”指的是从19世纪末开始的一段时期。

語の“之”との違いを認識し、「的」が中国語に逆輸入したのも歴史の必然だといえる。……二十世紀十年前後から中国に於いての白話文活動の展開は「—的」の流行にさらに勢いを与え、『新青年』などの雜誌をはじめとして、正式の文章でも「的」は「之」に交代して広く用いられるようになった。」①

这段论述既没有展开，也没有列举19世纪末20世纪初“的”的用例。「的」和“之”有何区别，怎么体现的，作者也没有具体证明。论文中也同样列举了王立达（1958）关于“的”受日语影响的论述。说明了王立达和陈谊的研究都认定汉语受到了日语「的」的影响。而这样的结论又与古藤（1988）的结论有矛盾的部分，故需要进一步确认当时的真实使用情况，解决近代“的”一直悬而未决的问题。

五　汉语助词“的”的研究现状

“的”字用法的出现、发展都和汉语语体的发展紧密联系在一起。这也表明“的”字研究的重要性。“的”字研究的深入可以直接推进汉语研究的进步。因此，以往已经有许多研究者从历时角度研究过“的”。

从上面的研究中，我们可以概括目前“的”字历时研究的现状。①“的”出现之前，最早的汉语文章中结构助词为“之”。接着随着汉语言的发展，结构助词中又分离出“底”“地”等助词。之后到了宋代，随着音韵的变化，“的”又开始取代“底”和“地”。②在结构助词发生变化的同时，汉语言也逐渐分化为文言和白话两种语体。从“底”得到发展的《祖堂集》、到“的”出现的《二程语录》，这些都属于当时的俗文学。对于当时文言中的用法，以前的研究者都没有提到。换句话说“的”没有出现在文言中，文言中“之”仍保持着统治地位。笔者用《四库全书》全文检索，也没有收集到文言文

---

①［日］古藤友子：「近代の日本語と中国語における（的）について　章柄麟訳『社会学』にみる」，『姫路独協大外国語学部紀要』，1 姫路独協大外国語学部 1988 年版。

中“的”做结构助词的用例。这都说明了“的”在汉语中的产生背景——白话文。汉语“文—白”的对立，同时反映在结构助词“之”—“的”的用法对立上。③“的”的用法在明代白话文中发展得比较完善，到了清代，白话文中“的”和现代汉语中的用法基本一致。主要有“—的—”和“的”字结构两种用法。其中“的”字前接的内容非常丰富，词、短语，甚至可以接续复句；后面若接续成分，则多接续名词，或是可以用作名词性的动词、形容词。④尚未解决“的”如何进入文言的问题，以及王立达（1958）提出“的”受到日语影响的问题：若受到日语的影响，是否和“的”进入文言有关系；清末文章中“的”和“之”的用法关系；“的”与「的」关系如何等问题。

针对这些问题，笔者确定了之后将要研究的内容。①确定研究“的”的研究资料：具体选取的时间段为1896—1916年，即晚清向日本派遣首批留学生到新文化运动，大规模运用白话文的这一段时间。重点关注前人尚未涉及的文言语体的资料，并且应是和日本相关，在当时具有深刻影响力的语言资料。②以比较分析的方法，考察“的”字的用法和日语「的」的关系。当时“的”是否受到日语影响，若受到影响，体现在哪些方面。③考证“的”的用法演变以及对近代汉语的影响。

本节主要采取实证性的研究方法。首先选取近代语中的各种文本资料，全面收集其中“的”的用例。兼顾定性和定量两个方面的特点分别分析各个时期“的”字的用法，总结“的”字用法的发展和演变。

第二节　本书对清末助词“的”的研究方法

进入分析前，笔者需要确定近代汉语中“的”的分析方法。本书旨在以中日双方用法比较的视点，分析近代汉语是否受日语影响的问题。故在分析“的”时，除了对当时用法作出准确地分析外，和日方「的」的关系也是本书关注的重点。基于这种考虑，参考前面分析汉日“的”各自的使用特点，研究汉语助词“的”是否受到日语后缀「的」的影响，主要可以考察以下几个方面。

（1）“的”的前接词：由于汉语和日语不同，没有「格助詞」，所以在对用例进行形态上的分类时，不易借助助词进行分割。利用明治时期「的」前面只接「漢語」的特点，汉语“的”前词是否为中日同形词，为当时判断是否受日语影响的一个重要手段。这种手段的前提是调查资料是接触日语后出现的文言文章，其中汉语结构助词本应只使用“之”。若在这一时期，文言中出现“的”，且前词为中日同形词，那么我们可以说这个“的”字用法受到日语影响的可能性较大。反之则无，即为汉语白话文本身的用法，未受到日语影响。

（2）“的”的用例来源：当从形态上难以判断时，用例的出处也可以为我们提供线索。若“的”的用例出自翻译日语的文章，那么我们同样也可以说这些用例受到日语影响的可能性比较大。前面论述过，几种资料中都包含了译自日语的文章，当时的日语多使用汉文体，文章中都使用汉字。这些情况非常有利于借用日语中的词汇。故是否译自日语也应注意。

（3）“的”的构词结构：从前面对日方用法的分析中我们发现，明治日语「的」产生之时出现了一些日语特有的构词结构，如「—的ノ—」「—的—ノ—」。这些结构在汉语白话文中都没有出现过。若当时接触日语后的文言语体中出现类似的“的”的构词结构，我们就可以判断这个“的”字用法受到了日语的影响，借用了日语「的」。

（4）语用上：在处理个别例句时，句子中“的”的意思也值得我们注意。汉语白话文中“的”只充当助词，不具有任何词汇意义。明治期「的」虽然还没有完全产生「—のような、—の性質を持っている」这样现代日语中后缀用法的含义，但是个别例句中「的」已经不单单为助词，具有了日语特有的含义，如「其取ル所ノ主義は便宜的改革ニ非シテ、自然的改革なることを陳へ（明治二十五年一号第26页）、凡ヘテ階級的ナルヲ以テ、国民一般ニ適

セズ（明治二十五年一号第 27 页）」[①]。这种「便宜的改革、自然的改革、階級的」若直接进入汉语，可以通过分析上下文的意思，判断出不是汉语白话文“的”。故用例语义用日语后缀「的」解释合理，还是用“的”解释合理也可以作为参考。若是前者，则可以判断是受到了日语影响。

上面论述的四种考察方法是基础，处理用例时还要具体问题具体分析才能准确把握当时“的”的使用情况。

第三节　本书选定的清末书面语资料

通过上面的分析，“的”在清末文言文资料中的用法为本书的研究重点。而且，在第二章论述日语方面的资料时，笔者注意到「的」的发展和语体关系密切。考虑到资料的重要性，为了选择更适当的研究资料，笔者对清末，特别是派遣赴日留学生之后，近代出版业的状况进行了调查。

报刊资料是反映一定社会语言现状的最重要的资料，为了寻找最适合的汉语方面的研究资料，我们同样可以参考前边选择日语资料时的几点要素。①从时间上来讲，从清政府 1896 年第一次向日本派遣留学生开始，其间包括很多国内革命者因迫于国内形势流亡到日本，在日本进行的出版活动。这些出版物中都有可能出现相关用例。具体确定的资料调查期间暂定于清末 1896 年开始到 1906 年，考虑到资料中用例的使用情况可以适当错后。具体时间参考『中国人日本留学史稿』（1970）中所言[②]：

> 1896（明治 29，光緒 22）年旧暦 3 月の末、清国の留学生 13 名が日本にやってきた。彼らは総理衙門で選抜試験を受け、

① 具体可参考第二章第五节中的论述。

② ［日］实藤惠秀：『中国人日本留学史稿』，くろしお出版（黑潮出版社）1970 年版。

これに合格して、日本に派遣された人々で、年齢は18歳から32歳にわたっていた。……その後、中国留学生は次第に増加して、1899（明治32・光緒25）年には二百名を突破、1902（明治35・光緒28）年には四—五百名といわれ、1903（明治36・光緒29）年には一千名、1906（明治39・光緒32）年には一万人または二万人といわれるほどになった。この人たちのほかに維新党であれ、革命党であれ、ひとたび失敗して亡命することになれば、日本をめさしてくるのが、そのころの公式のようであった。

②从规模上来看，选取的资料应该在当时具有代表性，有一定的影响力。同样参照日方的资料选择，汉语中的资料也应该有一定的数量和出版量。③从内容上看，选取的资料应该更加宽泛而不局限于社会的某个方面。所以，一些专业出版物应该单独作为专业知识资料调查。④笔者日方资料选择了比较正式的语体的报纸、杂志；与之对应，汉语资料的语体选择也应侧重文言。

综合以上四点，笔者对当时的报刊进行了调查。据《中国報刊辞典》（1992）考证：1895年甲午战争结束后，中国的报刊出版史上迎来了一个新的发展时期，从1896年到1899年这短短的四年间，就有61种报刊出版发行。这表明大约平均一个月即诞生一份报纸或杂志。具体从年份上考查，1896年有5种，1897年有28种，1898年有22种，1899年有6种。由此可推测，报刊对于当时人们的影响相当大，已经逐步渗透到他们的生活中。[①] 清末的报刊出版物的一个重要特点，就是由于各种原因的影响，都没有维持很长的出版时间，有的“短命”报刊只出不到五期，就被迫停刊或更名。最重要的是，由于清朝对日派出了留学生，这一时期报纸有很多是由这些留日学生担任主编或负责出版的，有的很多就在日本出版，这是当时报刊发行出现的另

① 王桧林、朱汉国主编：《中国报刊辞典1815—1949》，书海出版社1992年版，第2页。

一特点。如果说1896年以前还有一些和欧美人士创办的报纸，那么到了这一时期，相当部分报刊的出版是在日语的影响下发行的。这也为汉日词汇交流起到了重要的推进作用。比较这些受到影响和未受影响的用法也是笔者关注的重点。

基于近代出版业的情况，笔者选取具有以下几种特点的报刊为调查资料。

（1）设有翻译栏的

报刊的基本功能是传递信息。其中，一个重要组成部分就是翻译栏，它是国外信息的主要传播手段和“阵地”。清末报刊的翻译栏是考察当时翻译作品的重要窗口，当然也是研究词汇交流的重要平台。而当时的翻译栏又细分为英文翻译和东文翻译，如《时务报》和《昌言报》皆是如此。有的没有细分，但也有的标示了翻译的出处（如《清议报》中翻译了『東京日日新聞』）。所以这一类报刊必须调查。

（2）在日本出版的报刊

这一类报刊是本书最重要的考察对象，也是最容易考察汉语是否受到日文影响的资料。由于它们多是留日学生或流亡日本的革命者在日本出版的刊物。这些刊物中不光翻译栏中的用例可能受到日语的影响；其中撰写稿件的作者由于处在日本这个环境中，其使用的语言、词汇也难免会受到日语的影响。故这一类报刊为调查的重点。

通过作者按前面所说的原则进行筛选，并考虑到资料的保存现状和可查性，最后确定的调查对象为清末报刊《时务报》《清议报》《译书汇编》及《新民丛报》。

作为补充对照的资料，笔者还将单独分析翻译小说中的用例。笔者在前期的调查中发现，该时期的小说有一个重要的特点，即语体的不确定性：因当时正处于文言文和白话文相互融合的时期，很多小说用文言撰写，还有些则用白话文撰写。前面提到的报刊中大多连载了日本知名的政治小说。比如，当时有名的《佳人奇遇》《经国美谈》等小说就通过连载的方式刊登在《清议报》和《新民丛报》上，故这里的用例可以直接反映日语翻译为汉语的过程中，译者是如何处理的，以及后缀的用法是否受到了日语小说用语的影响。考虑到这些因素，本文选取在《清议报》和《新民丛报》中刊载的三篇日语翻译小说《佳人奇遇》《经国美谈》和《十五小豪杰》单独作为考察对象。

第四节　《时务报》中“的”的用法

第二章中笔者已经分析了明治期日语「的」的后缀用法，也证明了在和汉语接触之前，日语中已经产生了「的」，虽然当时「的」还没有像现代日语一样完善的后缀用法，但是已经出现了日语特有的用法和发展。另外，这一时期中国已经向日本派出留学生，提供了汉日语言接触的机会。这一节从光绪二十二年的《时务报》（1896—1898）开始，具体论述近代汉语中“的”字的发展及其与「的」的影响关系。

《时务报》出版于1896年，是早期近代报刊的代表。《时务报》总计69册，每册平均70页左右，刊行时间为4年，旬刊。在上海创刊。创刊的主要目的为宣传变法。汪康年为经理，梁启超为总编。其中很多稿件梁启超也参与执笔。康有为等革命人士为了宣传变法曾建议光绪帝把报纸提升为官报，可见其在当时地位之高。另外这份报纸总发行量超过1万份，也证明了《时务报》为当时报刊的代表及影响。其内容主要包括：论说、上奏文、西洋报纸的翻译等，到了后期又把东文翻译和西文翻译细分开来，有了专门翻译日语报纸的“东文报译栏”。翻译了当时日本报纸『東京日日新聞』等刊载的时事要闻。其中的文章多为文言语体。

一　“的”的用例分析

由于汉语中“的”字用法是笔者考察的重点，所以对于报刊，笔者采取全面搜词的方法。对三年出版的共69册中所有用例进行了收集，[①] 发现其中主要有以下三种用法。

① 不包括诗歌和一部分小说。

（1）在音译词中使用

笔者收集到的87个用例中，发现“的”多用于译词。[①] 这些译词占总用例的80%以上。主要是外国地名、人名和新物体的音译，如：

①人名：安的士美、的威都的、倭兒的、郎士的兒……

②地名：波羅的（克）海、巴伯兒曼的、區的沙、務拉的倭斯托克（海参威）……

③名词：哀的美敦書、安的摩尼、生的（密達）、華的兒士林……

“的”字用于音译词中用例多数都没有延续到现代汉语中。用于音译词的“的”是文言语体写成的《时务报》中的绝大多数用法。显然这些用法未受日语影响。

（2）二字词的构词语素

《时务报》中另一部分用例为表示实词意义“的”的用例，其中“的”为二字词的构词语素，表示“确实的”“目标”等意思，这样的用例一共出现九个。包括：“目的、准的、的数、标的、的实、的确、的款、的饷、的据”。具体用例如下：

3-23……将中国混沌情形准的示人，使人知中国所以治国库之法制也。[②]（光绪二十三年第19册第1294页）

3-24 速率亦屡亚于我，并难划一准的，亦不论英法……（光绪二十四年第69册第5014页）

3-25 一任汝之发枪吾善为汝标的也。（光绪二十二年第7册第466页）

3-26 然究其实，无论商人或官员，皆不得确知其的数。（光绪二十四年第63册第4276页）

---

① 具体的音译用例可参照附录1。

② 《时务报》时期文章中还没有使用标点，故例句中加注的标点为笔者自己的判读。

“的”在二字词中充当构词语素，作为前语素时，如“的确、的实、的数、的款、的饷、的据”中，“的”字作为构词语素表示了“确实的、明确的”含义；作为后语素时，如“目的、标的”中，“的”字表示“目标”的意思。这些“的”的用法笔者在前面论述过，是古代汉语中“的”最早的实词用法，可以判断同样和日语的影响没有关系。

（3）白话文中“的”的用例

除了以上两种用法外，这一时期还出现了个别三字及以上“的”字用例，这一部分用例和笔者要考察的内容直接相关，是分析的重点。但是这部分用例数量非常少，只有：有圈的、能用的、混生的、不中用的，共四个用例：

3-27（朱笔）这收掌试卷等所官著有圈的去，余依议。（光绪二十三年第42册第2839页）

3-28 常服药能用的，此砒有时用定质。（光绪二十三年第19册第1263页）

3-29 似欧亚混生的半老半少之人。（光绪二十三年第19册第1293页）

3-30 但闻连言“你这不中用的东西你这不中用的东西”。（光绪二十二年第10册第658页）

这些用例都不出自日语翻译文章。用法上，前两个用例理解为“的”字结构的用法比较恰当，“有圈”“能用”都不是中日同形词，所以这些“的”字结构是很“中式”的。例3-27“（朱笔）”表明这是批注的内容，不算是正文。“不中用的东西”中“的”是结构助词用法，“不中用”也不是中日同形词，是一个人口语的引用。笔者认为应该理解为报纸里偶尔出现的白话说法比较恰当，由于《时务报》内容丰富，其中不乏日常生活描写，所以这些用例以极少的比率出现。这其中使用的“的”也侧面证明了当时文言和白话中“的”使用的两极性。

二　《时务报》中“的”字用法小结

总结《时务报》中“的”的构词结构如表 3-4 所示：

表 3-4　“的”字的构成结构

构成	用例	
	前词为中日同形词	前词非中日同形词
V+的		有圈的、能用的、混生的、
A+的+N		不中用的东西
二字词的构词语素	的数、的款、的饷、的据、的实、的确、目的、标的、准的	
音译词	哀的美敦書　安的摩尼　生的	

从上面的分析我们可以看出：①1896 年出版的《时务报》是文言语体。其中“的”字用例出现得极少，“的”主要作为音译词使用[①]。②“的”作为实词也出现在文言文中。做前语素时，表示“确实的”“准确的”的意思；做后语素时，表示“目标”的意思。③当时少数出现在报刊中的用例都不是用文言语体写的文章，属于报刊中偶尔出现的白话文。其中“的”的用法和一般白话文中的用法相同。④到《时务报》出版的最后一年，即 1898 年文言文中未出现“的”做结构助词的用法，“之”才是文言文中的结构助词。文言文中也未出现类似「的」的用法，即未受到日语的影响。

第五节　本章小结

笔者从古汉语入手，调查并重新分析了相关前人研究，从历时角度对清末之前及未受日语影响之前的“的”进行了论述。从中总结了以下几点内容。

（1）“的”的结构助词产生之前，汉语中做结构助词的主要有“之”“底”“地”。“之”最早产生，魏及南北朝时期的文章中即使

① 可参见附录 1。

用“之”。到了唐代，结构助词中又出现了“底”。关于“底”的出现原因，汉语界一直存在争议。“底”到晚唐时已经发展为用法多于“之”的结构助词，发展出了“—底”字结构，即后来的“的”字结构。

（2）“的”在古典汉语中产生。产生之时是作为实词使用的，其作为结构助词出现在汉语中要追溯到宋代以后。结构助词用法产生的契机是宋代音韵的变化，在俗文体的文章中，即古代白话中，“底”逐渐被“的”取代。这种取代过程到了明代基本完成，“的”在使用过程中，不但取代了“底”还取代了修饰动词的“地”。成为占主要地位的结构助词。

（3）由于汉语的发展，文言和白话的分化越加明显。到元代为止，已经形成文言“之”、白话“的”的用法区别，之后“的”在白话文中进一步发展。明代至清代，“的”发展为最主要的结构助词，并在清代基本具备了现代汉语“的”的所有用法，如“的”字结构等。另一方面，在文言文中，直到笔者调查的1896—1898年的《时务报》，其中的结构助词都是“之”。

（4）中国在1896年首次向日本派出了留学生。这些留学生和以后流亡到日本的革命者的文化活动对近代中日词汇交流起到了重要的作用。他们在日本办报，翻译当时在日本出版的新闻、小说和西方书籍。《时务报》虽然出版于1896年，也已经有专门翻译日文报纸的栏目“东报译编”。但一直到废刊的1898年，文章中都没有体现出受到日语影响的“的”，“的”仍属于白话文的用法，没有进入文言文。

从上面的内容来看，古藤（1988）中提出的当时「的」在翻译时都没有被借用，句子都被意译为“之”或不译等情况似乎更接近事实。但是古藤只以章炳麟1902年翻译的《社会学》为对象，资料过于片面，《时务报》之后“的”是否仍保持着这种用法，之后的译日文章作者是否也同样处理「的」，王立达等人所说的“的”受到日语影响是不是事实，这些问题都需要进一步解决。

第四章

清末报刊中“的”字出现的变化

第三章中的分析表明，直到1898年文言报刊中仍然没有“的”的用法。这之后“的”是否同样只在白话文中使用，笔者继续调查了《清议报》（1898—1902）、《译书汇编》（1900—1901）、《新民丛报》（1902—1906）三份报纸中“的”的用法。从笔者调查的情况看，《清议报》1900年的文言文用例中首先出现了“的”，并且可以判断为受到了日语影响。下面具体按时间顺序，对资料逐个分析其中“的”的用法。

第一节 《清议报》中“的”的用法

戊戌变法后梁启超流亡日本，在旅日侨民的资助下创办《清议报》，对于此事，『中国人日本留学史稿』（1970）中有记载：「梁啓超が日本に亡命した時は、年齢未だ26に過ぎなかったけれども、日本に亡命するや直ちに《清議報》なる旬刊雜誌を創刊、毎号殆ど一人で全誌面に熱烈なる筆を揮った。百号に達して後、《新民叢報》（明治35年1902）と改め、ますます日本文脈を採り入れて魅力ある筆をすすめた。」这段论述，记述了《清议报》和梁启超的关系。也说明了梁在日本出版了这份报纸，这和在国内出版的《时务报》背景大有不同。这种不同是否也反映在用词上，值得关注。

《清议报》于1898年12月23日在日本横滨创刊，内容丰富。梁启超在《横滨清议报叙例》中说明，要以之“为国民之耳目，作维新之喉舌”，列宗旨四条：一，“维持支那之清议，激发国民之正气”；二，“增长支那之学识”；三，“变通支那日本两国之风气，联其情谊”；四，“发明东亚学术以保存亚粹”。“主持清议，开发民智”，可说是《清议报》的基本内容。出版后风行海内外，短期内即销三千余份，发售与代售处达38处。出版共四年，共出100期，每刊共65页左右，内容主要包括：本馆论说、名家著述、新书译丛、文苑、外论汇议、纪事、寄书等。其中文章多是文言语体。笔者调查了自光绪二十四年（1898）创刊至光绪二十七年（1902）废刊，其间共出版的100册文言资料中的用例。其中包括了连载的译自日语的小说《佳人之奇遇》《经国美谈》等内容。由于翻译小说的特殊性，这些小说中的用例将单独作为一节内容考察。

从上面的介绍我们可以看出，由于《清议报》出版于日本，其中很多文章又是由梁启超主笔，故文章中的用例受到日语影响的可能性非常大。笔者在调查中首次收集到了文言文中的“的”字用例。

一　“的”字用例的前接词

《清议报》中出现“的”字的用例「異なり語数」如下（按出现时间顺序）①：

社会的、难行的、输运的、进取的、习惯的、殖民的、势力的、统一的、哲学的、侵略的、救援的、柔缓的、绝对的、外交的、主观的、近视眼的（以上出自1900年，共16词）

重要的、贵要的、丰饶的、日本的、人种的、国民的、国家的、生死的、绝对的、同质同角度同分子的（以上出自1901年，共10词）

革命的、冒险的、他人的、防御的、通商的、满洲的、中心的、国民的、队伍的、文明的、帝国的、空想的、政治的、宗教的、地理的、世界的、俄国的、经济的、国家的、绝大的、历史的、精神的、

① 这一时期音译词的数量也很多，为了方便调查，这里搜词时排除了音译词和实词用法的用例。后面的《新民丛报》的搜词也是如此。另外小说中的用例也没有包括在内。

所成的、同辈的、团体的、根本的、哲学的、个人的、理想的、法界的、破坏的、悲观的、民主的、平民主义的、不外人道的、推重历史的（以上出自1902年，共36词）

《清议报》中出现如上的62个用例。用例数量逐年增加还是比较明显的。出版的四年中到1899年一直没有用例出现，从1900年开始，每年都有新出现的用例。从《清议报》的语体来看，是偏文言的正式语体，和《时务报》时期的用语没有太大的变化。但是同样的语体中，和《时务报》中大量使用“之”不同，其间出现了“的”的用例。说明只在白话文中使用的“的”出现在文言语体中，这是“的”字发展中重大的变化。而且“的”前接多是二字词，且这些二字词多是表抽象意义的词。这些“的”字和日语「的」的形态非常相像。前面笔者论述过，这时期“的”前接中日同形词时，极可能受到了日语的影响。故首先按用例前接词[①]是否为中日同形词，《清议报》中的用例分为：

*前接词为中日同形词（/分隔前接词字数不同的用例）：

人种的、生死的、历史的、精神的、时代的、统一的、势力的、外交的、客观的、主观的、利害的、势力的、文明的、日本的、法界的、世界的、地理的、革命的、政治的、同辈的、宗教的、经济的、殖民的、贵族的、中心的、民主的、理想的、绝对的、破坏的、重要的、贵要的、侵略的、急激的、救援的、丰饶的、防御的、进取的、绝大的、国家的、空想的、国民的、帝国的、通商的、冒险的、他人的、悲观的/一部分的、无哲学的、近视眼的（79%）

*前接词非中日同形词（/分隔前接词字数不同的用例）：

俄国的、队伍的、难行的、输运的、柔缓的、所成的、踞有的、满洲的/所习惯的/推重历史的、领袖团体的、平民主义的/

---

① 笔者这里把“的”前面接续的二字称为前接词。中日同形词主要指现代语中属于同形词的用例。

同质同角度同分子的（21%）

《清议报》中出现的“的”字用例，79%都是前接中日同形词的用例；前接中日同形词的用例中又有94%的用例都是“二字词+的”的结构。这和前面论述明治期日语「的」的形态非常相像；前接非中日同形词时的用例则呈现相反的情况，仅有的13个用例中“二字词+的”、“三字词+的”、“短语+的”的结构都有出现，这更符合汉语白话文中“的”前接词不限于二字的特点；这种形态上的不同反映了：前接中日同形词的用例借用于日语「的」，这些“的”首次进入文言文中。前接非中日同形词的用例可能是汉语白话文中的用法，或是受日语「的」影响产生的“的”字用法，值得我们进一步分析。从前接词上可以初步了解到当时“的”用法发生的巨大变化。

二 “的”字用例的出处

《清议报》中“的”无论前接词是否为中日同形词，大多出自日语翻译文章。例如，1900年首个出现“的”字用例，即出自日语文章的翻译：

4-1 以上诸论。到底不免近视眼的政策耳。（光绪二十五年1900第13册译《论太平洋之未来与日本国策》，《日本商业世界报》，第749页）

“近视眼的政策”这个用例中，“近视眼”是三字词同时也是中日同形词。笔者认为这个词应该是照搬日语的原文。其余前词为中日同形词的用例也多出自日语文章的翻译，如：

4-2 我英国何必猜忌畏怖乎哉。要之。进取的帝国主义。（光绪二十五年第17册《外论汇译》，第1068页）

4-3 为防欧洲列强之国产物制造品。与殖民的功名心。热望

所注。全欲保专有独得之市场。（光绪二十五年第22册《外论汇编》，第1398页）

4-4 抑外交的进取。不可不待国力之指挥。（光绪二十五年第32册译《东京日日新闻》，第2084页）

4-5 于我之利益亦不小。我故此不可主张绝对的利权。当确保之。（光绪二十五年第32册译《东京日日新闻》，第2083页）

4-6 今日之必争者。理也。势也。人种的也。国民的也。国家的也。至争根深结。则生死的也。今不计此重要之的。（光绪二十六年第40册译《东京朝日报》，第2600页）①

4-7 不可不研究支那人将来之果有革命的运动与否也。（光绪二十七年第70册译《论侵略中国之无谋》，第4435页）

4-8 今日世界之竞争。乃国民的战争。（光绪二十七年第94册译《中国国民教育论》，[日] 子爵长冈护美著，第5858页）

4-9 非一二英雄之竞争。尤现时之战争。是队伍的战争。（同上）

4-10 第三足则所以治其国之人民。而保其太平之事务。即政治的能力是也。（光绪二十七年第98册译《支那灭亡论》，日本尾崎行雄演说，第6104页）

4-11 俄国之帝国主义。全然俄国的。非他国所可模仿者也。（光绪二十七年第99册译《帝国主义》，《国民新闻》，第6150页）

4-12 虽然，如斯之大征服。决不能行之事。若果可行。则必扑灭一切地理的历史的特性。（光绪二十七年第100册译《帝国主义》，《国民新闻》，第6408页）

这些出自日语翻译文章的用例几乎都是“二字词+的”结构。前面论述明治「的」的用法时笔者提到过「二字漢語+的」这个结构特点。在结构助词“之”占统治地位的文言文中，出现个别“二字+的”，这些用例直接照搬自日语原文的可能性非常大。前接非中日同

① 凡是出自翻译或是梁启超的用例都有标注出现的文章名。反之则不标。

形词的用例虽然直接借用日语原文的可能性不大，但是利用“二字词+的”来翻译「二字漢語+的」的可能性也很大。

“的”的用例还逐渐渗透到非翻译文章中。当时《清议报》的主笔者梁启超写的文章中就出现过这样的例句：

4-13 普相士达曰无哲学的理想者不足以为英雄。（光绪二十五年第28册《饮冰室自由书》，第1797页）

4-14 重要的主顾贵要的贩子及丰饶的供给者皆集之于斯处也。（光绪二十五年第33册第2197页）

4-15……历史的思想，精神的教育，其关系如此甚重大也，历史的思想甚薄弱。（光绪二十七年第100册梁啓超《本馆第100册祝辞并论报馆之责任及本馆之经历》第6190页）

梁启超在国内撰写《时务报》的内容时，从没有出现如此使用“的”的用例，文言中结构助词都使用“之”。而在日本办报时则出现了“的”的用例，这种变化足见日语「的」的影响。

通过调查《清议报》“的”字用例的出处，可以发现：①当时文言文中主要使用结构助词“之”，“的”只出现在个别日语翻译的文章中。说明其出现受到了日语的影响。②梁启超写的文章中也出现了个别用例。说明当时的国人已经开始在文言文中使用“的”。笔者认为这应该是受到日语「的」的启发。③再对比《时务报》，《清议报》同样有译日的文章，同样有梁启超撰写的文章，出版时间也相差不远，唯一的不同之处就在于出版地从上海变成了日本横滨。可见《清议报》中“的”的质变确实受到了来自日语「的」的影响。

三　“的”字用例的构词结构

前面两节中，笔者已经论述了当时文言文中产生“的”字用例大多出自翻译文章。下面通过比较明治日语「的」的用法，具体分析这些用例如何受到了影响，体现在哪些方面。首先按构词结构进行分类（如表 4-1 所示）：

表 4-1　　“的”字用例的构成结构

类型	构成	用例（例数）
①	N+的+N	历史的思想、精神的教育、统一的思想、势力的组织、利害的关系、势力的范围、文明的思想、日本的文化、法界的理想、世界的团结、地理的名称、革命的流言、政治的能力、同辈的仆隶、时代的过渡、外交的进取、宗教的爱国心、经济的大舞台、殖民的功利心、贵族的小团体、中心的过渡时代、经济的一大帝国、民主的民权党者、理想的大同政府、近视眼的政策（队伍的战争）（26）
②	A+的+N	绝对的利权、重要的主顾、急激的防御、绝对的反对党、丰饶的供给者、绝大的竞争主义（贵要的贩子、柔缓的治疗）（8）
③	V+的+N	破坏的手段、侵略的意思、防御的管理权、救援的手段、破坏的社会主义、进取的帝国主义（输运的货物）（7）
④	P①+的+N	一部分的日本人、无哲学的理想者（所习惯的周秦石学、平民主义的帝国者、不外人道的博爱、同质同角度同分子的阿屯体）（6）
⑤	N+的+V	客观的言之、主观的言之（2）
⑥	—的之—	侵略的之强暴者（1）
⑦	—的—之—②	宗教的爱国之心、国家的竞争之主义、空想的领土之奇观、政治的自由之国家、国民的竞争之剧烈、帝国的大运动之起点、通商的利害之关系、中心的过渡时代之英雄、冒险的利益之探险者、他人的权利之国民、世界的竞争之时代、悲观的道德之眼孔（12）
⑧	—之—的—	社会主义之空想的道理、同府之革命的微（檄）③ 文（少数之领袖团体的权利）（3）
⑨	—的—的—④	地理的历史的特性（1）
⑩	N+的	人种的、国民的、国家的、生死的（俄国的、难行的、推重历史的）（7）

《清议报》时期出现的“的”字用例，从用例的构成结构来看：①结构构成和明治日语「的」结构非常相似，如出现日语特有的“—的—之—、—之—的—、—的之—”等结构。②出现了白话文中没有的结构，如“—的之—”结构。③“的”的用例比《时务报》时期的用例复杂得多。而且是以往文言语体中没有的，属于新出现的结构，这些特点都说明当时“的”受到「的」的影响。具体其中用

① P 表示短语或短句。

② 这一类用例中，接在“的”字之前的部分暂定为前词。

③ 原文为微，推测为异体字或为照搬了日语的误用，日语中有「微」字。

④ 这一类用例中，接在“的”字之前的部分暂定为前词。

例的用法如下：

（1）修饰名词的结构：①N+的+N、②A+的+N、③V+的+N

明治日语中，这一类的用例占总数的绝大部分，是「的」的最主要构词结构。由于《清议报》中大多数的用例都出自翻译，而且其中前接词90%都是中日同形词，和日语「的」有着密切的关系。如：

4-16 以上诸论，到底不免近视眼的政策耳。（光绪二十五年第13册译《论太平洋之未来与日本国策》，《日本商业世界报》，第749页）

4-17 为防欧洲列强之国产物制造品，与殖民的功名心。热望所注。全欲保专有独得之市场。（光绪二十五年第22册《外论汇编》，第1398页）

4-18 抑外交的进取，不可不待国力之指挥。（光绪二十五年第32册译《东京日日新闻》，第2084页）

4-19 不可不研究支那人将来之果有革命的运动与否也。（光绪二十七年第70册译《论侵略中国之无谋》，第4435页）

4-20 今日世界之竞争，乃国民的战争。（光绪二十七年第94册译《中国国民教育论》，［日］子爵长冈护美著，第5858页）

4-21 第三足则所以治其国之人民。而保其太平之事务。即政治的能力是也。（光绪二十七年第98册《支那灭亡论》，［日］尾崎行雄演说，第6104页）

上面这几个例句的共同点就是，结构借用自日语的可能性极高。参考笔者对明治日语中结构的分析，以“N+的+N”4-20为例，“国民的战争”的原文有以下两种可能性：「国民ノ戦争」或「国民的（ノ）戦争」。若原文为「国民ノ戦争」可能翻译成“国民之战争”，才可以对应句中的“世界之竞争”；这里使用「的」，所以原文应为「国民的（ノ）戦争」。即当时日语中「ノ」被翻译为“之”，「的」则被直接照搬了。也就是出现了和章炳麟译作中不同的处理方法。

明治日语中同样有「A+的+N、A+的ノ+N」形容词修饰名词的结构，故“A+的+N”这种结构也有受到日语影响的可能性。如下面的这个用例：

4-22 于我之利益亦不小。我故此不可主张绝对的利权。当确保之。(光绪二十五年第32册译《东京日日新闻》，第2083页)

“绝对的利权”中“绝对的”为中日同形词，文章出自日语报纸的翻译。原文可能为「絶対的利権」，翻译者可能直接照搬了日语。

“V+的+N”结构用例的数量比较少，用例前词也多为中日同形词，且来源于日语的翻译。如：

4-23 我英国何必猜忌畏怖乎哉。要之。进取的帝国主义。(光绪二十五年第17册《外论汇译》，第1068页)

4-24 何则我国固非有侵略的意思苟于支那朝鲜之土地。(光绪二十五年第29册译《东京朝日报》，第1881页)

4-25 决非与列强同侵略之目的。盖救援的手段上不得已者也。(同上)

在日语中，动词做连体修饰语①时，结构有些复杂，可能有三种情况：以4-24为例，明治日语的原文可能是「侵略する意思」「侵略の意思」「侵略的（ノ）意思」。前两种结构都应翻译为“侵略之意思”(例4-25中就使用了“侵略之目的”)，只有最后一种结构，才会翻译为“侵略的意思”。即这些用例应该也是直接照搬了日语「的」。

（2）修饰动词的结构：⑤N+的+V

修饰动词的结构在明治日语「的」的构词结构中也个别出现过，同样《清议报》中用例数量也不多。只有“客观的”、“主观的”两个例，如：

① 日语中修饰名词、代词的成分。

4-26 虽然此不过就客观的言之耳若自主观的言之。（光绪二十五年第 32 册《饮冰室自由书》，第 2131 页）

“客观的言之、主观的言之”应该是直接学习了日语「客観的に言う、主観的に言う」这样的用法。“主观、客观”又是日本人近代新造的汉语词，文章出自在日本的梁启超之手，应判定这是受到了日语的影响。

（3）“的”、“之”的组合结构：⑥—的之—、⑦—的—之—、⑧—之—的—

这一时期出现的一个重大变化就是出现了类似明治日语「—的ノ—、—的—ノ—、—ノ—的—」的构词结构。《清议报》时期出现 17 个用例，占总数的 27%，近 1/3。这之前的文言文中这样的使用情况没有出现过，属于“的”字发展的新变化。这部分用例也是“的”受日语「的」影响的决定性证据。具体用例如：

4-27 急激侵略，侵略的之强暴者。柔缓之侵略，侵略之婉曲者。（光绪二十五年第 28 册《欧洲列国队中国用柔缓侵略论》，第 1805 页）

这个用例充分体现了当时照搬日语原文的情况。笔者第二章中分析过，明治日语中「的」的基础构词结构有两种：「—的—」和「—的ノ—」。在翻译这两种结构时，汉语应该都译为“—的—”结构，因为“—的之—”非常不符合汉语的用法。但是《清议报》中出现了“侵略的之”这个用例，这体现了：当时日语对汉语的直接影响；“的”进入文言文离不开翻译日语的背景；国人已经意识到“的”、“之”在日语中不同的使用情况。

“—的—之—”结构上相似于日语，用法上体现了“的”“之”的区别。如：

4-28 然国家主义者，国家的竞争之主义。（光绪二十七年第

99 册译《帝国主义》,《国民新闻》, 第 6155 页)

4-29……少异于他人之爱国心。此有宗教的爱国心之故。(光绪二十七年第 98 册《时论译录》, 第 6104 页)

4-30 从国民的竞争之激烈。小国蒙大国压迫之事益多。(光绪二十七年第 100 册译《帝国主义》,《国民新闻》, 第 6405 页)

4-31 夫当世界的竞争之时代。德国之运命。比之自法国俄国之境以陆军而决战(光绪二十七年第 99 册译《帝国主义》,《国民新闻》, 第 6150 页)

上面的用例中,“的”“之”在用法上各有特点:“国家的竞争之主义”可以理解为(国家的竞争)之主义;“宗教的爱国心之故”理解为(宗教的爱国心)之故;“国民的竞争之激烈”可以理解为(国民的竞争)之激烈;“世界的竞争之时代”可以理解为(世界的竞争)之时代。情况在“—之—的—”结构中也有反映:

4-32 又同府之革命的徽文。遍地张挂云。(光绪二十七年第 79 册《外国近事》, 第 4993 页)

4-33 社会主义之空想的道理及破坏的手段,至破坏的社会主义……(光绪二十七年第 100 册译《帝国主义》,《国民新闻》, 第 6404 页)

“同府之革命的徽文”理解为同府之(革命的徽文);“社会主义之空想的道理及破坏的手段”结合上下文也只能理解为社会主义之(空想的道理)及(破坏的手段)。这些用例都说明了:当时的作者已经意识到“的”与“之”的用法不同;“之”表示上位层次,“的”表示下位层次;“的”对应「的」,“之”对应「ノ」。

(4)“的”字结句的用法:⑩N+的

这一类用例数量也非常少。第三章,笔者分析了清代白话文中“的”字结构的用法:清代“的”字构词结构已经非常丰富,前面可接“名词、形容词、动词、短语、复句”等。如“小弟家里有的是钱，没的是官（《拍案惊奇》）”。《清议报》汉语中“的”字结构的用法则为“二字词+的”，而且多是“抽象名词+的”：

4-34 今日之必争者。理也。势也。人种的也。国民的也。国家的也。至争根深结。则生死的也。今不计此重要之的。（光绪二十六年第40册译《东京朝日报》，第2600页）

“抽象名词+的”的四个划线用例，都和日语后缀「—的」的结构很相像。“人种的也”“国民的也”“国家的也”在汉语文言文中从未出现过，而且例句出自日语文章的翻译。笔者认为应该是翻译日语的「人種的なり」「国民的なり」「国家的なり」。所以这几个用例非常有可能是直接照搬了日语原文中的「的」。从这个用例来看，汉语文言文中首先出现的“的”字结构并非白话文中的“的”字结构，而是明治日语后缀「—的」构成的汉语词。

从上面对“的”构词结构的分析我们可以看出：①《清议报》中出现的“的”字用例结构丰富，并且和明治日语「的」的构词结构有很多相似之处，却和白话文中“的”的构词结构有很多不同。②通过分析各种结构在文中的使用，可以判定当时“的”照搬日语「的」的可能性非常高。③国人在翻译日语时，把「の」翻译为“之”，「的」借用为“的”。所以出现了“侵略的之意思”这样的用例。

四　“的”字用例的语义

上一节笔者具体分析了《清议报》中如何受到明治日语「的」的影响。明治日语中已经出现了后缀「的」用法的萌芽，其中有些用例中「的」开始具有日语特有的「—のような、—の性質を持っている」含义。若国人翻译时照搬了这些用例，那么从语义上也应该体现出这种含义的“的”。《清议报》中确实出现了类似的用例，如：

4-35 我英国何必猜忌畏怖乎哉。要之。进取的帝国主义。

（光绪二十五年第 17 册《外论汇译》，第 1068 页）

4-36 为防欧洲列强之国产物制造品。与殖民的功名心。热望所注。全欲保专有独得之市场。（光绪二十五年第 22 册《外论汇编》，第 1398 页）

4-37 普相士达曰无哲学的理想者不足以为英雄。（光绪二十五年第 28 册《饮冰室自由书》，第 1797 页）

4-38 抑外交的进取。不可不待国力之指挥。（光绪二十五年第 32 册译《东京日日新闻》，第 2084 页）

4-39 非一二英雄之竞争。尤现时之战争。是队伍的战争。（光绪二十七年第 94 册译《中国国民教育论》，［日］子爵长冈护美著，第 5858 页）

4-40 俄国之帝国主义。全然俄国的。非他国所可模仿者也。（光绪二十七年第 99 册译《帝国主义》，《国民新闻》第 6150 页）

4-41……历史的思想，精神的教育，其关系如此甚重大也，历史的思想甚薄弱。（光绪二十七年第 100 册梁启超《本馆第 100 册祝辞并论报馆之责任及本馆之经历》，第 6190 页）

4-42 英帝国者。为帝国主义与平民主义。最相调和之过。即撷颖固士所谓平民主义的帝国者也。（光绪二十七年第 100 册译《帝国主义》，《国民新闻》，第 6402 页）

这些用例的特点是其中的“的”用日语「的」理解句子意思更通顺。如：“进取的帝国主义”理解为“具有进取性质的帝国主义”句子意思更为自然；“殖民的功名心”这个短语从汉语角度来看就比较不自然，从句子前后的文脉理解，这里应该是“具有殖民性质的功名心”的意思；“无哲学的理想者”理解为“不具备哲学性的”比较恰当，这和日语「哲学的でない」比较接近；“外交的进取”应为“外交方面的进取”；“队伍的战争”中“队伍”有可能翻译自日语原文的「团体」「集团」，“队伍的战争”意为“集团性的战争”更为恰当；“全然俄国的”意为“全然俄国性质的”；“历史的思想”“精神的教育”从上下文来看，从日语的角度「歴史的な思想」「精神的な教育」来理解也似乎更加自然；“平民主义的帝国”也应指“带有平民主义性质的帝国”。

这些“的”意思的产生，是由于借用了日语后缀「的」。从这些用例来看，当时有的后缀「的」确实产生了日语特有的「—のような、—の性質を持っている」含义，这也是汉语中本来不具备的含义。从侧面证明了明治日语「的」的用法。前面论述“的”受到「的」影响主要是翻译日语时照搬「的」的情况比较多，国人也确实已经意识到“的”和“之”的区别。但是当时的译者在遇到日语后缀「的」时，可能并没有理解当时产生的「的」这种新含义，只是按当时汉语白话“的”来理解。造成这种情况的原因是：明治日语「的」在使用时也并非都具有「—のような、—の性質を持っている」的含义，其中大有受到古汉语白话文“的”影响、保持白话文“的”用法的用例仍然存在。所以在照搬「的」时，也有很多用例用白话文“的”理解，也完全说得通。如：

4-43 不可不研究支那人将来之果有革命的运动与否也。(光绪二十七年第 70 册译《论侵略中国之无谋》，第 4435 页)

4-44 今日世界之竞争。乃国民的战争。(光绪二十七年第 94 册译《中国国民教育论》，[日] 子爵长冈护美著，第 5858 页)

4-45 第三足则所以治其国之人民。而保其太平之事务。即政治的能力是也。(光绪二十七年第 98 册译《支那灭亡论》，[日] 尾崎行雄演说，第 6104 页)

4-46 虽然，如斯之大征服。决不能行之事。若果可行。则必扑灭一切地理的历史的特性。(光绪二十七年第 100 册译《帝国主义》，《国民新闻》，第 6408 页)

这些翻译自日语的用例应该是照搬了日语「的」，日语原文应为「革命的（ノ）運動、国民的（ノ）戦争、政治的（ノ）能力」。这些用例中「的」，和白话文“的”的用法没有区别，只是前接词多为二字汉语，且都是抽象名词。所以这部分用例中，「的」的用法并没有对“的”产生过多的影响。照搬「的」仅仅是因为其词性上和“的”相似。但是这种简单的照搬却给汉语语体带来了潜移默化的影响，在一些国人自己写的文言文中，“的”开始取代“之”渗透进来。如：

4-47 重要的主顾、贵要的贩子，及丰饶的供给者皆集之于斯处也。(光绪二十五年第33册，第2197页[①])

4-48 夫然如柔缓的病症。要柔缓的治疗。(光绪二十五年第29册梁启超《戒闻录》，第1881页)

“重要的主顾、贵要的贩子、丰饶的供给者”按汉语白话文“的”理解很通顺；“柔缓的病症、柔缓的治疗”用汉语白话文“的”理解也可以；故“的”直接受到日语「的」影响的可能性不大，但是为什么句子中没有使用“重要之主顾、贵要之贩子、丰饶之供给者”“柔缓之病症、柔缓之治疗”是我们需要重视的问题。虽然无法确认当时作者的意图，但是笔者认为，白话文中的用法出现在文言文中应该是受到翻译日语中「的」的启发。这是明治日语「的」对近代汉语语体产生影响的体现。

五　《清议报》中“的”字用法小结

1900年首次在近代文言文中出现了“的”字用例。从《清议报》的用例中可以判断这些“的”受到了日语影响。笔者从四个方面考察了“的”字用例的用法，可以总结为以下几点内容。①“的”的前接词大多为中日同形词，在当时的文言文中，“的”都以“二字词+的”的形态出现，这和明治日语后缀「的」的用法类似。②当时“的”字用例几乎都出自《清议报》中翻译日语的文章。这说明“的”照搬「的」的可能性很大。③通过对“的”构词结构的分析和

① 《请议报》中有文章无标题，只有栏目名。如“记事、寄书”等，此类用例文中不特别标注出处。

与明治日语「的」构词结构的比较，可以确定这些“的”确实是借用「的」的过程中产生的。“的”照搬了「的」，“之”用来翻译「ノ」。这使文言文中“的”的构词结构非常接近明治日语「的」的构词结构，却与清代白话文中的“的”构词结构大有不同。④明治日语后缀「的」处在后缀用法发展的过程中。有些用例仍和白话文“的”的用法接近，有的则开始具有日语特有的「—のような、—の性質を持っている」含义。这种情况也反映在照搬日语「的」的“的”字用例上。但是当时国人在翻译时可能并没有意识到这种新的含义，因为日语「的」与白话文的“的”含义相差不多，按白话“的”也能解释得通。但是这种形式上的照搬却使白话文结构助词“的”进入文言，并开始取代文言结构助词“之”。

第二节　《译书汇编》中“的”的用法

上一节论述的《清议报》出版于日本，主编为梁启超。其中多数翻译文章和原创文章都可能受到梁启超个人写作习惯的影响。单单调查梁启超主编的报刊，可能造成用例反映的特点不够全面，不够客观。因此笔者调查了和《清议报》同时期在日本出版的翻译刊物《译书汇编》。该刊由中国留日学生 1900 年 12 月创办于日本东京。两年共出 21 期，文章全部为文言语体。从时间上看，和《清议报》后几年的出版时间重合；从内容上看，报刊以翻译各种专业学术思想和知识为主要内容。设政治通论、法律、经济、历史、哲学等栏目。翻译内容皆为当时各国的学说及学术研究，如《欧洲财政史》《警察学》《法律学纲领》等。其翻译作品内容涉猎广泛，可视为调查 1900 年“的”出现初期翻译文章中“的”字用法的最适合资料。

一　“的”字用例的前接词和出处

《译书汇编》中第一年出版的翻译多注有原文出处及作者，很容易确定原作品的性质和用词的出处；第二年的文章增加了很多出版社翻译人员译编的内容，比较难确定原文的出处和用词的来源。从笔者调查的情况来看，其中明确标出出自日语翻译的文章占总数的70%，其他有标注为“美”“德”“法”“英”的文章。但是考虑到编者在日本出版报刊的背景，这些文章极可能是通过日文转译过来的。因为有的文章中除了引用了英语原文外，还附上了日语。故其中用例能够代表当时翻译日语时“的”的用法。这种情况也从侧面说明对于近代中国，日本是吸收西方近代知识的主要渠道。大量的西方知识是通过日本介绍，尤其是通过日文转译到中国的。

1900—1902年的《译书汇编》中“的”的用例共67例（異なり語数），同样，首先按照其前接词是否为中日同形词可分为：

*前接词为中日同形词（/分隔前接词字数不同的用例）：

国民的、世界的、阶级的、个人的、物理的、法律的、关系的，相对的、绝对的、附属的、动产的、批评的、社会的、革命的、理论的、强制的、共同的、单独的、根本的、概括的、实质的、恒久的、积极的、推定的、说明的、教授的、历史的、解释的、辩论的、自然的、形式的、演绎的、统一的、先天的、后天的、归纳的、论理的、客观的、主观的、消极的、数学的、理性的、经验的、比较的、纵观的、横观的、科学的、哲理的、进化的、退化的、经常的、发达的、停滞的、外交的、科学的、哲理的、科学的、比较的、纵观的、横观的、巩（鞏）固的/论理学的、方程式的

*前接词非中日同形词（/分隔前接词字数不同的用例）：

理生的/停滞退步的、进步发达的、理想世界的

从前接词的情况来看：①《译书汇编》中前接中日同形词的有63例，达到总数的94%，非中日同形词用例的比例仅占6%。这个情况要略大于《清议报》总用例中前接词为中日同形词用例的比率，但是和《清议报》日译文章中前接词为中日同形词用例的比率大致相同。也就是说当时日译文章中“的”的使用频率是相对稳定的，和译者的个人习惯关系不大。由于当时“的”照搬「的」的可能性较高，侧面反映当时明治日语中「的」几乎都前接汉语词。②前接

非中日同形词的用例也表现出了新的变化，前接四字汉语词的用例增加。而且所有的四字前词都是“二字词+二字词”的结构，其中的“二字词”又都是中日同形词。③“理生的”这个词在现代汉语、日语中都不存在。从用例的前后文来看：

> 4-49 凡人皆为理生的动物，此以见动物中之有理性者（理性的动物），唯限于人。(第二年第七期《论理学》，第 33 页)

“理生的动物”可能译自「生理的（ノ）動物」，因为当时的汉语中“生理”有“生意”义，故译者为避免歧义并且与后文“理性”对应，翻译「生理的」为“理生的”。由此可见，《译书汇编》中所有“的”字前接词都和中日同形词有着千丝万缕的关系。其中用例比《清议报》中的用例更加明显地受到日语后缀「的」的影响。可以确定当时“的”进入汉语文言的渠道就是译日文章。

二　“的”字用例的构词结构

《译书汇编》中的文章全部为翻译文章，其中“的”的构词结构能够进一步揭示当时“的”受到日语后缀「的」影响的具体情况。“的”在文章中的构词结构如表 4-2 所示：

表 4-2　“的”字用例的构词结构

类型	构成	用例（例数）
①	N+的+N	动产的资本、理性的动物、经验的事实、外交的交际、科学的研究、哲理的思想、科学的调查、根本的观念、自然的原理、论理的考察、历史的法律学、条约的担保条约、实质的财政整理、社会的运动时期、理论的虚无党主义、先天的推论法则、后天的推论法则、论理学的要素（理生的动物）、阶级的救济方法（20）
②	A+的+N	共同的宣言、恒久的费用、单独的宣言、绝对的均一者、巩固的共、政体、积极的行政上、消极的积极名词（7）
③	V+的+N	比较的少数、纵观的研究、横观的研究、概括的训令、比较的适当、相对的权利、推定的费额、说明的法律学、教授的法律学、解释的法律学、辩论的法律学、革命的阴谋时期、批评的不平时期、演绎的论理学者、归纳的论理学者、归纳的三段论法、共同的担保条约（17）

续表

类型	构成	用例（例数）
④	P+的+N	停滞退步的国民、进步发达的国民（2）
⑤	A+的+V	绝对的服从、积极的开发、积极的违背、消极的违背（4）
⑥	—的—之—	强制的事务执行之事、形式的法则之科学、统一的疏解之原理、数学的反比例之意、方程式的均等之记号（理想世界的幸福权利之说）（6）
⑦	—之—的—	真正之科学的知识、事物之客观的属性、警察之消极的事务、内政行政之积极的事物、警察机关之形式的作用、意识内所生之主观的现象（6）
⑧	A+的	进化的、退化的、发达的、停滞的（4）
⑨	adv+的+V	经常的岁出（1）

《译书汇编》中“的”的构词结构也比较丰富，比较《清议报》中的结构可知：首先，“的”的构词结构和《清议报》中“的”的构词情况基本一致。所有出现的结构都有与其对应的日语「的」的构词结构。其次，具体前后接续词中，没有出现《清议报》时期“N+的+V”“N+的”的用例，取而代之的是“A+的+V”“A+的”。其中“A+的+V”不是日语后缀「的」的构词结构。再次，没有出现《清议报》中“—的之—”“—的—的—”结构。总体来看，《译书汇编》中“的”的用法同样体现了当时受日语后缀「的」的影响。下面具体分析其中“的”和日语后缀「的」的关系：

（1）修饰名词的结构：①N+的+N、②A+的+N、③V+的+N

这一类用例仍占总数的50%以上，用法也和《清议报》时期的用例相同。如：

4-50 以上所述之概念，判定及推理之三者，论理学的要素。（第七期《论理学》，第15页）

4-51 第五。诉愿者阶级的救济方法。（第七期《现行法制大意》，第7页）

4-52 胡氏之论外交也。别为二项。一曰涉外关系。二曰外交的交际。前者举其大体。后者皆其详状。（第二年第六期《欧

美政体通览》，第 42 页）

4-53 据自来学者之说。演绎的论理学者。谓从既得之判定，演绎之为当然推论之他判定之方法也。归纳的论理学者。乃从散疏之事物之观察，而发见其可予此类事物以统一的疏解之原理之学与方法也。（第二年第七期《论理学》，第 9 页）

4-54 而后得为绝对的均一者当视主词与所谓词为表同一之事物者而已。（同上，第 58 页）

4-55 仅可谓比较的适当。未可谓全当也。（同上，第 59 页）

4-56 而须有恒久的费用者，则采增税。（第二年第八期《日本财政之过去及现在》，第 32 页）

4-57 于积极的行政上则经常岁出之增加。（同上，第 35 页）

4-58 纵令如经常的岁出。尚不能容易易其变化。（同上，第 81 页）

4-59 如昊天有灵俾吾法兰西竟成巩固的共和政体。（第二年第十期《法兰西革新机关》，第 24 页）

其中“的”前接中日同形词，应为照搬日语「—的（ノ）—」的用例。这样结构的用例在《清议报》中就占有很大的比例，同样在文言语体的《译书汇编》中也是主要的结构。证明了当时汉语确实是受到了日语影响，不是个别人、个别资料的偶然使用。另一方面，也从侧面说明了当时「的」的构词结构仍以「—的（ノ）—」结构为主。

（2）修饰动词使用的“的”：⑤A+的+V

《清议报》中出现了两个“N+的+V”的用例，但是《译书汇编》中并没有这样的用例。取而代之的是“A+的+V”的结构：

4-60 则曰印度人未脱野蛮之域尤保护之。不如强要以绝对的服从云云。（第二年第四期《外交通义》，第 136 页）

4-61 又积极的开发乃在行政之扩张。（第二年第八期《日本财政之过去及现在》，第 31 页）

4-62 积极的违背。对禁止之法令。强不可为而为之之谓也。消极的违背。对督促之法令。应为而不为之谓也。（第二年第三期《警察学》，第 106 页）

这个结构在明治日语「的」的构词结构中没有出现过，我们从用例的上下文意思可以发现：用例中“的”虽然后接“动词”，但这些“动词”在句子中用作“名词”。我们知道日语「サ变動詞」的词干就是名词，而“服从”“开发”“违背”都可能是由日语「サ变動詞語幹：服従、開発、違背」翻译过来的。所以“A+的+V”更类似于“A+的+N”。这和“N+的+V”结构的“客观的言之”来源于「客観的ニ言う」是不同的。《译书汇编》中这类用例应该只是照搬了日语「—的（ノ）—」。

（3）“的”“之”的组合结构：⑥—的—之—、⑦—之—的—

4-63 内政行政之积极的事物。与警察之消极的事务。其原因结果。正有关系。（第二年第三期《警察学》，第 116 页）

4-64 前章所述之警察机关之形式的作用。有命令及处分之别。（同上，第 118 页）

4-65 真正之科学的知识也。即遵一定之秩序法则而排列焉。（第二年第七期《论理学》，第 11 页）

4-66 则非事物之客观的属性，而对观者之意识内所生之主观的现象也。（同上，第 21 页）

这一类用例和《清议报》中“的”“之”同时使用的情况相同。同样是“之”译自「ノ」，表示上位修饰；“的”照搬自「的」，为下位修饰；另一方面，这些“—的—”结构的用例也有固定化的倾向。如“内政行政之积极的事物”“警察之消极的事务”“警察机关之形式的作用”“真正之科学的知识”“事物之客观的属性”“所生之主观的现象”分别表示“内政行政之（积极的事物）”“警察之（消极的事物）”“警察机关之（形式的作用）”“真正之（科学的知识）”“事物之（客观的属性）”“所生之（主观的现象）”。括号中的词组可以说都是比较稳定的。

从上述两个方面看，这些用例应是由「—ノ—的—」翻译过来的。当时的国人已经意识到了“之”与“的”的区别，在文言文中使用“之”是故意区别“的”的。之所以区别的原因是，日语原文中「的」和「ノ」的并用。日语中作为结构助词使用的是「ノ」，它所起的功能是句法层面的；作为后缀使用的是「的」，它所起的功能是词法层面的。故有前面出现的「—的—ノ—」或「—ノ—的—」结构。翻译日文的国人注意到「的」和「ノ」的不同功能。以“之”对译「ノ」，“的”照搬「的」，因此形成了当时“—之—的—”“—的—之—”结构。这种情况和《清议报》中的结构一致，证明了当时受到日语影响的事实。也说明了这是“的”字在清末文言文中用法的变化和使用特点，并不是片面的、个人的使用。

（4）“的”字结句的用法：⑧A+的

《译书汇编》中也出现了“—的”单独使用的用例，这些用例从形式上看和汉语白话中“的”字结构很相似。但是从句子中的用法来看，和汉语白话“的”字结构用法并不相同：

4-67 此世界之事事物物乃常进化的而非退化的也乃常发达的而非停滞的也。（第二年第十二期《政法通论》，第 110 页）

几个用例前接中日同形词，和日语「—的」形式上非常相似；语义上，“的”更接近「—の性質、—のような」。《清议报》的用例中也出现了类似的用法“人种的也”“国民的也”。笔者认为这些用例应该是译自「—的なり」。这意味着文言文中的“的”字结句的用例和白话文中“的”字结构的用法完全不同，来自照搬日语后缀汉字词「—的」。因为这种结构在当时明治日语后缀「的」的用法中已经出现。说明《译书汇编》中也借用了「—的なり」结构，受到了日语的影响。结构上，明治日语「—的」可前接「動詞、名詞、形容詞」，《清议报》中出现了“N+的”，《译书汇编》中则出现了“A+

的”，这也是日语影响的体现。

和《清议报》属于同一时期的《译书汇编》中也出现了“的”字用例。同样是以往文言文中从未出现的用法。通过对这些“的”字构词结构的分析，笔者认为：①“的”的构词结构仍深受日语影响。当时的“的”都来源于照搬日语原文中的后缀「的」。②用例的前接、后接词虽然和《清议报》的用例略有不同，但两者都不能脱离和日语后缀「的」用法的关系。③当时翻译日语「的」时使用“的”，「ノ」对应为“之”。应是普遍的规则，非个别人的使用。这样做的结果使原本只用在白话文中使用的“的”进入了文言文中，形成了“之”与“的”的共用局面。

三 “的”字用例的语义

《译书汇编》全部为翻译类文章，其中“的”出现的句子有一些自己的特点。如其中很多用例都出现在新概念的定义中。这时“—的—”应是作为一个整体出现，照搬日语「—的—」的结构。日语中这时的「的」已经彻底失去了语法上的意思，只具有词汇上的含义，促使「—のような、—の性質を持っている」新含意的形成。汉语借用过来的“的”字用例中也体现了这时「的」的新意义：

4-68 论法律学有二大纲。一曰说明的法律学 expository jurisprudence，一曰批判的法律学 censorial jurisprudence（第二年第一期《法律学纲领》，第 118 页）

4-69 喇蒲泥制氏之书。分法律学为四。一曰教授的法律学 jurisprudentia didiactica。二曰历史的法律学 juriprudentia historica。三曰解释的法律学 jurisprudentia exegetica。四曰辩论的法律学 jurisprudentia polemica 等是也。（同上）

4-70 则演绎法者，其目的在研究先天的推论法则。归纳法者，在发见后天的推论法则也。（同上）

4-71 山因油罢司。分革命运动为三时期。如左。一批评的不平时期（理论的虚无党主义）。自 1861 年至 1866 年。二社会的运动时期。自 1866 年至 1875 年。三革命的阴谋时期。自 1875 年至亚历山德第二被害。（第二年第五期《俄罗斯政治史》，第 35 页）

4-72 此种之权利义务。称为国家相对的权利义务。（第二年第五期《外交通义》，第 212 页）

4-73 一国担保者谓之条约的担保条约。数国连合担保者共同的担保条约。（同上，第 214 页）

4-74 故论理学家或呼此类名词为消极的积极名词。（第二年第七期《论理学》，第 22 页）

上面这些用例中，在翻译新概念时出现的“—的—”如果用汉语白话文中的“的”去解释，大致也可以行得通，但如果用日语后缀「—的—」去解释的话，前后的修饰限定关系更明确。有些例句甚至只能用日语的「的」解释，如“说明的法律学”“教授的法律学”“条约的担保条约”等。因此这些用例一方面揭示了当时“的”照搬「的」的情况，另一方面也侧面证明了当时明治日语中「—的—」中「的」已经开始具有日语后缀特有的词汇含义。类似的用例如下：

4-75 有若西班牙不能以国民的文明争鸣大陆。（第三期《杂报》，第 94 页）

4-76 第五。诉愿者阶级的救济方法。（第七期《现行法制大意》，第 7 页）

4-77 个人的团体是为私法人。（第七期《现行法制大意》，第 24 页）

4-78 此世界之事事物物乃常进化的而非退化的也乃常发达的而非停滞的也。（第二年第十二期《政法通论》，第 110 页）

但是，国人在照搬「的」时是否已经理解了这种不同于汉语的含义；若是理解了，又多大程度上掌握了这种新含义，都是难以推断的。笔者这样判断有两种原因：明治中期日语后缀「的」本身还处在发展阶段，虽然个别用例产生了新含义，但「的」作为「形容動詞」词性的活用形态还没有完全形成，从形态上难以和汉语白话文“的”区别开来；另外，当时明治中期日语后缀「的」还没有完全脱离古汉语白话“的”的影响，其中很多用例没有新含义，用“的”理解也没有大碍，国人也没有意识到「的」是新用法。所以当时国人在照搬「的」时大多只是因为其形态上和“的”相近，意思也可理解。这种情况却客观上造成了“的”进入文言，开始取代“之”的质变。如下面这些用例：

4-79 纵令如经常的岁出。尚不能容易易其变化。（第二年第八期《日本财政之过去及现在》，第 81 页）

4-80 扣去继续费及补助费之年额差减之数是即推定的费额也。（第二年第八期《日本财政过去及现在》，第 82 页）

4-81 宣言有两种。即共同的宣言与单独的宣言是也。（第二年第四期《外交通义》，第 238 页）

上面几个用例中，翻译为“经常之岁出”“推定之费额”“共同之宣言”“单独之宣言”是更符合汉语文言语法的；而且其中日语「推定」「共同」「单独」后面一般也不接「的」。这充分证明了当时“的”开始取代了“之”的情况，客观造成文言语体发生变化。这种情况若进一步发展，可预见之后汉语文言中“之”逐步被“的”取代的发展规律。相关问题笔者将在下一章中进一步探讨。

《译书汇编》中也出现了“的”字具有新含义的用例，这说明了以下几个事实。①明治日语中「的」确实已经发展出了新的词汇上的含义，这些个别的「的」已经脱离了汉语白话文“的”的影响，具有了日语后缀特有的词汇含义，逐步向后缀「的」的用法方向发展。②日语「的」除了这些具有新含义的用例，另外受到古汉语白话影响，不带有词汇含义的「的」同时存在。这种情况造成国人在照搬时所使用的“的”在语义上用日语「的」理解更合理，一些用例中“的”具有了词汇含义，已经和白话文“的”有了用法差别。

但译者本人是否已经明确地意识到这种差别，则很难断言。考虑到明治日语后缀「的」本身复杂的发展情况，笔者倾向于当时的译者并不能区别出这两种不同的含义。③国人在翻译过程中更注意的是「的」形态上的特点，如前后接续汉语词。这种特点减少了当时翻译日语过程中的很多困难，应该是当时译者乐于见到的。对于形态上并不陌生的“的”，照搬过来非常容易。所以在翻译文章中“的”开始出现了，随之文言语体也开始逐渐呈现出变化。

四　《译书汇编》中“的”字用法小结

前文中从各个角度对《译书汇编》中“的”进行了分析，总体来看：①翻译文章中“的”字用例出现的情况更加明确地证实了当时「的」影响“的”的事实。②几乎所有的用例前接词都是中日同形词，结构几乎都是“二字词+的”。③构词结构都符合明治日语的构词结构，并出现了类似在日语中出现的构词结构“—之—的—”“—的—之—”。“的”字结构的用例也体现了「—的」结构的特征，而并不是白话文中的用法。通过这些照搬日语结构的用例，“的”被引入文言文中，开始取代“之”的位置。当时的译者并没有刻意对“的”进行处理，但是这却客观上造成了文言语体的变化。④个别“的”字用例照搬自「的」，同时体现了后缀「的」的新含义。但是更多的用例都没有体现这种新的含义，或者说用白话文“的”解释也说得通。这种情况来源于日语「的」本身用法即具有白话“的”的影响；新含义的「的」在结构、活用上都还没有形成明显区别“的”的用法。所以译者仅仅是因为其形态上和汉语“的”一致而借用，在使用上只是区别了“的”“之”的使用，应该并未理解这种新的含义。

第三节　本章小结

笔者通过第三章的分析，论证了清末文言文和白话文两种语体并存的事实，同时揭示了其中“之”与“的”两个结构助词用法的并立。这种对立的情况一直持续到派遣日本留学生以后的《时务报》时期（1896—1898）。《时务报》中的用例也证明了文言文中结构助词“之”的统治地位。但是这种统治地位随着在日本出版的《清议报》《译书汇编》的刊行而逐渐被打破了。

（1）《清议报》（1898—1902）中出现了照搬日语「的」的用例。在文言语体的背景下，“之”作为主要的结构助词使用，但是在翻译日语的文章中，首先出现了“的”。虽然数量非常少，100册的《清议报》只有仅仅62个用例，但是其体现的事实是“的”的质变、文言语体的变化。

（2）初期产生的“的”从形态上看，前接中日同形词的用例占绝大多数，且多为二字词。只有少数接非中日同形词的用例。“二字词+的”的结构非常符合日语后缀「的」的使用特点。

从用例出处来看，几乎所有的用例都出自译日翻译，这其中甚至包括个别前接非中日同形词的用例。也有用例出自梁启超撰写的文章。在日本出版的《清议报》中出现这样的用法变化，充分证明了当时“的”受到日语后缀「的」的影响。

从“的”的构词结构可以分析出如何受到「的」的影响，当时“的”的构词结构和「的」的构词结构非常接近，考虑到报纸在日本出版，用例又多出自日语翻译，其中的结构应多为照搬日语「的」。其中首次出现的“—的之—”“—的—之—”“—之—的—”的构词结构更充分说明了用例中“的”是照搬日语特有结构「—的ノ—」「—ノ—的—」「—的—ノ—」而产生。

从“的”的含义来看，其中有些用例出现了一些明治日语后缀「的」「—のような、—の性質を持っている」的含义。

从上面几个方面来看，“的”很多出自梁启超的文章；当时翻译日语的情况多是“的”照搬「的」，“之”译为「ノ」；「的」对“的”的影响开始向一般性的文言中渗透。但是由于受日语后缀「的」自身发展的限制，这些“的”形态上又和白话文“的”一致，所以很多照搬的用例中“的”用汉语白话文“的”解释也行得通。国人当时也可能并没有意识到这种新的含义，而只是把这些“的”

理解为近代汉语白话文中的结构助词“的”。但是这些用例在使用的同时，却客观上打破了文言文中结构助词只使用“之”的传统，造成了把结构助词“的”引入文言文的结果。

（3）《清议报》和《译书汇编》两种刊物出版时间上基本同期，都出自日本，但是具体的出版地不同，编者也不同。《清议报》中出现“的”的用法可能代表了以梁启超为主的一些国人的用法，而编辑出版《译书汇编》为另外一批人，这两批作者并没有协调过借用「的」的方式，或是翻译的方法等。所以分析《译书汇编》的用法可以更为客观、全面地考察当时国人是如何引进“的”的。《译书汇编》中也出现了“的”字用例。其用法充分证明了「的」对“的”的影响和当时翻译日语照搬「的」的情况。

（4）比较《清议报》中的用法可知，《译书汇编》中的用法和《清议报》中的非常相似。其中“的”的基本构词结构都在《清议报》中出现过。而且这些“的”也表现出了同样的特征：如都前接中日同形词，且多为二字词；构词结构中也出现了日语特有的「—的—ノ—」「—ノ—的—」结构。同时《译书汇编》中收录的全部是翻译文章，也有自己“的”的用法特点，如“的”多出现在新概念的定义中。这些结构中“—的—”应该照搬自「—的—」。这也从侧面说明了当时明治日语后缀「的」可能是伴随着新概念产生的。

总的来说，两种报刊中“的”的用法已经揭示了文言文中“的”最初受日语「的」影响而产生的事实。也从用法上体现了当时国人处理“的”的态度，用“的”对应「的」，用“之”对应「ノ」。但是这种规律随着“的”的不断涌现是否发生了变化？“的”取代“之”的情况是初期翻译文章中特有的情况，还是会不断渗透到一般文章中？清末文言文中“的”出现之后的发展过程，笔者将在下一章中通过《新民丛报》的用例进一步论述。

第五章

清末报刊中助词“的”用法的发展

第四章阐述了《清议报》《译书汇编》中已经出现了“的”的用法，这些用法出现在文言文中是受到日语的影响。这种影响是否一直存在；文言文中“的”如何发展；和文言固有的结构助词“之”有着什么样的相互关系。针对这些问题，本章笔者将通过梁启超在日后期创办的《新民丛报》中的用例，进一步分析文言文中“的”字用法的发展及演变。另一方面，近代翻译小说中“的”的用例也可作为参照的对象。其中“的”是否也体现了和报刊中同样的用法值得我们关注。通过比较各种内容的文章中的“的”字用法，有利于我们更加全面地把握近代“的”的用法和日语「的」的关系。本章笔者将通过《佳人奇遇》《经国美谈》《十五小豪杰》三篇译自日语的小说中的用例，探讨小说中“的”的用法特点。最后结合前面几章的内容总结近代「的」与“的”的演变关系。

第一节　《新民丛报》中“的”的用法

《清议报》出版到第100期结束后，梁启超就在日创办了最后一份报刊《新民丛报》。这也是梁启超主持的报刊中历时最久、影响最大的刊物。从光绪二十八年到光绪三十二年（1902—1906）每月出两期，后期不能保证如期出版，一共出了96期。其创刊号《本馆告白》中明确说明办刊目的：“本报取名《大学》‘新民’之义，以为欲维新吾国，当先维新吾民。”初创时分图画、论说、学说、口闻短评、中国近事、海外汇报、史论、地理、教育、学术、近事、名家说从、舆论一斑、杂俎、小说、文苑、介绍新书等各栏。从第二年起，改订内容，论著门中，着重论说、学说、时局、政治、历史、地理、教育。《新民丛报》每期内容非常丰富，涉猎广泛，平均每册有120页。特别是后期各种学说的译著，可谓当时吸收外来文明的重要窗口。

《清议报》和《新民丛报》都出自梁启超之手，又都出版于日本。可以说两份报纸在创办背景和主旨上并没有太大变化，但是后者内容之丰富、影响之广泛和前者不可同日而语。这在笔者调查的近代报纸中也属于比较成功的。其中的文章还是偏文言文体。但是一些细节之处发生了变化：《清议报》中有明确标出翻译日本原文出处，有的还详细介绍了原文的来源、作者。而《新民丛报》中很多文章只注明了“译编”，这些栏目的文章大多是梁启超等人对当时翻译文章的编辑。所以很多文章没有注明译者，也没有注明原文作者。考虑到报刊的出版背景和主要的撰笔人为梁启超，其中“的”的用法仍是调查的最适当资料。笔者同样全面调查了《新民丛报》中的用例。通过笔者的调查，《新民丛报》中“的”的用例呈现出下面这些特点。

一　“的”字用例的前接词

《新民丛报》中的文章仍属于文言语体，其中最主要的结构助词是“之”。但是这个时期“的”的用例大量增加，共出现用例653个（異なり語数）。为了考察这些用例从形态上是否发生了变化，笔者首先按前接词是否为中日同形词将其分为：

＊前接词为中日同形词（/分隔前接词字数不同的用例）（共546个）：

病的、性的、外的、公的、美的、内的、心的、知的、人的、私的/（以上为“一字+的”用例，共10词）

半面的、保守的、保险的、暴动的、卑劣的、悲观的、被动的、本能的、本原的、本质的、比较的、比喻的、必然的、必要的、变相的、变形的、变性的、标准的、表面的、并立的、不良的、不为的、不治的、材料的、产业的、超绝的、抽象的、初步的、创造的、纯粹的、纯洁的、慈善的、从来的、大略的、单简的、单纯的、单独的、道德的、道理的、地方的、地价的、地理的、地位的、非人的、帝国的、调和的、东洋的、动物的、动学的、动摇的、独断的、独立的、独有的、独占的、笃实的、锻炼的、对数的、对外的、对内的、多数的、发动的、法规的、法理的、法律的、法人的、法制的、藩阀的、反对的、反诘的、反省的、犯罪的、防御的、分科的、分业的、分离的、分量的、分裂的、分配的、偿补的、交换的、分析的、浮动的、复旧的、辅助的、附属的、复杂的、概括的、感觉的、感情的、感性的、高等的、高尚的、革命的、革新的、个人的、根本的、根底的、工业的、公法的、公共的、功利的、共存的、共动的、共和的、共通的、共同的、孤立的、固定的、固有的、关系的、官吏的、官僚的、光学的、广义的、归纳的、规律的、规则的、贵族的、国别的、国际的、国家的、国民的、国学的、巩固的、豪杰的、函数的、合理的、合体的、合同的、和平的、后世的、后天的、滑稽的、化身的、化学的、怀疑的、回教的、混沌的、活动的、机械的、基础的、激烈的、极端的、集合的、记述的、记忆的、纪事的、刺戟的、继续的、假定的、间接的、简单的、建设的、将来的、交际的、交涉的、教会的、教授的、教育的、结集的、解剖的、解释的、今天的、近世的、进步的、进化的、禁止的、经济的、经世的、经验的、精密的、精神的、静定的、究竟的、具案的、具体的、具象的、绝对的、军队的、军事的、君主的、开张的、科学的、可能的、客观的、客气的、客体的、空间的、空想的、快乐的、乐观的、离心的、理解的、理论的、理想的、理性的、理学的、历史的、立法的、立宪的、利害的、利他的、练习的、良知的、领土的、流动的、论理的、盲从的、盲进的、盲目的、矛盾的、冒险的、美妙的、猛烈的、描写的、民主的、民族的、名誉的、灵魂的、命令的、模范的、模糊的、内面的、能动的、奴隶的、偶发的、偶然的、排他的、派生的、批判的、批评的、片务的、片面的、偏狭的、平和的、平民的、破坏的、普遍的、器械的、强固的、强健的、强迫的、强制的、侵略的、轻快的、求知的、全般的、全知的、权力的、权利的、劝告的、确实的、热情的、人格的、人工的、人民的、人为的、人造的、人种的、任意的、肉体的、骚动的、善良的、商业的、奢侈的、社会的、社交的、神秘的、审美的、生产的、生计的、生理的、生利的、生命的、时代的、时间的、实地的、实际的、实科的、实力的、实利的、实势的、实体的、实物的、实现的、实验的、实业的、实益的、实用的、实在的、实质的、世间的、世界的、事实的、事态的、收敛的、受动的、受命的、数理的、数字的、双务的、说明的、私法的、思想的、随意的、他动的、他利的、他律的、特别的、特发的、特殊的、天然的、天生的、田舍的、挑战的、条件的、同情的、同意的、统计的、统一的、痛苦的、投机的、土地的、团体的、推究的、推论的、外部的、外动的、外交的、外来的、外面的、顽固的、妄信的、危险的、唯理的、唯物的、唯心的、伟大的、未定的、未来的、文化的、文明的、文学的、无机的、无名的、无上的、无限的、无形的、无意的、五感的、武力的、武装的、物理的、物质的、悟性的、西洋的、习俗的、戏曲的、狭隘的、狭义的、仙人的、先天的、现实的、现在的、限定的、宪法的、乡土的、相当的、相对的、相互的、相加的、详细的、向心的、消费的、消极的、小说的、心理的、信仰的、兴奋的、星学的、形式的、形体的、性恶的、性乐的、性善的、性质的、蓄力的、宣战的、学理的、学识的、学术的、学说的、学问的、学校的、血统的、循环的、训育的、严格的、严密的、严正的、言语的、沿革的、研究的、演绎的、厌世的、野蛮的、野心的、一般的、一定的、一方的、一贯的、一时的、一致的、仪式的、义务的、义战的、议会的、异种的、意识的、意思的、因果的、阴阳的、应变的、应用的、营利的、永久的、永续的、优胜的、有机的、有力的、有限的、有形的、宇宙的、原始的、圆满的、愿望的、运搬的、杂质的、再现的、暂时的、增加的、战事的、战争的、哲理的、哲学的、正当的、正确的、正式的、政策的、政党的、政府的、政略的、政权的、政争的、支系的、知力的、知略的、知识的、知性的、直接的、直觉的、制裁的、制度的、制限的、制造的、秩序的、智力的、智略的、智识的、中级的、中世的、中心的、种种的、种族的、周期的、主动的、主法的、主观的、主体的、专断的、专门的、专制的、资本的、字义的、自裁的、自动的、自家的、自利的、自律的、自然的、自杀的、自识的、自卫的、自由的、自主的、自助的、宗教的、综合的、总体的、总意的、族制的、最新的、作成的、作事的、作战的/（以上为“二字+的”用例，共505词）

不可知的、不生产的、不确定的、不完全的、大企业的、地理上的、政治上的、地质学的、地质学的、生物学的、生物学的、人文史的、精神界的、僧侣派的、事实上的、非社会的、一部分的、物质上的、有机体的、有意识的、自然人的、无意识的、无秩序的①/（以上为“三字+的”用例，共23词）

不可思议的、社会主义的、国家机关的、国家主义的、临机应变的、自由自治的、自然科学的、一知半解的/（以上为“四字+的”用例，共8词）

*前接词非中日同形词（/分隔前接词字数不同的用例）（共107个）：

兽的、己的、快的、情的、热的、正的、远的、意的、淫的、治的、恶的、近的、神的、生的、冷的、智的、活的、我的、rights的/（以上为“一字+的”用例，共17词）

偶质的、孤生的、交壤的、合议的、左进的、市府的、孜理的、生得的、精详的、西棉的、粗豪的、沈稳的、内动的、排满的、必至的、不断的、不觉的、敷衍的、普行的、普泛的、分意

① “一字词+的”的用例，不按前接词，按整个词是否为中日同形词分类。“三字词+的”“四字词+的”的用例，只要日语中存在同样的“三字词、四字词”都把用例归入此类。如“非社会的、不生产的、一知半解的、临机应变的”属于前接中日同形词，而“非进化的、非限制的、平等均一的、绝对无上的”则属于前接非中日同形词。

的、偏局的、片断的、法字的、本有的、本觉的、冷性的、零碎的、并吞的、并进的、产念的、仅少的、众民的、卢梭的、热浓的、热闹的、积叠的、竞气的、纯乎的、见在的、觉官的、货利的、轩轾的、迟缓的、钦定的、景教的/（以上为“二字+的”用例，共46词）

达尔文的、似而非的、好模仿的、好竞胜的、日耳曼的、半外交的、半官业的、美利坚的、无格式的、无限制的、有限制的、不成熟的、不同种的、有格式的、东海岸的、耶稣教的、所结成的、匈牙利的、最狭义的、最有名的、最重要的、非实际的、无组织的、非进化的、非历史的/（以上为“三字+的”用例，共25词）

无强制力的、有强制力的、不能言行的、不为外人的、物界以外的、神经运动的、偏枯单一的、平等均一的、绝对无上的、防微杜渐的、代议参用的、天地鬼神的、同份异性的、狭隘偏枯的、侵略土地的、心物合并的、自由合意的、四民平等的、政治革命的/（以上为“四字+的”用例，共19词）

从上面《新民丛报》中“的”的前接词情况来看：①“的”用例数量大量增加的同时，两类用例的数量也各有增加。其中前接中日同形词的用例数量占83%，仍处于统治地位。新增了10倍以上。非中日同形词的数量也增加了7倍以上。这些数字都说明了“的”字用例发展进入了一个新的阶段。②“二字词+的”仍然是主要的形式，占总数的84%。但是前接词字数更加多样。《清议报》时期前接中日同形词中只出现了“二字词+的”“三字词+的”；而《新民丛报》中出现了“单字+的”“四字词+的”的用例。非中日同形词方面用例中也增加了“单字+的”的用例，而且各字数的前接词用例分布较均匀。前接词字数的多样化一方面说明了“的”字用例有了新变化，另一方面也意味着直接照搬日语「的」的可能性降低。③“单字+的”只占中日同形词类的2%，而占非中日同形词类的17%；“四字词+的”仅占中日同形词类的1%，而占非中日同形词类的17%。可见新出现的形态主要反映在非中日同形词类的用例上。而这两种用例是明治日语后缀「的」的用例中没有出现过的形态。借用「的」的可能性也较小，"的"受到日语影响的程度降低。④非中日同形词类中出现了"人称代词+的"、"人名/地名+的"、"英语+的"等形态的构词，如"我的、西棉的、日耳曼的、东海岸的、right 的"等用例。这些用例明显属于汉语白话文"的"的用法，是之前《清议报》时期未出现过的用例。这些用例的出现显示了文言文中白话文"的"逐渐渗透的情况。

《新民丛报》中"的"的前接词发生了很大的变化。汉语白话文中"的"的用例出现，这些用例出现在哪些文章中；翻译日语的文章中是否还有"的"的用例；哪些文章中"的"集中出现，针对这些问题，笔者继续调查了"的"字用例的出处。

二　"的"字用例的出处

《清议报》时期翻译的文章都是直接翻译日语刊登的，而《新民丛报》中这样的文章只占了一部分。取而代之的是大量的"译编、译述"及国人自己撰写的文章"论著"等。这可以说是《新民丛报》刊登的文章的一大特点。这种情况反映了当时国人接受的知识更加丰富，也说明了国人理解、编辑翻译文章的能力进一步提高。如果说直接翻译日语的"的"照搬「的」的可能性很高，那么这种"译述"类的文章中出现的"的"，则可能是国人"消化"了的用法，甚至是国人自己的用法。从这种角度来看，当时"的"字用例增多的原因是复杂的。而这种复杂性正是"的"字在《新民丛报》时期发展过程中的特点。根据笔者的调查，"的"字用例主要出自以下几类文章。

（1）日文翻译文章

这一类文章中仍有"的"字用例出现，同时也有"之"。如：

5-1 其原因实由于当时之学理。皆演绎的而非实际的。（光绪三十二年第 75 册译日《化学沿革史》，第 10262 页）

5-2 第三种之利己心。其别有二。一曰唯物的，二曰唯心的。

（光绪二十八年第21册译日《加藤博士天则百话》，第2878页）

5-3 更具象的言之。（光绪三十二年第86册译日《货币政策》，第11794页）

5-4 如身然。有精神的食粮焉。经验也，工夫也，涵养也，皆是矣。（光绪二十八年第22册译日《军国民之教育》，第3012页）

5-5 凡国固不可不求进步然有和平的进步主义。骚动的进步主义。（光绪二十八年第22册译日《支那之教育问题》，第3368页）

5-6 而发扬我历史的国粹，呜呼不亦要哉。（同上，第3018页）

5-7 由其五官作用所得之觉官的印象。变更认识。（《新民丛报》光绪三十一年第72册译日《论信仰》，第9832页）

这一时期翻译日语文章的用例中“的”的构词结构基本没有发生变化。“—的”、“—的—”、“—之—的—”这些结构和《清议报》时期的用例是一致的。因为前接词大多是中日同形词；非中日同形词也都是“二字词+的”这种日语后缀「的」的常用结构；“之”和“的”仍然区分使用；所以翻译文章中的“的”照搬自「的」的可能性还是很大的。

（2）译述、译编类的文章

这一部分文章中“的”的用例最多，其中“的”是否照搬日语则很难断言：

5-8 人而不服从良心。则是我所固有之绝对无上的命令。不能行于我。此正我丧我之自由也。（《新民丛报》光绪二十九年第46—48册《近世第一大哲康德之学说》，第6525页）

5-9 教育先要使儿童知社会上一切之关系于我为密切，乐为公共的事业，不徒讲个人主义。（光绪三十年第58册《教育学凡论》，第8035页）

5-10 养成高尚的品性，为社会必需之人格。（同上，第8048页）

5-11 故欲明托辣斯之利害。必先由经济上政治上根本主义

之一般的倾向而评论伴于独占及大企业之利害。然后可以知之。(光绪三十一年第69册《译述》，第9425页)

5-12 亦皆不外乎自物理的、或道理的、以指示此事理之发现也。(光绪三十二年第93册《译述·历史哲学及哲学史》，第12935页)

5-13 盖无异于自由意志论者与必至论者之相争也。二说之争点。不在于本质的根干而在于偶质的枝叶。(同上，第12941页)

5-14 盖神者，实永久的、普泛的、全知全能之物，而人则仅具有神之萌芽者也。(光绪三十二年第95册《译述》，第13060页)

这一类文章中的用例更加复杂，其中有"的"的构词结构是日语后缀「的」用法中所没有的。如"物理的或道理的""永久的普泛的全知全能之物"。这些用例的出现说明了"的"字用例的变化很大程度上体现在非日语翻译文章中。"译述"类文章直接照搬日语「的」的可能性减小的同时又出现了汉语特有的"的"字构词，这充分说明了《新民丛报》中"的"的使用逐步向一般文章中渗透的事实。

(3) 国人自己撰写的"论著"等文章

《新民丛报》中这一类文章中"的"字用例也大量增加。《清议报》时期只有梁启超的个别用例。但是这一时期"的"变得更加普遍：

5-15 只能为市府的民族不能为国家的民族。(光绪二十八年第2册《论教育之当定宗旨》，第168页)

5-16 各明一义为后世的其功岂浅妙耶。(光绪二十八年第6册《论著》，第719页)

5-17 然则以比较的言之。中国人义务思想之发达。(光绪二十九年第26册《新民说》，第3731页)

5-18 且言本件商议，本无须细目事项，须得地方的智识者。(光绪二十九年第42—43册《批评门》，第6074页)

5-19 自其客观的言之，自其主观的言之。（光绪二十九年第45—48册《政治·宋官制最善篇》，第6568页）

5-20 而成一人造的之女学校而非自然的之女学校也。（《新民丛报》光绪三十年第51册《述湖南女子之女子教育》，第7164页）

5-21 而社会的观念与将来的观念两不发达。（光绪三十年第60册《余之生死观》，第8249页）

5-22 支那人者货利的人民也。为争货利则不顾生命。（光绪三十年第61册《钱论》，第8369页）

5-23 吾闻今之论者有言曰。西洋人者权利的人民也。（光绪三十年第61册《论说·钱论》，第8369页）

5-24 而自然消灭乃法律上论理的最正当之解释也。（《新民丛报》光绪三十年第61册《江督为俄兵杀人事件电报书后》，第8427页）

5-25 不能专举超绝的而必举普行的。（光绪三十一年第65册《新民说》，第8885页）

5-26 而比较的受欢迎于社会者。（光绪三十二年第73册《论著·开明专制论》，第9910页）

5-27 若以化学的论人法而分析言之。则仍有热的冷的者在也。（光绪三十二年第76册《论著·冷的文章热的文章》，第10375页）

5-28 拥护官僚的政治以抵抗代议的政治。（光绪三十二年第92册《论中国现在之党派及将来之政党》，第12597页）

《新民丛报》中，国人撰写的文章中出现了大量“的”字用例。这些用例的结构也非常丰富，其中甚至出现了日语后缀「的」所特有的结构「—的ノ—」，如“人造的之女学校”。这种结构在非日语文章中是首次出现，体现了“的”受到日语影响后向一般文章中的渗透。另外，用例中同时也有日语后缀「的」没有出现过的结构，如多项定语“热的冷的”。这种用例出现在非日语翻译文章中说明了文言文中“的”不再受日语后缀「的」的限制，“的”逐渐取代“之”，开始作为结构助词使用，白话文中“的”的用法进一步渗透进文言文中。

《新民丛报》中“的”的用例出处揭示了“的”的几个变化：①“的”不再局限于翻译文章，各种内容、各种类型的文章中都普遍出现了“的”的用例。这是《新民丛报》用例与《清议报》时期用例最大的不同。②翻译日语文章中“的”的用法没有发生太大变化，其中前接中日同形词时为照搬「的」，前接非中日同形词时也多为“二字词+的”，这同日语「二字漢語+的」的形态相似，学习「的」的可能性仍很高。③“的”字用例增加和用法变化主要体现在非日语翻译文章中。其中“译述”“论著”类文章中“的”大量出现，一定程度上取代了文言文中结构助词“之”。非日语翻译文章中“的”与“之”的并存，是《新民丛报》时期“的”字用法发展的体现。④非日语翻译文章中出现了日语后缀「的」的“—的之—”结构，这证明了《清议报》中受到日语影响的用例开始向一般的文章中渗透。“—的之—”按照汉语习惯是不可能存在的结构，这种结构已经出现在一般的文言文中，可见当时“的”渗透势头之强。也可以预测一些符合汉语习惯的“的”字用法将会更加顺利地进入文言文中。⑤非日语翻译文章中出现了一些汉语“的”特有的结构，这些结构日语后缀「的」的用例中没有出现过，如“—的—的（—的）”结句等。这些结构的出现受到日语的影响非常有限，与白话文的用法也有差距。理解为文言汉语“的”自身的发展比较合理。具体当时“的”字用法是如何发展的？“的”的用例在文章中的用法比《清议报》时期有了怎样的变化？针对这些问题，下面笔者将具体从“的”的构词结构角度进行分析。

三 “的”字用例的构词结构

《新民丛报》中“的”字的构词结构如表5-1所示：

表 5-1　《新民丛报》中“的”字用例的构词结构

类型	构成	前接中日同形词示例	前接非中日同形词示例
①	N+的+N	国民的资格	市府的民族
②	A+的+N	野蛮的自由	仅少的劳费
③	V+的+N	建设的作用	敷衍的外交手段
④	P+的+N	×	反对政府的感情
⑤	N+的+V	主观的言之	×
⑥	A+的+V	普遍的陶冶	×
⑦	—的之—	人造的之女学校	
⑧	—的—之—	根本的原理之法	
⑨	—之—的—	法之相对的观察	
⑩	—的—的—	实用的功利的个人主义	
⑪	N+的	后世的	轩轾的
⑫	A+的	积极的	热浓的
⑬	V+的+V	教育的教授	×
⑭	V+的	命令的	受命的
⑮	P+的	非现实的	有强制力的
⑯	—的—的（—的）	生理的心理的本原的	

注：1. 考虑到《新民丛报》中用例数量过多，表中只选取一个用例作为典型用例。具体各种结构中的用例将在附录 2 中列举。

2. 粗体的类型⑬⑭⑮⑯表示新出现的“的”字构词结构。

《新民丛报》中“的”的构词结构更加丰富，而且又出现了新的构词结构。和前面几种报刊中“的”字用例的构词结构比较可以发现：①从形式上看，一共出现 16 种构词结构，其中 12 种结构在前面的资料中出现过。可见大部分的用例的结构并没有改变。②新出现了后面 4 种结构，⑬⑭⑮⑯：“V+的+V”、“V+的”、“P+的”、“—的—的（—的）”。其中“P+的”、“—的—的（—的）”两种结构在之前明治日语「的」的构词结构中没有出现过。③前接中日同形词和非中日同形词的用例结构上并没有明显的区别，新结构也出现了前接两种用例。为了进一步考察这些用例和日语的影响关系以及它们的用法演变，下面分别对各种结构进行分析。

（1）修饰名词的结构：①N+的+N、②A+的+N、③V+的+N

这一部分用例结构上和《清议报》中的用例大致相同。但是用例更多出现在一般性的文章中。如前接中日同形词时：

5-29 而社会的观念与将来的观念两不发达。（光绪三十年第60册《余之生死观》，第8249页）

5-30 拥护官僚的政治以抵抗代议的政治。（光绪三十二年第92册《论中国现在之党派及将来之政党》，第12597页）

5-31 实边以屯为兵之议。而匈奴势乃少杀。殆今世所谓武装的平和非耶。（光绪二十九年第40—41册《传记·李牧传》，第5780页）

5-32 吾闻今之论者有言曰。西洋人者权利的人民也。（光绪三十年第61册《论说·钱论》，第8369页）

5-33 全然不为侵略的趋向所制。（光绪二十九年第45册，第6256页）

5-34 然甚不便于侵略的扩张。（光绪三十二年第85册，第11622页）

前接非中日同形词时，也有用例出现，如：

5-35 只能为市府的民族不能为国家的民族。（光绪二十八年第2册《论教育之当定宗旨》，第168页）

5-36 支那人者货利的人民也。为争货利则不顾生命。（光绪三十年第61册《钱论》，第8369页）

5-37 盖无异于自由意志论者与必至论者之相争也。二说之争点。不在于本质的根干而在于偶质的枝叶。（光绪三十二年第94册《译述·历史哲学及哲学史》，第12941页）

5-38 法国所租赁之沿雷州半岛东海岸的广州湾。（光绪二十九年第29册，第4211页）

5-39 各裁判官皆乏法字的修养。（光绪三十二年第75册，

第 10233 页）

《清议报》时期用例都出自翻译文章，但是《新民丛报》中的用例多出现在一般文章中。这些用例不可能是照搬「的」的用法。说明文言文中结构助词“之”的用法被“的”所取代。在没有日语原文「的」的情况下，国人也开始在文章中使用“的”。说明了“的”字用法的发展。

这一时期这组结构中发生的一个重要变化是出现了“单字+的”的用例，如前接中日同形词时的用例：

5-40 前者得为美的引导而后者得为恶的媒介。（光绪三十一年第 65 册，第 8554 页）①

5-41 知的兴味，情的兴味，经验的兴味，推究的兴味，审美的兴味，同情的兴味，社会的兴味，宗教的兴味。（光绪三十二年第 78 册，第 10626 页）

前接非中日同形词时也有：

5-42 谓在近的将来我国民不能有此资格。（光绪三十二年第 79 册，第 10718 页）

5-43 或以为单纯之兽的暴力。（光绪二十九年第 46—48 册，第 6675 页）

这些用例都不出自日语翻译文章，而且前接中日同形词的用例与非中日同形词的用例在同一句子中使用，说明受到日语后缀「的」影响的可能性很低，此处“的”的用法不是照搬「的」产生的，而是汉语白话文“的”的使用。这种结构揭示了“的”前接词的字数

① 《新民丛报》中杂志文章有的没有表明文章名，都以《新民说》命名，以下如未明确出处，出处都为《新民说》。

已经不再局限于“二字”，变得更加自由，而这种性质更符合白话文结构助词“的”的使用特点。这种情况在下面这种结构中也有体现。

（2）短语修饰名词的结构：④P+的+N

《清议报》时期前接非中日同形词的用例出现过这种结构，《新民丛报》中这类用例数量增加。意味着更多“的”进入文言文，如：

5-44 亦带半官业的性质。专奖励储蓄。（光绪三十一年第62册，第8562页）

5-45 非如匈牙利的民族，合多数不同种的民族以为民族者比也。（光绪三十一年第67册，第9145页）

5-46 希腊宗所以首与罗马宗分离者，实由人种习俗的感情也。（光绪二十九年第28册，第4128页）

5-47 一曰国民直接的共和国，二曰代议制度的共和国，三曰直接代议参用的共和国。（光绪三十二年第79册，第10752页）

《清议报》时期这些用例只有前接非中日同形词，到了《新民丛报》时期，前接中日同形词的用例也出现了“的”。如：

5-48 日本人所笑为一知半解的国权论。（光绪三十二年第76册，第10325页）

5-49 而属诸国家机关的君主不属诸自然人的君主矣。（光绪三十二年第76册，第10600页）

前接中日同形词的用例也非出自日语翻译文章。可见照搬日语后缀「的」的可能性降低。另一方面日语中没有「P+ノ+N」的结构，假设受到日语的影响则只能推测日语中出现了「P+ノ+N」结构。这时汉语在翻译时可能把「ノ」翻译为“的”。这打破了《清议报》中「的」翻译为“的”，「ノ」翻译为“之”的规律。“的”取代“之”的倾向越来越明显。揭示了白话文“的”进一步渗透到文言文中。

（3）修饰动词的结构：⑤N+的+V、⑥A+的+V、⑬V+的+V

这组结构中“N+的+V”“A+的+V”曾分别出现在《清议报》和《译述汇编》中，新增了“V+的+V”结构。其中一类典型的用例“主观的言之”“客观的言之”等，在《新民丛报》时期数量增加。如：

5-50 若自主观的言之则我中国苟能自立也。（光绪二十八年第1册《饮冰室自由书》，第114页）

5-51 自其客观的言之，自其主观的言之。（光绪二十九年第45—48册《政治·宋官制最善篇》，第6568页）

5-52 更具象的言之。（光绪三十二年第86册译日《货币政策》，第11794页）

5-53 然则以比较的言之。中国人义务思想之发达。（光绪二十九年第26册，第3731页）

5-54 今请更以简要之文自表面的论之。（光绪三十二年第94册《译述历史哲学及哲学史》，第12947页）

出现了“主观的、客观的、具象的、比较的”四个用例，全部为中日同形词。《清议报》中“主观的、客观的”最先出现在梁启超的文章中，但是只使用了一次。应该受到了日语「客観的に言う、主観的に言う」的影响。而这种影响《新民丛报》时期更加广泛地扩展到一般的文章中，如“比较的言之”就在不同作者的文章中共出现36次，可见其用法的普及。

修饰动词的结构中，比较普通的用例是前后分别接续“二字词”的用例。如《译述汇编》中“A+的+V”结构的“绝对的服从、积极的违背”。这种用例在《新民丛报》时期数量增加最多，还增加了“V+的+V”的结构，如“自杀的竞争、孤立的生存”。这种结构初期的用例（《译述汇编》中的用例）因为出自日语翻译文章，又前后接续中日同形词，照搬日语「—的（ノ）+サ变動詞語幹」的可能性较高。但是《新民丛报》中，用例不再出自日语翻译文章，而且明治日语中也未出现过「V+的+V」的用例，所以不应该是日语的照搬。如：

5-55 故而致彼之生命财产。蒙危险的影响。则其绝对的不承认。或始虽徘徊。而随即转方针为不承认。（光绪三十二年第76册《论著》，第10328页）

5-56 而比较的受欢迎于社会者。（光绪三十二年第73册《论著·开明专制论》，第9910页）

5-57 可为调和的发展是为个人主义教育之所主张也。（光绪三十二年第94册，第12929页）

5-58 以致陷于自杀的竞争。（光绪三十一年第69册，第9427页）

5-59 即人不可为孤立的生存。（光绪三十二年第94册，第12929页）

5-60 然甚不便于侵略的扩张。（光绪三十二年第82册，第11622页）

上面这些用例应该是初期受日语影响的“的”在汉语文言文中自身的发展。如例5-55、例5-56、例5-59中“的”应视为“地”，修饰动词作状语。“的”字能够得以如此发展的原因应该在于：白话文结构助词“的”在古代汉语中已经出现取代“地”作状语修饰动词的用法，如：

5-61 廉访司官人每好生的提调者，交学者好生的学。（《元典章》卷三一）

5-62 那般的做好事其间里，不拣是谁休拦当者。（同上，卷三三）

5-63 这妇人一心只想着西门庆，那里来理会武大的做多做少。（《金瓶梅词话》）

从上面的情况来看，“的”修饰动词进入文言文的契机来源为照搬日语后缀「的」，但随着用例的增加，结构的复杂化，其中“的”并没有完全遵照日语后缀「的」的结构发展下去，而是逐渐显示出了汉语白话文中作为结构助词的用法。

（4）“的 + 之”的组合结构：⑦—的之—、⑧—的—之—、⑨—之—的—

《新民丛报》时期这些用例在构词结构上没有出现新的变化，但是其用例数量的急剧增加，构成成分复杂化，前接、后接词字数增加等都充分体现了“的”字用例的发展。首先看“—的之—”结构。这种结构在《清议报》出现过唯一一个用例，“侵略的之强暴者”。这个用例应该是直接照搬自日语。笔者认为正是其极不符合汉语的构词法充分体现了受到日语的影响。《新民丛报》时期类似结构的用例出现在国人撰写的文章中：

5-64 而成一人造的之女学校而非自然的之女学校也。（《新民丛报》光绪三十年第 51 册《述湖南女子之女子教育》，第 7164 页）

5-65 不在“不生产的”之外债，而在“生产的”之外资。（《新民丛报》光绪三十年第 54 册，第 7473 页）

5-66 法者国学的之理象也。有一无二。（《新民丛报》光绪三十一年第 65 册《论公法为权力关系之规定》，第 8959 页）

5-67 此历史的之观念即以为断现行法法理之资可也。（同上，第 8961 页）

这种用例进一步渗透到国人撰写的文章中充分体现了日语后缀「的」对汉语的深刻影响。近代汉语中在一段时间内，类似于日语后缀「的」是存在的。这种用例从形式上按照「的」的结构构词。但是随着白话文汉语“的”渗入文言文中，这种用例也难以维持日语「的」的结构，消失于现代汉语。

“—的—之—”“—之—的—”结构在《清议报》时期出现在日语翻译的文章中，并且反映了当时国人借用日语的方法：“的”照搬

「的」，表示下位概念的修饰；“之”对应「ノ」表示上位概念的修饰。到了《新民丛报》时期，这一类用例已经深入一般的文章中。如：

5-68 出之于粗豪的侠士之手而入之于沈稳的政治家之手。（光绪二十八年第19册，第2557页）

5-69 是研究成法根本的原理之法。（光绪二十八年第7册，第878页）

5-70 虽实际尚有共通的精神之存在。（光绪三十二年第94册，第12924页）

5-71 其不足以沮有机体的民党之成立。（光绪三十二年第83册，第11293页）

5-72 以法人的国家之利益为标准。（光绪三十二年第73册，第9900页）

5-73 则如察奇而昂所唱道之保守的众民主义。（光绪三十二年第84册，第11506页）

5-74 以保守党之历史的主义与自由党之民主的主义互相调。（光绪二十九年第40—41册《人物时评》，第5825页）

5-75 故欲明托辣斯之利害。必先由经济上政治上根本主义之一般的倾向而评论伴于独占及大企业之利害。然后可以知之。（光绪三十一年第69册《论托辣斯之利害》，第9425页）

上面的用例中“粗豪的侠士之手、根本的原理之法、共通的精神之存在、有机体的民党之成立、法人的国家之利益、所唱道之保守的众民主义、保守党之历史的主义”可理解为“（粗豪的侠士）之手、（根本的原理）之法、（共通的精神）之存在、（有机体的民党）之成立、（法人的国家）之利益、所唱道之（保守的众民主义）、保守党之（历史的主义）、根本主义之（一般的倾向）”。但是随着文章中越来越多地使用“的”，“的”与“之”的界限越来越模糊，白话文结构助词“的”取代“之”的趋势越来越明显。如：

5-76 一时热闹的拒外之风潮。（光绪三十二年第 76 册，第 10394 页）

5-77 虽欲不归之于此伟大的时代变迁之势力。（光绪三十二年第 96 册，第 13201 页）

5-78 皆有本能的共通之感情。（光绪三十二年第 94 册，第 12914 页）

5-79 而自然消灭乃法律上论理的最正当之解释也。（光绪三十年第 61 册《江督为俄兵杀人事件电报书后》，第 8427 页）

5-80 则韩人误以其最可贵重之蓄力的时日。（光绪三十一年第 72 册，第 9766 页）

5-81 阐明吾人经验之物界以外的真相也。（光绪三十年第 50 册，第 7076 页）

首先，这些用例中“的”有的不可能是照搬日语后缀「的」，如“热闹的、伟大的、对己的、蓄力的”都是日语中没有的词汇，前接“物界以外的”这样的短语也是日语后缀「的」没有的用法。另外，从句子的意思来看，“热闹的拒外之风潮”“伟大的时代变迁之势力”“本能的共通之感情”“论理的最正当之解释”应该理解为“热闹的（拒外之风潮）、伟大的（时代变迁之势力）、本能的（共通之感情）、论理的（最正当之解释）”比较恰当，也说明“的”“之”的上下位关系不再固定，两者用法界限模糊。这都使“的”逐渐取代“之”。造成这种现象产生的原因可能是由于：①《清议报》时“的”对应「的」、“之”对应「ノ」。但随着文言文中允许出现“的”字情况的产生，在翻译日语文章时，日语的「ノ」除了译成“之”，也可以译成“的”，即形成了“「ノ」→之、的”“「的」→的”的新规则。甚至向“「ノ」→的”“「的」→的”的格式，即「ノ、的」都译为“的”的新规则演变。②随着更多的人使用“的”，在非日语翻译文章中，没有原文可以对应。很多一般作者使用时只是按照汉语白话文的用法使用“的”，也造成“的”逐渐取代“之”的现象。总之，到了《新民丛报》时期，文言文中结构助词“之”的统治地位彻底被打破。

（5）“的”字结句的用法：⑪N+的、⑫A+的、⑭V+的、⑮P+的、⑯—的—的（—的）

这类结构中用例结构、数量、用法上的变化最大。“N+的”“A+的”的构词在前面“的”出现初期的资料中已经出现，用例出自日语翻译，应该是照搬「—的」，如翻译「—的なり」等。这种情况在《新民丛报》的译日文章中也仍然存在，同时用例也扩展到一般的文章中。如：

5-82 第三种之利已心。其别有二。一曰唯物的二曰唯心的。（光绪二十八年第21册译日《加藤博士天则百话》，第2878页）

5-83 其原因实由于当时之学理。皆演绎的而非实际的。（光绪三十二年第75册译日《化学沿革史》，第10262页）

5-84 不过一时的而决非永久的。（光绪三十二年第85册《最近世界大势论》，第11627页）

5-85 一曰感情的。二曰智略的。何谓感情的。盖已所亲爱之人。（光绪二十八年第15册《译述》，第1941页）

5-86 不能专举超绝的而必举普行的。（光绪三十一年第65册《新民说》，第8885页）

5-87 欧美人之生活。乃共同的而非个人的也。（光绪二十九年第30册《谈丛》，第4418页）

5-88 仓卒成书，非描写的，而纪事的。（光绪二十九年第45—44册，第6034页）

例5-87、例5-88日语翻译中的用法仍然应是照搬「—的」，「的」不能用“之”替换。国人的用例也应该是受到了日语的影响。因为形态上和汉语白话文“的”字结构相似，国人使用起来应是没有抵触的，所以在一般的文章中也迅速传播。也正是由于这种形似，使其在汉语中有了进一步的发展。

这种发展主要体现在：①以对应、对比、反复的形式出现。②新出现了三种构词结构，其中两种“⑮P+的、⑯—的—的（—的）”是明治日语后缀「的」用例中没有出现过的结构，“P+的”就是近代汉语白话文“的”字结构的一种构词结构。这些情况都说明了汉语“的”开始了文言文中自身的发展。如：

5-89 各明一义为后世的其功岂浅妙耶。（光绪二十八年第6册《论著》，第719页）

5-90 同为历史的人种也。而有（世界史的）与（非世界史的）之分。（光绪二十八年第14册《历史》，第1789页）

5-91 如黑智儿之精神，斯宾塞而之不可知的。（光绪二十九年第38—39册，第5539页）

5-92 曰非反宗教的亦非宗教的也。（光绪三十二年第93册，第12807页）

5-93 则彼乃不治的，而此乃治的也。其对于人治主义，则彼乃无格式的。而此乃有格式的也。其对于礼治主义，则彼乃无强制力的。而此乃有强制力的也。其对于势治主义，则彼乃无限制的。而此乃有限制的也。此法治主义之位置也。（光绪三十二年第78册，第10600页）

5-94 而特冠以某省之名非论理的科学的也。（光绪二十九年第26册，第3807页）

5-95 其最初一念之爱国心无不为绝对的纯洁的。（光绪二十九年第46—48册，第6487页）

5-96 至阿弄哈日特之思想则为生物学的自然科学的也。（光绪三十二年第96册，第13231页）

从上面的用例来看，这时期“的”字有向白话文结构助词用法发展的趋势。因为明治日语后缀「的」的用法中就有受到白话文“的”用法影响的部分，如「—的」在初期就是名词性的用法。所以这部分用例以“二字词+的”的形式重新回到汉语中时，用法对于当时的国人并不陌生。在文言文中按白话文“的”使用就行得通。所以逐渐出现了例中类似“是……的”结构，这也是白话文“的”字结构的一种形式，参看第三章第一节表3-3中的例句：“行者道：‘正是，你们不曾会着我，我是外班的。’”（《西游记》）。可见白话文中的“的”字结构进入文言文，但由于白话文中的“是”在文言文中多用“乃”“为”，所以这时的用例结构就是“乃……的”“为……的”。

通过对《新民丛报》中“的”字用例构词结构的分析，并与初期的用法进行对比，我们可以发现“的”字用例有了以下一些发展。①用例数量大幅度增加。数量增加了的“的”字用例彻底打破了“之”作为结构助词的统治地位。②构词结构也比初期丰富，并出现了很多日语后缀所不具有的构词结构。③大量用例和构词结构，甚至不符合汉语习惯的构词结构也出现在一般的文章中。体现了由于日语影响而产生的“的”字用例的普及。④国人的用例中“的”的增加，这种趋势越来越明显。翻译日语时可能把「ノ」也译为“的”，导致“的”取代“之”的程度深化。⑤借用日语的“的”使文言文的基本规则被打破，而且“的”的白话文结构助词的用法又非常丰富。造成一些白话文用法也渗透入文言文中，如出现了类似“的”字结构、“是……的”结构的用例。

“的”字之所以能够在《新民丛报》时期出现如此的发展趋势，原因可能有很多种，笔者认为原因一方面是：明治日语后缀「的」的用例可能增加了。笔者调查的明治中期「的」已经表现出了长足的发展。可能进入20世纪后日语「的」也有了很大发展。这导致了在日本出版报刊的梁启超等人受到更深的影响；另一方面，“的”字本身在汉语白话文中的用法历史悠久，日方的后缀用法也是由汉语“的”发展而来。这种“的”一旦有机会进入文言，其原来所具有的用法必然会被带入。因为本来“之”与“的”的用法也多有重合的部分，只是之前使用在不同的语体而已。而这种语体上的限制被打破时，也就意味着“的”与“之”的界限模糊，终有一方的大部分用法将被取代。随着之后白话文运动的兴起，“的”最终取代了“之”。

四 “的”字用例的语义

初期“的”字用例中，照搬日语「的」，其中确实出现了用日语后缀「的」「—のような、—の性質を持っている」意义理解更合理的用例。但是到了《新民丛报》时期，这种用例的数量急剧减少，在笔者调查的范围内，只有少数用例仍用这种意义解释更自然。如：

5-97 而社会的观念与将来的观念两不发达。（光绪三十年第60册《余之生死观》，第8249页）

5-98 拥护官僚的政治以抵抗代议的政治。（光绪三十二年第92册《论中国现在之党派及将来之政党》，第12597页）

5-99 实边以屯为兵之议。而匈奴势乃少杀。殆今世所谓武装的平和非耶。（光绪二十九年第40—41册《传记·李牧传》，第5780页）

5-100 吾闻今之论者有言曰。西洋人者权利的人民也。（光绪三十年第61册《论说·钱论》，第8369页）

5-101 若以化学的论人法而分析言之。则仍有热的冷的者在也。（光绪三十二年第76册《论著·冷的文章热的文章》，第10375页）

上面用例中“的”用后缀「—のような、—の性質を持っている」的含义解释的话，前后的修饰限定关系更明确。如「社会的観念、官僚的政治」。但是更多的用例中“的”和白话文中结构助词的用法是一致的。甚至有的用例，用汉语“的”解释比日语「的」更自然。说明这些“的”已经不再照搬日语，是汉语白话文“的”取代文言文结构助词“之”的用例。如：

5-102 各自发挥个人的才能。（光绪三十一年第69册，第9440页）

5-103 若存一爱惜精神的意思。（光绪二十八年第5册，第

540 页）

5-104 虽万般宇宙的现象皆不外此。（光绪二十九年第 45—48 册，第 6680 页）

5-105 希望者固以未来的目的而尽勤劳以谋其利益者。（光绪二十九年第 31 册，第 4472 页）

5-106 希腊宗所以首与罗马宗分离者，实由人种习俗的感情也。（光绪二十九年第 28 册，第 4128 页）

5-107 法国所租赁之沿雷州半岛东海岸的广州湾。（光绪二十九年第 29 册，第 4211 页）

5-108 非如匈牙利的民族，合多数不同种的民族以为民族者比也。（光绪三十一年第 67 册，第 9145 页）

5-109 一点良知是汝自家的准则。（光绪二十九年第 46—48 册，第 6525 页）

这些用例中很多“的”表示所属的含义，都不属于日语后缀「的」的用法。可见白话文“的”渗入文言文的情况。关于一些表示日语后缀「的」含义的用例消失的原因，笔者认为：一方面由于白话文“的”逐渐进入文言，带来汉语本身“的”的用法；另一方面也可能由于日语后缀「的」自身的发展，初期能够借用「的」也是因为其中仍有汉语白话文“的”的影响。但是一旦日语后缀「的」的含义越来越明确，发展到明显与汉语“的”不同的性质时，直接照搬的用例自然会减少。《新民丛报》时期已经出现了这种倾向，也就是说从这时起，日语后缀「的」和汉语助词“的”必然会沿着两个不同的方向发展下去。彼此再难产生影响。

五 《新民丛报》中“的”字用法小结

《清议报》《译书汇编》时期首次把“的”借用到文言文中之后，“的”字从初期的“出现”时期到了“发展变化”时期。从《新民丛报》中的用例，我们看到了“的”的用法发生的变化和发展。

（1）前接词方面，中日同形词和非中日同形词都有了几倍的增加，出现了更加丰富的构成形式。“四字词+的”用例增加，而且新增加了“单字+的”的结构。这些变化说明了照搬日语「的」的可能性较低。

（2）用例的出处方面，大量的用例出现在非日语翻译文章中，这和《清议报》时期用例几乎全部出自日语翻译文章的情况完全不同。“译述、论著”类的文章中的用例占主要地位。

（3）构词结构方面，新增了四种结构，并且其中两种结构是明治日语后缀「的」用例中未曾出现过的结构，其中两种是汉语白话文特有的结构。反映了白话文“的”进入文言文的程度加深。用例中“的”与“之”没有明显的用法区别，界限越来越模糊，“的”取代“之”的用例增加。

（4）“的”的含义方面，日语后缀「的」特有的含义基本没有对汉语“的”产生更深刻的影响。初期具有日语特定含义的用例大多消失，新增的用例中很多“的”都只是一般白话文中的用法，不再和后缀「的」有直接的关系。

到《新民丛报》为止，「的」对“的”的影响程度已经降低，取而代之的是在文言文中“的”取代“之”的发展。发生这种演变的契机是译日文章，译日文章中是否都是如此使用“的”，翻译小说中“的”的用法是怎样的。针对这些问题，下一节中，将具体探讨翻译小说中“的”的使用情况，整体把握近代汉日语“的”的交流演变。

第二节　翻译小说中助词“的”的用例

翻译小说中的用例作为一种特殊内容的文章用例也值得我们关注。特别是考虑到当时翻译小说时，有的作者使用文言语体翻译，有的作者使用白话语体的复杂情况，也有利于我们比较当时各种语体中“的”字的用法。同时通过和一般出版物中用例的比较，可以全面考察近代用法。也可以分析新用法是否由翻译小说借用而来。这一节选取《清议报》《新民丛报》中的翻译小说《佳人奇遇》《经国美谈》

《十五小豪杰》三篇作品为研究对象。

一 《佳人奇遇》(1898)① 中的用例

日文原文『佳人之奇遇』，作者是东海散士（柴四郎），初篇出版于1885年。《佳人奇遇》连载于《清议报》第一册（1898）至第三十五册（1900，未完）中，共连载十一回，翻译者署名任公，推测即梁启超。这篇政治小说是用文言语体翻译的，从收集用例的情况来看，这种语体的使用极大程度地影响了“的”的用法。在《佳人奇遇》中全文都没有使用“的”字，所有结构助词都使用“之”。这和原文中也没有使用「的」有关，但是也证明了在当时国人写的文言文中“的”的确是「禁句」。一般情况下，都是用“之”，不会没有原因地使用“的”。

二 《经国美谈》(1900)② 中的用例

日文原文『経国美談』是矢野龙溪的政治小说。前篇出版于1883年。中译《经国美谈》从《清议报》第三十六期到第七十期在“政治小说”栏目上连载了前编和后编。没有译者的署名，大多数学者认为这是梁启超所译。从出版时间来看和『佳人之奇遇』属于同一时期的作品。原文中也没有使用「的」的用例。但是由于和《佳人奇遇》的翻译语体不同，《经国美谈》使用了白话，所以其中有大量“的”的用例。文章中结构助词没有使用“之”，而是全部使用“的”。对于白话文中“的”的用法，笔者在第三章前人研究中已经介绍了刘敏芝（2008）对于清末白话文小说中“的”的研究，故这里不再对其中用例做全面的结构分析。原文『経国美談』没有使用「的」，那么翻译小说中“的”字是怎样出现的？即翻译作者在翻译时对“的”的处理方法是笔者考察的重点。这里选取连载的前五期

① 这里的年份是开始连载的年份。［日］东海散士『佳人の奇遇』《明治政治小説集（二）》『明治文学全集』筑摩書房1967年版，第8页。

② 是开始连载的年份。［日］矢野龙溪『経国美談』《矢野龙溪集》『明治文学全集』筑摩書房1970年版，第11页。

为调查对象，通过和日语原文进行对比，考察翻译作者是如何运用“的”的。从笔者的考察来看，翻译作者使用“的”有以下几种情况：

（1）原文中「ノ」、定语成分中的结构助词翻译为“的”。例如：

5-110 你们都想知道。这阿善数百年前，是好好一个共和政治的民政国。（《经国美谈》第三十六期，第 2371 页）

5-111 御身等ノ知ラル、如ク同国ハ数百年コノカタ共和政治ノ民政国なり……（『経国美談』，第 8 页）

5-112 及至距今三十年前。执国柄的都是不正的人。三十余奸党。联为一气。废古来的民政。效与国斯波多的弊法。照他的样子。改作寡人政体。把那些企望古来民政的人。一一处以严刑。那些富有财产的人。无端又被籍没入官去了。（《经国美谈》第三十六期，第 2370 页）

5-113 今ヲ距ルコト二十年前同国ノ政柄ヲ執リシ人々ノ中ニ不正ノ党派現レテ其ノ数凡ソ三十餘名相結ンテ舊来ノ民政ヲ廃絶シ己等ヲ援助スル斯波多ノ政体ニ倣ヒ之ヲ寡人専制ノ政体ト改メ此ニテモ舊来ノ民政ヲ企望スル者アレハ忽チ之ヲ嚴刑ニ處シ又財産ノ豊ナル者ヲ見レハ事ニ託シテ之ヲ豪奪シ暴悪無道至ラサル所ナカリケル。（『経国美談』，第 8 页）

5-114 又有世袭的国老院。（《经国美谈》第三十七期，第 2428 页）

5-115 又世襲ナル国老院アリ。（『経国美談』，第 10 页）

5-116 他的学问，工艺，美术都为他国的模范。（《经国美谈》第三十七期，第 2429 页）

5-117 其ノ技術ヲ進メ学術、工藝、美術與ニ皆列国ヨリ文明ノ模範ト仰カレタリ。（『経国美談』，第 10 页）

（2）“的”字结构的使用，日语中虽然没有所谓“的”字结构的用法，但是翻译的文章中根据意思，汉语中使用了“的”字结构。

5-118 你诸国有大事时。常向这庙神问吉凶的。(《经国美谈》第三十六期，第 2369 页)

5-119 其ノ吉凶ヲ此ノ神廟ニ占テ豫シメ禍福ヲ定メ之ヲ挙行セザルモノナシ。(『経国美談』，第 7 页)

上面这几个用例反映出翻译文章中，白话文“的”字遵循的是汉语固有的用法。由于原文中没有「的」的用例，翻译文章白话文中“的”的用法完全没有受到日语的影响。

三 《十五小豪杰》(1902)① 中的用例

日文原文『十五少年』，是森田思轩于明治十九年（1886）11 月从法语翻译过来的小说。《十五小豪杰》的翻译者没有在《新民丛报》中使用真名，只署名“披发生”，但是梁启超在《十五小豪杰译后语（选录）》中做过关于翻译时的说明，所以可基本确定这篇作品为梁启超翻译。《新民丛报》从第一期到第二十四期连载了共十八回的内容。对于其翻译时使用的语体，梁这样写道：“本书原拟依《红楼》《水浒》等书体裁，纯用俗话，但翻译之时，甚为困难。参用文言，劳半功倍。……译者贪省时日，只得文俗并用。明知体例不符，俟全书杀青时，再改定耳。但因此亦可见语言，文字分离，为中国文学最不便之一端，而文界革命非易言也。”② 笔者通过调查发现《十五小豪杰》最后五期和原文相比删减较少，而且这一部分原文『十五少年』中出现了「的」的用例，译者「的」的处理尤其值得我们关注。所以选后五期译文为调查对象，对出现的“的”字用例和原文中值得注意的句子进行对照分析后，可发现：

（1）原文中「ノ」、定语中的结构助词翻译为“的”，如：

---

① 是开始连载的年份。『十五少年』『明治少年文学集』『明治文学全集』福田清人编 筑摩書房 1970 年版，第 2 页。

② 《十五小豪杰译后语（选录）》，载陈平原、夏晓虹编《二十世纪中国小说理论资料第一卷 1897—1916》，北京大学出版社 1997 年版，第 64 页。

5-120 只要看那纸鸢的大小及那风力的强弱如何罢了。(《新民丛报》第十九期，第 2597 页)

5-121 要は唯だ紙鳶の大小と、風力の強弱如何に由るのみ。(『十五少年』，第 223 页)

5-122 自此武安巴士他等专意改造纸鸢。直至七月下午。方才竣工。竟造成了一个八角形的大纸鸢。(《新民丛报》第十九期，第 2598 页)

5-123 直ちにタコの改造に着手せり。若し彼らをして十分の工学的知識あらしめば、先づ其の大挙すべき重量、たこの面積、重力の中心、及び之に耐ふべき線の太さなど、清算比較して後始めて其の改造の設計を定むべきなるが、……兎角して七日の午時には直径二間半、……八角形の大タコ出来上がり、……(『十五少年』，第 222 页)

(2)“的”字结构的用法，这是从对原文的理解上进行的翻译。如：

5-124 这纸鸢力量不足。不中用。还要从新再造一个。比他更大更坚固的。(《新民丛报》第十九期，第 2597 页)

5-125 定めて力量不足なるべし、必ず更に大なる、亦た更らに堅固なるものに、改造せざるべからざらむ。(『十五少年』，第 222 页)

(3) 代替“地”使用的“的”，如：

5-126 右手拔了腰刀。左手持了短枪。悄悄的望着火光而进。(《新民丛报》第十八期，第 2457 页)

5-127 腰刀を抜きて之を右手に提げ、左手には短銃を握り持ちて、徐々として、火光のかたに忍び近づきたり。(『十五少年』，第 219 页)

但是，原文中修饰动词的副词后接续的“地”却没有被翻译为“的”，如：

5-128 九時に及ぶ比ほひ、童子等は悄悄地に洞外湖畔の広場に聚まりて。(『十五少年』，第 223 页)

5-129 到了九点钟。众人潜出洞外。捡了湖边一个宽敞地方。(《新民丛报》第十九期，第 2599 页)

这种现象产生的原因是因为清代白话文中“的”“地”不区分的原因。也可能是作者用“潜出”概括了「悄悄地」的意思。所以没有必要使用“的”。

(4) 原文中使用「的」，翻译时则没有直接用“的”。这一部分的用例是笔者考察的重点，在这一时期的『十五少年』中首次出现了「的」的用法，从侧面证明了明治十九年（1886）时，日语小说中已经有了「的」的用例。梁启超在翻译时没有像翻译报刊中那样借用“的”，而使用了汉语固有的用法进行了翻译。比较下面的例句：

5-130 一面に地上を蔽ひたる枯葉の底に於て、一個の土器の破片を拾ひ得たり、是れ亦た一個の人工的遺物なり。(『十五少年』，第 181 页)

5-131 只见蔽地枯叶之底，有一个破烂的瓦器，亦是人工做的。(《十五小豪傑》第五回)

5-132 武安は初め覚えず、「船」と叫びしが、熟視するに及びて、その不動的なるをしり。(『十五少年』第三回)

5-133 只见有两个小黑点凸出海面，武安不觉失声叫道“船”，熟视之，见其不动。(《十五小豪傑》第五回)

5-134 杜番は天性怜悧にして学業等なるがうへ、一種貴族的の倨傲ありて、常に人の上に立たむことを欲すれば……(『十五少年』第二回)

5-135 杜番天性伶俐，学问优等，但有一种纨绔子脾气，万事皆要居人之上。(《十五小豪傑》第三回)

我们发现在报刊、人文科学翻译文章中，译者在区别使用“之”和“的”，并且很多“的”应该是从日语中直接照搬过来的。而这里「的」的处理方法则有些不同，译者没有进行照搬原文的「的」。产生这种区别的原因不是来源于翻译者，梁启超本人就是文言文中“的”的使用者。所以笔者推断这里影响“的”的使用最重要原因在于语体：当时国人是很谨慎的。在报刊和人文科学翻译文章的文言文中，“的”可以照搬「的」，因为文言语体中还没有出现“的”，这种“的”字，用法可以明显区别于“之”不易造成混淆；而翻译小说的语体为白话，其中作为结构助词已经大量使用“的”，造成国人在翻译时没有办法把具有后缀结构的“的”和汉语中本身“的”字的用法区别开来。所以，都是按照意思重新进行了翻译，而不能直接照搬了。

从几份材料的用词来看，当时影响“的”字使用的最大因素是文章的语体。用文言文写成的小说《佳人奇遇》中没有用例；用白话文写成的文章中“的”字被大量使用，都是汉语固有的用法。即使《十五少年》的日语原文中已经有了「的」的后缀用法，在翻译的文章中也没有简单地直接借用“的”字来翻译，而是转变为汉语习惯的说法，即规范地使用白话文中的用法。这说明当时语体对“的”字使用的限制还是非常明显的。

第三节　本章小结

（1）汉语→日语

“的”出现之前，最早的汉语文章中结构助词为“之”。接着随着汉语言的发展，结构助词中又分离出“底”“地”等助词。之后到了宋代，随着音韵的变化，“的”又开始取代“底”和“地”。在结构助词发生变化的同时，汉语言也逐渐分化为文言和白话两种语体。

从“底”得到发展的《祖堂集》到“的”出现的《二程语录》，这些都属于当时的俗文学。对于当时文言中的用法，以前的研究者都没有提到。换句话说文言中“之”仍保持着统治地位。这都说明了“的”在汉语中的使用限制——白话文。汉语“文—白”的对立，同时反映在结构助词“之”—“的”的用法对立上。刘敏芝（2008）证明了“的”的用法在明代白话文中已经发展得比较完善，到了清代，白话文中“的”和现代汉语中的用法基本一致。主要有“—的—”和“的”字结构两种用法。其中“的”字前接的内容非常丰富，词、短语，甚至可以接续复句；后面若接续成分，则多接续名词或是可以用作名词性的动词、形容词。白话结构助词“的”和文言文中“之”的对立一直持续到了清末。

近代日语最早得以接触“的”，是由于江户时期翻译了汉语白话文小说。近代日语在翻译白话文小说时，是用「漢文」翻译的，所以直接照搬“的”的情况就很多，李长波的研究中论述了当时照搬“的”的情况。随着明治时期开始翻译英语文章，日语的词汇也发生了一些变化。这时一些出版物和翻译文章使用的「硬い文体」也被称作「漢文書き下ろし」，其特点之一就是多使用「漢語」。「的」的后缀用法就是在这种语体背景下产生的。之前字典中的解释和研究者的论述多倾向于「的」和英语“-tic”等一些后缀的对译关系。笔者在调查明治初期的用例时，明治十年前后英语翻译文章中确实出现了一些这样的用例。但时间早一点的、从明治五年到明治十年『東京日日新聞』的用例来看，「的」最开始在文章中出现的时候和英语翻译的关系并不明显，用法也更接近汉语白话文小说中的“的”。基础构词结构「—的—」、前接多字汉字词、用「和語」标注「—的—」的读音，这些特点都表明了其出现初期用法和汉语白话文“的”的深刻关系。所以综合「的」产生背景和初期的用法来看，笔者认为「的」后缀用法的产生应该是复杂的、长时间演变的结果。从笔者调查的明治五年到明治二十五年间（1872—1892）用例的用法，可以看出「的」的演变：用例数量增多，构词结构更加丰富。除了基础结构「—的—」和「—的ノ—」的用法，还出现了「—的」作名词单独使用、前接的汉字词集中于二字词、用「テキ」标注「的」、「—的—ノ—」等用法。这些用法从结构上体现了“的”在日语中的融合，日语特有的「的」在逐步发展。到了后期出现了「—なり/なる」结构的用例，可以说从形态上彻底脱离了汉语白话文“的”，也体现了日语特有含义的出现。但是就像笔者前面论述的，“「的」后缀发展是一个长时间的用法演变”，故当时的这种特有用法和现代日语后缀「—のような、—の性質を持っている」的「形容動詞」用法还有一定距离。李秀卿、李军等研究者都指出了在大正时期「的」形成了「形容動詞」的用法。也就是说笔者调查的明治五年到明治二十五年应该还是近代日语「的」后缀用法的萌芽时期。

（2）日语→汉语

清末1896年，清政府首次向日本派遣留学生。也开启了两国近代语言交流的历史。正如近代日语中最初出现的「的」，来自于汉语白话翻译文章。若近代汉语受到了日语影响，首先反映出这些变化的，应该也是当时的日语翻译文章。由梁启超、康有为1896年在上海创办的《时务报》中就有了“东文报译”栏。从笔者的调查来看，《时务报》出版的三年间文言文中几乎没有出现过结构助词“的”。出现的“的”主要是作为音译词使用。接着由于变法的失败，梁启超流亡日本，在日本又创办了《清议报》（1898—1901）。笔者在《清议报》的文言文中发现了结构助词“的”的用法。为了确保资料的全面性，笔者还调查了同时期在日本出版的《译书汇编》，其中的文言文中同样出现了结构助词“的”的用法。这些结构助词“的”可以视为近代汉语中出现的受日语影响的用例。初期时，「ノ」译为“之”，「的」照搬为“的”。出现了很多类似日语「的」的构词结构，如“—的—之—”“—之—的—”，“的”为下位领属，“之”为上位领属。日语「的」之所以能如此被照搬进入汉语，就是因为它在词性上与古汉语白话的结构助词“的”完全一致；用法上也相差不多（明治初期还深受汉语白话的影响），用汉语也能大致解释得通。国人把日语后缀「的」理解为近代汉语白话文中的结构助词“的”，并把它照搬进汉语，但这却打破了原来文言文（文章语）中只使用“之”的传统，客观上起到了把白话专用的结构助词“的”引入文言文的结果。

这种情况到了梁启超在日创办《新民丛报》（1902—1906）时，又有了新的变化。“的”的用法有了新的发展：随着文章中越来越多地使用“的”，“的”取代“之”的趋势越来越明显，在翻译日语文章时，可以推测日语「ノ」除了译成“之”，也可以译成“的”。即出现了「ノ」→“之、的”，「的」→“的”的情况，甚至向「ノ」→“的”，「的」→“的”的过程演变。其中国人在原创文章中使用“的”也说明了当时“的”的用法向文言文的渗透。这些情况都造成“之”与“的”的界限越来越含混，随着白话文运动的兴起，“的”最终取代了“之”。

这一时期的日语翻译小说中“的”始终未受到影响，影响其使用的只是翻译小说的语体。若使用白话文翻译则大量使用“的”，反之用文言文翻译则完全没有“的”。这说明「的」的用法仍深受语体的影响，文言文和白话文“的”的统一仍需要一段演变的时间。

第六章

明治时期日语后缀「性」的用法

在中日两国现代语中，“性”都有后缀的用法。有前人研究者对两者在现代语中用法的不同进行过论述，笔者重点将对其在两国近代语言中的用法进行研究。历时性的研究可以明确“性”用法产生的过程，进一步揭示两国用法的异同。同时，也可以从后缀用法的交流过程窥视中日两国近代词汇交流的真实情况。为了解决这些问题，本章开始，笔者将首先从近代日语入手，总结关于「性」的前人研究现状及问题；其次从近代资料着手，通过明治时期具体用例的分析，明确其产生的原因和其在近代日语中的用法。

第一节　关于日语后缀「性」的前人研究

这一节将就现阶段日语中后缀「性」的研究进行概括。根据野村（1978）对现代日语后缀的研究，「性」在现代日语中作为后缀有着很高的能产性，是非常活跃的后缀。① 那么对于它的研究日本方面进行到什么程度，得出了什么样的结论，是这一节将要调查的内容。

一　字典中「性」的解释

和研究“的”的方法同样，先从字典中调查一下「性」的用法。选择比较有代表性的『日本国語大辞典　第二版』（2000）② 中对

---

① 参考第一章第二节“三”。

② ［日］『日本国語大辞典　第二版』，小学館 2000 年版。

「性」的说明：

性〔名〕①うまれつき。もちまえ。天から与えられた本質。たち。さが。天性。＊日本後記ー弘仁二年（811）「雄友性温和、不妄喜怒。姿儀可観。音韻晴朗」

②こころ。心の作用。心の本体。理性。＊十問最秘抄（1383）「春の花にむかひ秋の月に吟じて、心をすまし性を幽にして、我と悟入せらるべし。」

③（英sexの訳語）男女、雌雄を比べた場合のそれぞれの特徴、本質。セックス。＊附音挿図英和字彙（1873）「sex 性（共に男女の）」

④（英genderの訳）インドーヨーロッパ語やセム語に見られる、名詞、代名詞、形容詞等の文法範疇の一つ。冠詞などとの呼応関係から男・女性。

⑤（名詞の下に付いて）そのような性質、状態、程度であることを表す語。＊青春（1906—06）〈小栗風葉〉夏・一二「従妹は那通り癲癇性の病気で死ぬし、叔母の所にも不具同様な厄介な小児が有るし」

⑥「せい（精）⑦（筆者注：ある物に宿る魂。多く、その魂が別の姿形になって現れた場合にいう。）」に同じ。＊古今著聞集（1254）「『何物ぞ』とあらくとへば、『御鞠の性なり』とこたふ」

从『日本国語大辞典』的注释来看：后缀「性」的用法应该属于第⑤义项，其中「性」表示「—のような性質、状態、程度」。这里我们可以发现作为后缀的「性」和「性」本身固有的意思（第①义项）比较接近，基本可以理解为后缀用法中「性」和原义有着密切的关系，这与「的」的情况有所不同；注释中第一个后缀「性」的用例出现于1906年（明治三十八年）左右的小说『青春』中。

为了调查后缀「性」的用例，笔者还查找了『現代に生きる幕末・明治初期漢語辞典』（2007）[①]，其中收录了明治时期的以下14

① ［日］佐藤亨：『現代に生きる幕末・明治初期漢語辞典』，明治書院2007年版。

个词：

6-1 両性、理性、慢性、品性、特性、徳性、適性、弾性、悟性、急性、慣性、苛性、異性、悪性

从这本字典的收录情况来看，当时明治时期作为构词语素的「性」用例比较普及。后缀「性」的用例并没有被收录。明治时期后缀「性」是否已经出现，用法如何值得我们关注。

从目前各种字典中对后缀「性」的释义来看，其后缀用法产生于近代，前面多接续名词，义为「—ノ性質」。没有关于这种后缀用法何时产生，产生时的用法的论述。比较后缀「的」的收录情况，围绕后缀「性」的内容显然还不够完善。

二　近代日语后缀「性」的产生

对于后缀「性」产生于何时，初期的用法如何，一直是悬而未决的问题。近年，朱京伟教授在对近代日本兰学资料的「漢語」进行研究时，对后缀「性」的产生过程做了论述。下面笔者将对朱京伟(2010) 关于后缀「性」的论述做一归纳。

(1) 近代以前汉语中的“—性”

古典汉语中“性”主要是作为二字词的后语素使用，在极个别出现的“二字词+性”结构中，用例“性”多可以理解为“—之性”的压缩，实际用例中“性”都是表示“—的性质”这样的实际意思。这种用法中没有体现出后缀用法的特点，如能产性、虚化、标志词性的特点，所以离现在的后缀用法还有很大距离。

漢籍では，昔から「気性，人性，天性，物性，薬性」といったN+N修飾関係の二字名詞や，「感性，記性，悟性，知性，理性」といったV+N述客関係の二字動詞が使われていた。三字語については，歴代の詩文から類語を集めた《佩文韻府》(清・張玉書ら撰，1711) には，「君子性，清潔性，幽閉性，

楽和性，守衛性」など「—性」で終わる三字語が40語ほど見出し語として収められている。しかし，実際に《四庫全書》の本文にあたってみると，「君子性→君子之性，守衛性→守衛之性」のように，「—之性」の付いた形でないと，用例が見付からないことが多い。結局，同形の三字語が得られたのは，「金石性，歳寒性，成人性，坦率性，物外性」など少数の用例であった。たとえば：

・須從事上学，寧有物外性。(実際のことから学ぶべきで，むしろ俗世間を度外視する性格があってほしい)《止堂集》巻十六（南宋，12世紀）

・諒非金石性，安能宛如昨。（金石のような性質でない限り，昔のように綺麗で居続けることができないだろう）《笠沢藂書》(唐・陸亀蒙撰，9世後半)

・七歳居母喪，便有成人性。（七歳で母の喪に居るときから，成人の性質が現れていた。）《北史》巻二十九（唐・李延寿著，7世紀）

以上の用例では，「—性」は，専ら字数制限の厳しい詩文に限って使われており，「—之性」の圧縮形とも考えられる。また，前部二字語基との関係でいえば，前部分が修飾する役目を担い，意味の重点が後部分の「—性」に置かれている傾向が強いため，「性格・性質」といった意を表す語基となっていて，現代語の接尾辞的用法を持つ「—性」とは隔たりが大きいと思われる。

（2）兰学资料中的「—性」

从兰学时期开始，出现「二字漢語+性」的用例，并且表现出了作为后缀的能产性。从前接词来看，除了原来从古典汉语中吸收的二字词，还出现了日语特有的「二字漢語」；从「性」的意思来看，原来表示“—的性质”的意思也开始发生变化，这种情况都是日语特有的。

一方，蘭学資料では，「可展性，可剝性，感受性，感応性，凝固性，牽引性，再醸性，腐敗性，分析性，流行性」（以上V+N連体修飾関係），「形器性，第一性，膽液性，腸胃性，粉末性」（以上N+N修飾関係）のように，「2字出典あり」の三字漢語が数多く用いられている。また，「2字出典なし」の三字漢語として，「解凝性，感温性，焮衝性，痙攣性，舍密性，神経性，麻酔性」などがあげられる。造語数だけでなく，「—性」の意味用法にも微妙な変化が現れている。たとえば，

・其一ハ玻瓈ヲ擦シテ発スル者ニシテ，玻瓈性越歴ト名ヅク。其二ハ華爾斯若ハ洛屈ヲ擦シテ発スル者ニシテ，華爾斯性越歴ト名ヅク。

（『気海観瀾広義』巻十一）

・其発作（ハ）間歇性ヲ得テ，衰弱益（々）加ハルノ時ニシテ，三四週持続ス。（『扶氏経験遺訓』巻之九）

・其初期ハ腸胃性ノ感冒ニシテ，多クハ焮衝性ヲ帯ブ故ニ吐剤ヲ用ヒ……。（『扶氏経験遺訓』巻之九）

のような用例では，「性=性質」という解釈が成立しにくく，意味の重点が前部二字語基に置かれている感じが強いので，「—性」の接尾辞化の現れとして見受けられる。また，用例の分布から見ると，前期の資料にはなく，中期以降の資料に見え始め，『窮理通』（2語），『気海観瀾広義』（10語），『理学提要』（4語），『扶氏経験遺訓』（21語）のように，幕末ごろには「—性」による造語はすでに蘭学資料の全範囲へ広まっていたと思われる。

从上面的内容来看，汉语本身的“性”主要出现在双音词中，“性”尚待出现后缀的用法。但是我们基本可以认定后缀用法的「性」应该产生于日语。其产生源自于兰学翻译，主要在翻译自然科学的资料中出现。笔者进一步利用论文中出现的用例，对于兰学时期「性」的用例简单进行了整理。以下用例的出典来自于兰学资料『窮

理通』(1836)、『氣海觀瀾廣義』(1850)、『理學提要』(1852)、『扶氏経験』(1857)。其中「性」的用例用法如表 6-1 所示:

表 6-1　兰学时期「性」的用例

	「□+性」用词数	「□□+性」用词数	合计
『窮理通』(1836)	5	2	7
『氣海觀瀾廣義』(1850)	12	10	22
『理學提要』(1852)	11	4	15
『扶氏経験』(1857)	24	21	45
合计(单计词数)	52(58%)	37(42%)	89

从兰学资料中的用例来看，当时的三字词已经占有相当的比率，二字用例占总数的 58%，三字结构也达到了 42%。其二字后语素「性」的用例有 52 例。笔者比较《四库全书》和『日本国語大辞典』中上述二字用例的收录情况后，发现:

＊《四库全书》出典早的词:

水性、真性、藥性、形性、物性、同性、氣性、熱性、濕性、素性、體性、緩性、寒性、固性、惡性、毒性、純性、常性、假性、虛性、燥性、頑性、變性、碍性

＊『日本国語大辞典』出典早的词:

植性、粘性、異性、通性、酸性、實性、容性、燃性、慢性、流性、良性、痙性、急性、複性、分性、惰性、動性、彈性、單性、病性

从上面二字词的出典情况来看，兰学资料中主要仍是使用古汉语中的二字词。同时也出现了一些日语特有的二字词。这些二字词在近代日语中的发展也是非常值得关注的问题，但由于笔者本书侧重考察中日近代词汇的交流关系，所以笔者更加关注的是这些二字用例是否被借用到汉语中。故这里不再进一步分析这些用例的用法。

在翻译时出现的三字用例，在这四种资料中收集到 37 个用例，这些用例在《四库全书》中都没有出典。可以确定为近代日语的「新漢語」。按这些用例的内部构词结构可分为:

N+性：灰鹽性、玻璃性、第二性、第三性、第四性、第一性、一異性、自然性、腸胃性、膽液性、粉末性、間歇性、舍密性、神經性、形器性

A+性：固有性、虚弱性、腐敗性

V+性：牽引性、感湿性、可剖性、可展性、流動性、分析性、圧窄性、傳染性、刺衝性、感受性、感應性、解凝性、痙攣性、流行性、麻酔性、凝固性、遷延性、焮衝性、再醸性

①从三字词的构成来看：「動詞+性」、「名詞+性」的结构比较活跃，「動詞+性」的用例数量最多，其次为「名詞+性」的结构。「形容詞+性」表现不太活跃。②从其中后缀「性」的语义来看：多数表示「—の性質」，出现了如：「其発作（ハ）間歇性ヲ得テ，衰弱益（々）加ハルノ時ニシテ，三四週持続ス。（『扶氏経験遺訓』巻之九）」[①] 的用例。这样的用例中「性」已经表现出后缀的用法特点。可以说从兰学时期开始，近代日语中就已经出现了初期的后缀「性」。

通过前面两小节内容的论述，近代日语中后缀「性」的研究现状可概括为：①「性」在近代日语中二字用法占主要地位，即其中「性」作为构词语素使用，其多数用例来源于古典汉语，到兰学时期开始创造自已的「新漢語」。②三字后缀用法产生于兰学翻译，在明治期前，自然科学的兰学翻译中已经出现了比较丰富的后缀「性」的用例。③这些用例中「性」表现出了很强的构词能力，前可接「動詞」「名詞」「形容詞」。④后缀「性」的语义可理解为「—の性質」。

三　现代日语中后缀「性」的用法

对于现代日语中后缀「性」的用法，虽然研究并不多，但也基本

① 参考朱京伟（2011），「蘭学資料の三字漢語｜ンフルフの考察：明治期の三字漢語とのフながりみ求めフ」国語研プロジクトレビュー/NINJAL Proielt Review，第四期。

概括出其用法的特点。其中和本章内容相关的有荒川清秀（1986）[①]，论文着重分析了「性」的前接词词性和其构成的新词词性。[②] 下面笔者将引用其中一部分论述。

「性」はA類をつくる接辞だが、前語基の種類によって多少ちがいがあった。(A体言類、B相言類、C用言類、D副言類)[③]

(一) A+性→B　植物性　動物性　小児性

(二) A+性→A　人間性　将来性　大衆性

(三) B+性→A　安全性　柔軟性　可能性

(四) C+性→A　信頼性　持続性　一貫性

(五) C+性→B　移動性

(一) は「植物性」「大陸性」のように、B類ではあるが〈ナ〉はとらず、直接あるいは〈ノ〉をとって他の語基の連体修飾成分になる不安定な類である。（二）は語基よりのものと考えられる。(五) の例はややまれ。「性」の中心的な機能はA（体言）類化といっていいだろう。

「性」の前語基の語種としては漢語系のものが圧倒的に多いが、外来語系のものもある。和語系のものはみつけられなかった。「アレルギー性、アルカリ性」。

「性（セイ）」と「同字異音」のものに「性（ショウ）」がある。「ショウ」も和語動詞との結合ではまだ造語力がありそうにみえるが、国語研（1976）では、—せい　接辞用法515—ショウ　接辞用法9以下と、格段の差がある。

从上面的研究中我们可以看出，「性」的主要构词能力表现在构成名词上。这一点和现代汉语中的情况是基本一致的。还有日语中特有的「外来語+性」的构成，也从侧面体现了「性」前接词的多样。从最后一段引文中我们可以看出，日语中「性（ショウ）」也具有

① ［日］荒川清秀（1986）「—性　—式　—風」，『日本語学』5—3，明治書院。

② 荒川清秀还分析了几种后缀构词的差异，笔者已经在第一章中进行了介绍，可参考第一章第二节“三”。

③ 参考第一章第二节“三”。

一定的后缀性质，但考虑到其能产性较低，笔者不将其作为研究对象。

在现代日语中，后缀「性」作为修饰词使用时表现出的特点，也得到很多研究者的关注。主要研究有水野义道（1985）[①] 和王淑琴（2002）[②]。由于本章更加关注后缀「—性」的产生情况，现代日语中作为修饰用语的后缀「性」有何特点，和本书关系不大。故这里省略对这部分前人研究的介绍。

四　日语后缀「性」研究的小结

对于日方后缀「性」的研究可以从历时和共时两个角度进行概括：

（1）历时角度：①对于后缀「性」的产生已经有学者进行了论述：后缀「性」来源于兰学翻译，其用法在明治时期之前就已经出现。②初期的后缀「性」已经表现出很强的构词能力，可前接各种词性的成分。意义多为「—の性質」。③在自然科学的翻译资料中，「性」大多作为二字词构词语素出现。这些二字词大多是来自古汉语的用例，同时也出现了一些近代日语的「新漢語」。④从「性」的语义来看，二字词中的构词语素用法和三字词中的后缀用法关系密切。

（2）共时角度：①现代日语中后缀「性」的研究只限于对于三字汉语词的考察，没有研究者把二字词视为后缀的研究对象。这是符合日语特点的。②现代日语中后缀「性」仍保持着强大的构词能力，前接各种词性的成分后构成名词成分。构成的名词成分后面又继续构成「—性—」或「—性の—」的结构。

通过上面对前人研究情况的总结，我们可以发现历时方面尚有如下一些问题需要解决：①兰学时期产生的后缀「性」在之后的明治

---

① ［日］水野义道：「接尾辞要素「一性」「一化」の日中対照研究」，『待兼山論業』，第 19 号大阪大学文学部 1985 年版。

② 王淑琴：「修飾機能をもつ「一性」の語基の制約について一修飾機能を持たない「一性」の語基との比較から一」，『日本語教育』，日本語教育学会 2002 年版 114 号。

时期是如何使用的？②兰学时期出现的二字、三字「新漢語」是否延续到了明治时期？③考虑到本书的研究目的，在和近代汉语接触之前即1898年（明治二十九年）之前，日语后缀「性」出现了怎样的用法？这些问题将是笔者本章要解决的问题。

第二节　明治时期日语「性」字用例的抽取

明治时期「性」的用法如何？比较兰学时期自然科学资料，面向大众的一般出版物中是否也使用后缀「性」？从本节开始笔者将通过分析研究资料中出现的用例，总结在接触汉语前，明治时期日语后缀「性」的用法。

通过在第二章对近代日语「的」字用法的分析，我们可以判断明治时期日语和汉语接触之前，笔者的调查资料中体现出了后缀用法。为了了解同时期「性」的用法，笔者同样选择了『東京日日新聞』和『反省会雜誌』。[①]『東京日日新聞』选取了明治五年（1872）到明治十年（1877）的每年三月的27期，[②] 共149期为调查对象。『反省会雜誌』选择了从创刊号明治二十年八月到明治二十五年一月的每年第一号刊。笔者采取穷尽性的抽取方法，所有和「性」相关的用例全部为笔者的抽取对象。收集到的用例如表6-2所示。

从收集的用例来看，明治五年到二十五年（1872—1892）之间，和「性」相关的用例很少，而且数量上也没有发生太大的变化。这种情况和「的」完全不同，故笔者在这里也采取了和「的」不同的处理方法：即不再按资料的出版时间顺序分析，而按照其用例字数顺序来分析。为了确定分析当时的使用状况，下面从构词上和用法上进一步处理收集到的共31个用例（異なり語数）（如表6-3所示）：

① 选择两者的原因，在第二章中已经进行了说明。另外选择同样的研究资料，有利于和其他研究对象进行横向对比。

② 第一年明治五年，从创刊的第1期开始搜集共调查了37期。

表 6-2　　明治时期的「性」字用例

<table>
<tr><th>资料</th><th>时间</th><th>相关“性”字的用例</th></tr>
<tr><td rowspan="6">『東京日日新聞』</td><td>明治五年（1872）</td><td>火性</td></tr>
<tr><td>明治六年（1873）</td><td>母性、武性</td></tr>
<tr><td>明治七年（1874）</td><td>性質</td></tr>
<tr><td>明治八年（1875）</td><td>心性、自然性質、素性、同性同価ナル、同性、水性、悪性、真偽性、体性</td></tr>
<tr><td>明治九年（1876）</td><td>毒性、固有ノ性質、伝染ノ性、人ノ性、諸虚性病、化膿性、素性、有機性化学、天性</td></tr>
<tr><td>明治十年（1877）</td><td>記性、気性、天性</td></tr>
<tr><td rowspan="6">『反省会新聞』</td><td>明治二十年（1887）</td><td>人性、常性、アルコール性、霊性</td></tr>
<tr><td>明治二十一年（1888）</td><td>其自性罪悪ニ非ス、人性、本性、徳性、心性</td></tr>
<tr><td>明治二十二年（1889）</td><td>天性</td></tr>
<tr><td>明治二十三年（1890）</td><td>血性、根性、変性</td></tr>
<tr><td>明治二十四年（1891）</td><td>議性</td></tr>
<tr><td>明治二十五年（1892）</td><td>通有性ヲ、偏有性ヲ</td></tr>
</table>

注：介于当时日语的发展阶段，很多用例还没有达到“后缀”用法的完成阶段，故此处用例的搜集上更加广泛，属于考察对象的用法即列入搜查，借以考察当时日语的真实情况。

表 6-3　　明治时期「性」字用例的结构形式

类别	结构形式	用例
①	二字词的前语素	性質、自然性質、固有ノ性質、主君ノ性質
②	二字词的后语素	火性、母性、武性、心性、同性、水性、素性、悪性、体性、毒性、天性、記性、気性、病性、人性、常性、霊性、本性、徳性、血性
③	二字词+性	真偽性、化膿性、アルコール性、通有性、偏有性、有機性化学
④	—ノ性	人ノ性、伝染ノ性

从上面用例结构的分析来看，明治时期「性」的用例有以下一些特点：①结构形式不丰富。只可以分为二字用例、三字用例、「性」的常用结构三种情况；②二字用例所占比例最大，是当时「性」的最主要构词形式；③三字汉字词中出现了形式上符合后缀特点的用例，但数量非常少；④「—の性」的复合结构用法，也有用例出现。下面分别分析三种用例的用法。

第三节　「性」作后语素的二字用例

「性」在明治时期的用例多是二字词。如果和「的」的用例相比，「性」的二字词用例更加丰富。不同的是：「的」的二字词，如「目的、的確」等，「的」作为构词语素使用，意思表示「マト、確実な」等意思。在作为后缀使用时「的」的意思发生了变化，变为「—のような、—の性質を持っている」的意思。这种情况和「性」的情况完全不同，第六章第一节中笔者通过前人研究发现，近代「性」作为二字词构词语素和作为后缀的意义相近，用法有着密切的关系。所以在处理「的」的二字词时，笔者没有把二字词作为主要的探讨对象，而在分析「性」时则把二字词的用例作为主要的研究对象。通过笔者的调查，当时的二字词有如下一些特点。

一　「□+性」用例的出典

除了「性質」，其余的用例中「性」都作为后语素出现。如：

6-2 生徒ノ内性質善良学術上往往学課成業ノ目的有之（『東京日日新聞』第28期）

6-3 天性少食ノ習慣ニシテ（『東京日日新聞』第1290期）

6-4 幼童ノ記性ヲ確実ナラシメ注意力ヲ感発スル（『東京日日新聞』第1570期）

6-5 活発敢為ノ氣性ヲ振揮セシメントスル（『東京日日新聞』第1575期）

6-6 社会ヲ成スノ天性アリ（『東京日日新聞』第1580期）

6-7 自国ノ品ト輸入ノ品ト同性同価ナル時ハ（『東京日日新聞』第934期）

6-8 霊性ヲ維持改良セント（『反省会雑誌』，明治二十年八月，第9页）

6-9 我ガ人民ノ心性上ノ開明ヲ見テ（『反省会雑誌』，明治

二十一年一月，第 23 页）

6-10 基督ノ神ノ徳性ニ反シ（『反省会雑誌』，明治二十一年一月，第 21 页）

6-11 血性多感ノ青年ナリ（『反省会雑誌』，明治二十三年一月，第 5 页）

为了进一步确定当时这些用例的出典，笔者参考朱京伟教授确定近代词汇词源的方法，通过词典、数据库寻找这些二字词的出处。① 由于中方近期汉语研究资料数据库的发展，笔者可以利用《四库全书》的全文检索，寻找用例在古典汉语中的出典；日方由于缺少《四库全书》这样的数据库，故笔者主要参考了『日本国語大辞典』中的解释。比较得出这些用例的出典（见表 6-4）。

表 6-4　「性」的二字用例出处

用例	『日本国語大辞典』	《四库全书》
性質	『舎密開宗』（1837—47）	子好儒學、性質直《资治通鉴》卷一百一
火性	『読本・昔話稲妻表紙』（1806）	南宫於地爲火、火性炎《尚书大传》卷第三
母性	『ある女』（1919）	然銘無所辭銘曰母性，奕氏《文山先生文集》卷第十一
武性	なし	而後釋重荷矣、大武性微下急又落《尧峰文集》卷十八
心性	『教育学』（1882）	羊必須大老子心性宛順者《齐民要术》卷第六
同性	『音訓新聞字引』（1876）	心意從立移徙與我同性、而舜獨有賢聖之名《新书》卷第八
水性	『読本・忠臣水滸伝』（1799—1801）	北宫於地爲水水性浸潤下流人所用灌溉者也《尚书大传》卷第三
悪性	《世説新語》	性惡者以爲人生皆得惡性也《论衡》卷第三
体性	『造化妙々奇談』（1879—80）	開國實乖舊典聞阿母體性謙虚《资治通鉴》卷第五十一

① 参考朱京伟《现代汉语中日语借词的辩别和整理》，《日本学研究》1994 年第三期。

续表

用例	『日本国語大辞典』	《四库全书》
毒性	『小学化学書』(1874)	相生各懐毒性雄雌消(G)《雪汲七笺》卷六十四
天性	《懐風藻》(751)	故天棄我不有康食不虞天性不迪率典《尚书》卷第五
記性	『和俗童子訓』(1710)	唯無記性即不隨能縁見分通三性《翻译名义集》集六
気性	なし	而神昏不知書然氣性敦厚委事於志《资治通鉴》卷第八十四
病性	『魔風恋風』(1903)	无
人性	なし	孟子曰："水信無分於東西，無分於上下乎？人性之善也，猶水之就下也"。《孟子》卷十一
常性	『小説神髄』(1885—1886)	請服彊則叛亂固其常性今降者衆近十萬《资治通鉴》卷一百九十三
霊性	《芍药歌》(韩愈)	灵性夫十惡緣巨易惑心塗萬善力微難感靈性《广宏明集》卷十五
本性	『教育・心理・論理術語詳解』(1885)	人道之正使不悖於其本性者也《资治通鉴》卷二十九
德性	『翁問答』(1650)	……與之言"知其德性"。謂必爲善士《后汉记》第二十三
血性	なし	血性三世諸佛是三世中有血性男子不忠不義之人埋沒此一《牧斋有学集》卷第二十一

通过表6-4可知，这个时期二字词的出典可以分为以下两种情况：

*《四库全书》出典早的词：

性質、火性、母性、武性、心性、同性、水性、体性、毒性、天性、記性、気性、人性、常性、霊性、本性、徳性、血性

*『日本国語大辞典』出典早的词：

病性、悪性

可以判断该时期大多数的二字词都产生于古典汉语。而且这些词的语义在笔者调查的范围内没有发生变化。这些出自古典汉语的二字词，很早就已经应用于日语。到了近代，这些词的意义和用法都很稳

定，为当时的知识分子所熟知。其间『哲学字彙』（1881）中收录的用语也说明了这一点，如 genius 翻译为“天性”、human nature 翻译为“人性”①。

笔者参考比较了『現代に生きる幕末・明治初期漢語辞典』（2007）中收录的 14 个二字词的出典：

＊《四库全书》出典早的词：

两性、理性、慢性、品性、特性、徳性、適性、急性、苛性、異性

＊『日本国語大辞典』出典早的词：

弾性、慣性、悟性、悪性

通过比较可以判断：①当时「性」的用法可能受到文章内容的影响，在一般的大众读物中多出现产生于古典汉语、用法稳定的汉语词，而辞典收录的近代日语的「新漢語」则很少出现。笔者调查的资料中只有「悪性」出现在一般出版物中。②当时报刊中主要使用二字词的「性」。其用例比较丰富，用法普及。其中有古典用例的沿用，也有个别新出现的二字「新漢語」。

二　「□+性」用例的构词形式

二字用例若按其内容构词结构可分为②：

N+性：火性、母性、武性、心性、水性、体性、毒性、天性、気性、病性、人性、霊性、本性、徳性、血性（79%）

A+性：悪性、同性、常性（16%）

① 参考『近代日本学術用語集成　第一巻』『哲学字彙』，第 68 页。

② 这里省略了“性质”，唯一一个前语素位置的用例。

V+性：記性（5%）

在「N+性」和「A+性」结构中，两个语素之间大都以偏正关系结合。如「火性」表示“火的性质”；「体性」表示“身体的性质”；「本性」表示“本来的性质”；「悪性」表示“不好的性质”。这些用例中「性」表示“—的性质”。唯一一个「V+性」结构的「記性」，也可以算作偏正关系构词，但是表示意思稍有不同，表示“记忆力”。从上面的用法来看：①「N+性」和「A+性」的构成占大多数，用例多以偏正关系结合。其中「性」表示“—的性质”。②上面一节论述过，这些词大多出自古典汉语，可以推测「N+性」和「A+性」的构成在古典汉语中同样比较活跃。③「V+性」的「記性」虽然出自古典汉语，但是其中「性」的意思略有不同，这种情况在三字用例中是否体现出来需要进一步分析。

三 「□+性」用例用法的小结

通过分析明治时期的二字用例，可以发现其使用特点。①构成二字词是当时明治时期「性」的主要用法。②二字用例中「性」多作为后位构词语素使用。③「性」构成的二字词大致可分为古典汉语的延续和近代日语中的新造词两种。④「性」的使用情况受到文章内容的影响，一般的大众读物中出现的二字用例多是来自古典汉语的用法。⑤在二字「□+性」结构中，主要以「N+性」「A+性」的构词结构为主，其中「性」主要表示“—的性质”的意思。

第四节 「性」作后语素的三字词

在笔者搜集的明治时期用例中，三字的「性」的用例非常少，只搜集到六个三字用例：真偽性、化膿性、有機性、アルコール性、通有性、偏有性。若和二字用例比较出典，可以发现这些三字用例的最大特点即在以往古典汉语中都没有出现过。从这也可以推断后缀「性」的用法产生于日语；和兰学时期各种自然科学资料中使用的三字用例比较，用例数量少也可以算是它的一个特点。因为兰学翻译资料和笔者选取的资料都多使用汉字，语体上也相差不多，所以可以推断文章内容的不同造成了这种数量上的差异。在明治时期这些三字用例的具体使用情况如下。

一　后缀「性」的构词形式

从构成的结构来看，这六个用例可分为：

N+性：真偽性、有機性、アルコール性（50%）
V+性：化膿性、通有性、偏有性（50%）

①只出现了「名詞+性」「動詞+性」的结构，没有「形容詞+性」的结构。这和兰学时期的构成结构相似。「名詞」「動詞」和「性」似乎更容易结合为三字用例。②其中「性」表示"—的性质"的意思。如「有機性」表示"有机的性质"；「化膿性」表示"化脓的性质"；「通有性」表示"普遍具有的性质"。从这一点来看，「性」在二字和三字用例中所表示的意思是一致的。③三字用例前面接续的二字词很多都是日语特有的词。古汉语中没有「アルコール」「通有」「偏有」「有機」这样的二字词，故这些词最早是日本人自己的造词，其后接续「性」成为三字用例也应该为当时近代日语特有的。

二　后缀「性」的用法

从三字用例在句子中的用法来看，主要有以下几种情况：

（1）单独使用

有两个用例在句中单独使用的，如：

6-12　是レ只タ偏有性ニシテ、通有性ニアラズ、一種哲学的ノ佛教ヲ建設セスルナラント思ヒニ（『反省会雑誌』，明治二十五年一月，第25页）

这些两字词理解为后缀的用法比较自然，「偏有性」「通有性」两个词在古典汉语中都没有出现过；其中「性」都表示「—の性質」的意思；且为「二字词+性」的结构，都是名词；出现的时间为明治八年，也就是说明治初期就有后缀的三字「性」。笔者认为三字用例是「二字+性」发展而来。「偏有性」和「通有性」两个词有对应关系，也可以说明当时后缀「性」的用例中存在这样的用法。

（2）—性ノ—

6-13　又時トシテ一地方ニ化膿性ノ眼炎流行シ（『東京日日新聞』第 1274 期）

6-14　アルコール性ノ飲液ヲ用ユルニハ（『反省会雜誌』，明治二十年八月，第 22 页）

这两个用例是「性」的后缀用法，用例中「性」也表示「……の性質」的意思，形成的新词作为一个名词修饰后面接续的另一个名词。从前人研究可知，这种用法也是现代日语中的主要用法。可见这时「性」的后缀用法已经达到了比较接近现代日语的程度。另外，这个时期除了「二字漢語+性」的构成外，还出现了「アルコール+性」的用例。「外来語+性」也是现代日语后缀用法的一个特点，说明了明治时期后缀「性」用法和现代日语用法比较接近。

（3）—性—

只出现了一个这种结构的用例，而且这个用例也比较特殊。是化学专用名词：

6-15　化学ハ定質分析、有機性化学、…試金等（『東京日日新聞』第 1286 期）

「有機性」这个词在当时也属于后缀的用法，其中「—性」表示「……の性質」，直接接续后面的「化学」构成一个专有名词。这种结构在现代日语中也是常用结构，更是很多研究者关注的问题。明治时期就已经出现了这类用例。笔者通过调查发现，这样的和化学医学相关的专业词汇有可能在更早的西洋学术翻译书中就出现过，如有研究者指出「「性」は「固性亜爾加里」「波瓈性越力」などと使われている（すべて『舎密開宗』の例。宇田川榕菴訳。天保八年刊本）。」[①] 通过上面这段论述和报刊中的用例，可以推测，明治时期之前就有一些特殊的用例出现。

三　后缀「性」用法的小结

通过分析明治时期的三字用例，可以发现其使用特点为：①「□□+性」构成三字词中，前接的二字词都是近代日语特有的词汇，包括外来语。这些用例在古典汉语中没有出现过。②前接词可为动词、名词，基本符合后缀用法的特点，但是在一般出版物中「性」的用例非常少，可见后缀「性」的用例受到文章内容的影响。③三字用例中后缀「性」的意思表示“—的性质”，和二字用例中「□+性」的意思相同，可能由二字词发展而来。④三字后缀「性」的用例中有像「偏有性」和「通有性」这种对应关系的用例。⑤后缀「性」在使用时多后接成分作修饰成分。其形式主要有「—性—」和「—性ノ—」两种情况。

第五节　与「性」有关的其他语用形式

这一时期还有一些含有「性」的常用结构也值得我们注意：

6-16 固有ノ性質ヲ脱去スル（『東京日日新聞』第 1295 期）

6-17　疫病伝染ノ性ニツイテ著ハス所ノ書中ニ（『東京日日新聞』第 1269 期）

6-18 圧制ノ久キ慣習ノ性ト成リ（『東京日日新聞』第 970 期）

① 参考［日］鬼山信行「一上という表現法の成立」，馬淵和夫博士退官記念国語学論集刊行会編『国語学論集 馬淵和夫博士退官記念』，大修館書店 1981 年版。

在这些用例中，「性」和前面的成分属于词外结合，这虽然不属于后缀的用法，但也非常值得我们关注：用例中「性」表示「—の性質」的意思，从语义上提供了其成为后缀的基础；这些用例的省略，如「固有性」「伝染性」「慣習性」，在现代日语中都属于「性」的后缀用例。这种情况说明了「性」的后缀用法产生和其表示的语义关系密切，「—の性質」「—の性」这样的结构有可能发展为后缀用法。

从构成的结构来看，这些结构可分为：

Nの性：人ノ性
Nの性質：主君ノ性質
Aの性質：固有ノ性質
Vの性：伝染ノ性

这些用例的特点有：名词、形容词和动词都可以和「性」词外结合，这种前面可接各种词性的性质同三字「性」的后缀用法特点相同；从现阶段来看，其中「—ノ性」「—ノ性質」两种结构用法并不存在倾向性；「名詞+ノ性」的用例比较多。这些结构以后的发展非常值得我们关注。在中方的调查中，笔者也将加入对这一部分用例的研究。

如上所述，明治时期的「性」除了二字、三字用例外，一些其他的复合形式也比较常见。这些用例的用法有这样的特点：①复合结构的形式比较固定，其中「性」多表示“—的性质”的意思。②复合结构可以对应特定的二字或三字用例，如「人の性、伝染の性」对应「人性、伝染性」。这种情况和三字后缀「性」的用法关系密切。③笔者推测这种结构发展为后缀用法的可能性非常高。

第六节　本章小结

通过对以上明治时期「性」的用法的分析，总结当时主要的用法特点有：

（1）从用法的演变来看，明治初期到明治中期，「性」的各种用例的数量、用法都没有发生什么变化。这种情况和后缀「的」的情况完全不同。若比较兰学时期用例的情况，一般出版物中的用例数量比较少。可推测明治时期「性」的用法受到文章内容的影响。

（2）从明治时期用例的形式来看，最主要的用法为二字词，其中「性」只是充当一般的构词语素。这些用例大都来自古典汉语，并保持着在古汉语中的含义，没有发生意义变化；另一种比较常用的是三字用例，这些用例可以判断为后缀用法，但用例非常少。当时「性」也经常以「—ノ性」「—ノ性質」的复合形式出现。

（3）明治时期后缀「性」的用法和现代日语中的用法已经比较接近：①在明治初期已经出现了和现代日语相同的「有機性」等用例，构成的新词词性也很容易判断为名词。②后缀「性」也和在现代日语里的用法一致。如单独使用的「真偽性」，多数为充当修饰名词成分的，如「有機性化学、アルコール性の飲液」，有以对照关系出现的「偏有性」和「通有性」。③前接词和现代日语中的用法也很接近，后缀「性」的用例中很多前接词都不出自古典汉语。到了明治二十五年，甚至出现了「外来語+性」的用例。这体现了后缀「性」的用法最初产生于日语的原创性。

（4）从构词特点来看：①明治日语中，二字和三字用例中「名詞（名詞性形態素）+性」结合的情况最多，也最稳定。②二字词的构成中，现阶段「動詞性形態素+性」结构的用例比较少。与之相对的，三字构成的用例中，「動詞+性」结构则表现得相对活跃。兰学翻译中的用例和明治期的用例都说明了「動詞+性」结构和「名詞+性」在构成三字词时发挥着相对较强的能产性。「形容詞+性」的用例似乎不是很常用。③当时「—ノ性」「—ノ性質」「—性質」这样的结构发展为后缀用法的可能性也非常大，如「固有の性質、伝染の性」。可以推断之后其发展为现代日语中的「固有性、伝染性」的后缀用例。④笔者认为这一时期「性」用例的共同点为：后缀「性」的语义一直没有排除其实词的意思，即「□+性」、「□□+性」、「—ノ性」和「—ノ性質」这些结构中，「性」的意思基本一致，都表示“—的性质”。这是明治时期后缀「性」最基础的用法特点。

第七章

清末时期汉语类后缀“性”的用法

从这一章开始笔者将通过近代日语、汉语中后缀「性」用法的比较，探讨两国近代语言中「性」的发展演变关系。笔者将首先从前人研究入手，总结关于“性”的研究现状及问题；其次通过具体分析近代资料中的用例及与日语中后缀「性」用法的比较，明确近代汉语中类后缀“性”的用法及其与近代日语的关系。主要选取了《时务报》（1896—1898）、《清议报》（1898—1902）、《译书汇编》（1900—1901）、《新民丛报》（1902—1906）四种近代报刊①。后缀“性”在汉语中的具体用法如下②。

第一节　关于汉语类后缀“性”的前人研究

作为构词语素的“性”最早产生于汉语。在这些年的汉语研究中，以“性”为对象的研究并不多。随着后缀用法的发展，近些年有一些学者从各个角度对“性”进行了考察。笔者从中选取了和本章内容相关的一些内容进行介绍，主要有以下几方面内容。

---

①　选取这四种报刊的原因和调查“的”的原因是一致的：首先，这些报刊内容丰富；其次，从时间上看，若受到日语影响，用例首先出现在这些资料中的可能性很大；最后，选择同样的研究资料利于横向对比几个研究对象的后缀用法。

②　对于“性”的用法，学界有很多种名称，如“类后缀”“准后缀”“构词性后缀”等。无论专业术语如何，其属于后缀用法是得到研究者认同的，故笔者为了写作方便全文称其为“类后缀‘性’”。

一　字典中“性”的解释

最能概括“性”在现代汉语中各种意义的资料即《汉语大词典》(1991)[①]。其中分别指出“性”的多种意义。如[②]：

（1）人的本性。《易·繫辞上》：“一阴一阳之谓道。继之者善也，成之者性也。”

（2）事物的性质或性能。《孟子·告子上》：“今夫水，搏而跃之，可使过颡，激而行之，可使在山，是岂水之性哉?”《左传·昭公二十五年》：“则天之明，因地之性，生其六气，用其五行。”杜预注：“高下、刚柔，地之性也。”《南史·张允传》：“故金刚水柔，性之别也。”《种树郭橐驼传》：“凡植木之性，其本欲舒，其培欲平，其土欲故，其筑欲密。”**现常用为名词性后缀，表示思想感情、生活态度和一定的范畴等**。**如：人民性、弹性、历史性事件、流行性感冒**。

（3）生命；生机。《左传·昭公八年》：“今官室崇侈，民力雕尽，怨讟并作，莫保其性。”杜预注：“性，命也。民不敢自保其性命。”

（4）性情；脾气。《国语·周语上》：“先王之於民也，正其德，而厚其性。”韦昭注：“性，情性也。”

（5）身体；体质。《吕氏春秋》：“夫登山而视牛若羊，视羊若豚，牛之性不若羊，羊之性不若豚。”

（6）姿态。《淮南子·修务训》：“曼颊皓齿，形夸骨佳，不待脂粉芳泽，而性可说者，西施、阳文也。”

（7）性别。如男性、女性。

（8）指与生殖、性欲有关的。如性行为。

（9）佛教语。指事物的本质。

从上面的注释中我们可以发现，“性”的后缀用法来源于它的一个实词意思“性质或性能”。但是字典中没有标明这个用法是何时产

---

① 《汉语大词典》，1991年，第475—480页。

② 粗体字标示出介绍后缀用法的内容。

生的。这从语义方面说明“性”的后缀用法在某一方面和“性质”“性能”等实词的意义是相同的。尚待解决的问题是，汉语“性”如何从“性质”“性能”的意思发展为后缀用法。另一方面，比较日语后缀「性」的含义，我们可以判定，从语义上讲，中日类后缀“性”和「性」的意义基本相同。

二　古汉语中“性”的用法

关于“性”的研究多集中于现代汉语中的后缀用法，即多数是共时性研究。在笔者的调查范围内只有一位研究者从历时的角度论述了“性”，即罗进军（2004）①。作者从历时角度概括性地分析了类后缀“性”的用法。作者调查了上古、中古、近代和现当代有代表性的文献资料中“性”的用例分布情况，以及“性”在各历史时期的使用情况，并做了如下的分析②。

（1）上古时期“性”的使用

罗进军选择了《诗经》《左传》《论语》《孟子》作为调查资料。得出结论如下：“性”一律单独成词，其意义大多为“人的本性”，也有少数指“生命”或“天地的本性”，都是实词。如：

7-1 岂弟君子，俾尔弥尔<u>性</u>。（《诗经·生民之什·卷阿》）

7-2 子贡曰：“夫子之文章，可得而闻也；夫子之言<u>性</u>与天道，不可得而闻也。”（《论语·公冶长》）

稍后的作品如《史记》《汉书》中“性”与其他语素组成的双音词逐渐增多。如乖性、资性、情性、天性等。例如：

7-3 降于孔甲，扰龙<u>乖性</u>。（《史记·夏本纪》）

---

① 罗进军：《“X性”词族探微》，《湘潭师范学院学报》（社会科学版）2004年第5期。

② 下面为笔者对罗进军研究的引用，其中用语为原作者所用。

7-4 夫乐本情性……（《汉书·礼乐志》）

（2）中古时期“性”的使用和分布状况

罗进军考察了这一时期的代表作品《世说新语》《敦煌变文》，其统计结果：《世说新语》总例39、单词27、双音词12；《敦煌变文》总例110、单词49、双音词61个。其中《世说新语》里双音词“性”在前的有2例：“性理”“性命”，“性”在后的有10例，如“才性”“情性”“恶性”等；《敦煌变文》里双音词“性”在前的有18例如“性命”“性行”等，“性”在后的有44例，如“佛性”“定性”等。值得注意的是，这一时期双音词或多音词中，“性”前成分不只限于名词性成分，还有动词性成分，如“定性”。而且双音词中两成分结合更紧密，所构成的双音词整体性更强，语义也开始虚化。

（3）近代时期“性”的使用和分布状况

作者调查的资料为《红楼梦》《金瓶梅》，其中“性”的分布为：《红楼梦》总例327、单词165、双音词162；《金瓶梅》总例114、单词20、双音词94个。其中《红楼梦》里“性”在前的双音词共30例，如“性情”“性命”“性急”等，“性”在后的双音词共132例，如“灵性”“真性”“秉性”“癖性”“气性”“耳性”“左性”等。《金瓶梅》里“性”在前的双音词有66例，如“性命”“性格”等，“性”在后的双音词有28例，如“生性”“旧性”“风性”等。这一时期“性”在后的双音词中，前接词成分复杂的增多。

（4）现当代“性”的使用和分布状况

罗进军通过调查现当代的十篇小说散文作品中的用例情况，说明了这时“性”已经具有类后缀用法。这一时期的“X性”中，前接词“X”的音节数有不少为两个，也有三音节以上的，“性”的词汇意义更加虚化，与此同时，“性”固定地位于最后，其能产性也较大。因此，在现代汉语中，这一类“性”已经成为货真价实的类后缀。

罗进军的研究角度很值得借鉴，也是第一个从历时角度论述

“性”的研究者。但其中一些“性”后缀用法的问题并没有解决。①论文中时代分割不明。这种时代划分没有依据，没有明确的划分标准。②对于“性”语义虚化没有明确的衡量标准。没有明确说明二字中“性”作为构词语素语义虚化表现在哪里。③近代时期，“性”的构词位置固定，用法也发生了质变。论文对从构词语素发展为后缀的过程没有进行明确的论述。论文选取的明清白话小说中的用法，并没有充分反映出类后缀“性”用法发生的过程。从上面的问题来看，需要从别的资料中寻找新的近代词汇，才能反映出近代“性”发生的变化。

三　现代汉语的类后缀“性”

现代汉语类后缀“性”研究开始得比较早，研究者主要从“性”的前接词以及“□□+性”的构成情况进行了分析。其中比较典型的有吕叔湘（1991）[①] 和王晶（2008）[②]。

吕叔湘《现代汉语八百词》中明确了类后缀“性”为汉语“类后缀”的一种。其中类后缀“性”表示事物的某种性质或性能（见表7-1）。

表 7-1　　“性”字用例的构成和意义

意义	构成	用例
构成抽象名词	名+性	党性、人民性
	动/形+性	弹性、遗传性
构成非谓形容词，一般“性”后可带“的”	名+性	线性排列、经典性著作、历史性事件
	动/形+性	综合性刊物、硬性规定

资料来源：本表为笔者根据吕叔湘论文内容所概括。

吕叔湘先生的研究可以说较早地论及“性”的后缀构词特点，其主要观点是：①“性”具有强大的构词能力，前面可以接语素也可以接词；②前面可接续“名词”“形容词”“动词”，几乎是无所不能；

① 吕叔湘：《现代汉语八百词》，商务印书馆 1991 年版，第 513—515 页。

② 王晶：《现代汉语中一个活跃的单音节后缀—性—》，《汉字文化》2008 年第 5 期。

③接续后主要构成名词或非谓形容词（又称区别词）。这些特点可以说也是判定“性”有后缀用法的基本条件。继吕叔湘先生之后，很久都没有单独对于类后缀“性”进行的研究，直到近些年汉语词汇研究领域才逐渐出现了这种单独以某一后缀为对象的研究。其中对于“性”的研究有王晶（2008）。

王晶定性地分析了现代汉语中“性”的构词特点和其后缀用法的词汇意义，还从句子中的语法功能角度考察了“性”。对于“性”的构词特点和词汇意义，王晶（2008）认为：“性”前可接续的词根成分非常广泛，可以接续名词、动词、形容词以及区别词。[①] 一般来说，词根是名词性的，那么这个附加词就是名词。[②] 例如“党性”“世界性”“技术性”等。如果词根是形容词性的，则分为两种情况，一种是构成名词，另一种是构成区别词。前者如“纯洁性”“流行性”“危险性”等，后者如“硬性”“慢性”“急性”等。如果词根是区别词性的，那么这个附加词就是区别词，例如“单向性”“间接性”“常务性”等。

另外文中还指出现代汉语词缀基本上不具备词汇意义或者词汇意义相当广泛或弱化，如“儿”“子”等。但是“性”这一词缀的词汇意义——某种性质或性能，不仅没有模糊和虚化而且在所有这类附加词里意义都很明晰。它主要包括的意思：①“……的性质”，如“权威性”“有效性”“歧视性”。附加在抽象动词性词根后的词缀“性”的词汇意义基本上都是这样的。②“……的性能”，如“放射性”“氧化性”“热电性”。用于专门性用语的词缀“性”的词汇意义大致都是这样的。③隐喻性的词汇意义，如“母性”“血性”。指特征主体的特质。这种隐喻性的词汇意义是在“……性质和功能”这一基本词汇意义的基础上发展而来的新的主观评价功能。

通过上面总结现代汉语类后缀“性”的研究，我们可以基本确定

---

① 王晶的论文中把“性”之前的成分称为“词根”，笔者这里直接引用了原文的用法，但本章中不用这种说法，仅称其为前接词或前接成分。

② 根据笔者的理解，作者“附加词”指的是加“性”后形成的新词。对于加“性”新产生的词有研究者称其为“派生词”，也有的称为“复合词”。

现代汉语中类后缀“性”的用法。①现代汉语中“性”的能产性很强，可前接名词、动词、形容词构成新的名词。②词缀的位置固定，在二字和三字用例中“性”主要的位置在最后。③类后缀“性”的语义与其原义的一种“—性质”相同，在新的后缀词中“性”即表示“……的性质、性能”的意义，新词中“性”基本都可以类推出该语义。

四　汉语类后缀“性”研究的小结

很多词汇研究者，特别是后缀研究者都提出“性”字后缀用法的重要作用，但是针对“性”的用法具体进行研究的人并不多。笔者在查询前人研究中也只找到这几篇具有典型意义的论文。通过这些论文我们可以从历时和共时两个角度概括出汉语“性”的研究现状。

（1）历时角度：①前人研究中涉及了“性”字用法的大致发展过程。从单字“性”发展到构词语素“性”；从构词语素发展到类后缀。注意到“性”产生后缀用法的时间大致在近代。但是这样的变化具体产生于何时？怎样产生的？为什么会出现后缀的用法？前人研究中都没有涉及。②第一章中日词汇交流的前人研究中也指出：“性”等三字后缀的用法可能产生于近代日语，后传入汉语。这种交流具体出现了什么样的用例，对汉语产生什么样的影响，至今也没有人研究。③罗进军（2004）对近代时期的用例分析只以两部白话小说《红楼梦》和《金瓶梅》为资料。当时的汉语正经历着文言一致的变革，光是对白话小说的用例分析，不能真正反映当时“性”的变化。笔者认为需要寻找更适合的语言资料调查“性”的后缀用法。

（2）共时角度：虽然针对现代汉语“性”的后缀研究也不多，但一定程度上揭示了“性”的使用特点：现代汉语“性”的后缀用法起源于作为实词单独使用时的一种词义——“……的性质”；在充当后缀时，词义没有改变；“性”作为后缀的能产性相当强，一般前面可以接续“名词”“形容词”“动词”性的成分。这里有一个问题值得我们注意：很多学者认为现代汉语中“性”的后缀用法也表现在二字词中，把二字词中的“性”也作为后缀用法。这种情况在分析近代汉语中的情况时似乎不大可取。作为发展初期的类后缀“性”，其是否已经具有所谓的“虚化”含义，是不能确定的。所以笔者认为在处理近代汉语“性”时，要就事论事，客观地分析当时的“二字词”。

如果比较日语后缀「性」的研究，我们发现中日双方对于“性”的研究各有侧重。①历时研究方面：汉语中有针对“性”进行的历时研究，但其对于“性”的现代后缀用法，特别是现代用法最丰富的三字用法产生的时间、原因、初期的用法都缺乏有力的证明。有研究者意识到近代“性”发生了变化，但是对于当时的调查仅局限于白话小说中的用例，也没有得出明确的结论。另一方面日方的研究，在笔者调查的范围之内只有一位研究者针对近代日语「性」的产生进行过分析。这和「的」的研究现状完全不同。②共时研究方面：双方对于“性”的共时研究，揭示了汉语、日语中类后缀“性”的用法有以下几个共同点：“性”所表示的含义为“……的性质”“……的性能”“……的特质”；构词能力强，表现在前面可接受各种词性或形式的前接词，有动词、名词和形容词，且接续“性”后多生成名词；能产性强，在现代汉语、日语中都是使用频率非常高的（类）后缀。中日双方共时研究的不同点表现在对于二字词的处理。虽然日方研究者也承认了现代日语中「性」后缀用例中存在二字用例，但在具体进行研究时，多不把二字作为研究对象。而中方则有学者认为现代二字用例也体现着“性”的后缀用法。

本章，笔者将借鉴日方前人研究中对于「性」的研究，不把二字词「□+性」作为后缀用法来处理。主要原因是：①按照中日双方的习惯，三字词“性”为最典型的后缀用法，二字用例不是最典型的用例，不具有代表性。②在用法产生初期，后缀的虚化意义很难确定，虚化程度没有明确的判定标准。这时更需要依靠形态，从形态上找出最典型的用例。③日方一直只把三字词作为后缀用法是有道理的，而本书研究日语后缀对于汉语的影响，应该综合双方用法，从统一标准的尺度来衡量，故三字用例才是考察“性”后缀用法的主要对象。④从构词法来看，二字词中的“性”应该属于作为构词语素构词；三字中的“性”才更加符合后缀派生造词的构词机制。

第二节　清末时期汉语“性”字用例的抽取

从本节开始笔者对清末报刊中出现的“性”进行分析，笔者在调查《时务报》《清议报》《新民丛报》《译书汇编》四种资料时，仍采取了穷尽性的用例收集方法。四种资料中“性”主要有以下几种用法（见表7-2）。

表7-2　“性”字用例及构成分类

类别	结构形式	典型用例
①	单独使用	其性一、性强猛、高人萎靡成性、性顽如木石、树性坚
②	二字词的前语素	性质、性行、性好、性命、性恶、性喜、性耽、性灵、性情
③	二字词的后语素	天性、民性、人性、血性、特性、恶性、耐性、男性、女性
④	二字词+性	水静性、奴隶性、独立性、希望性、竞争性、急激性、自立性
⑤	—之性	天然之性、喜乐哀怒之性、长上之性、江河之性、奴隶之性
⑥	—之性质	磁石之性质、国粹之性质、优等之性质、保守之性质
⑦	—性质	有机物性质、保守性质、地理性质

注：“男性”“女性”的用例中“性”表示“性别”的意思，和后缀用法的意义不同。故以后调查中这些用例省略。

上表中“性”的七种主要用法，具有和近代日语相同的结构特点。下面具体分析其中一些用法。

（1）单独成词的用例，如：

7-5 皆能因其性之所近，而各成其学，学苟成矣。（《时务报》光绪二十二年第7册，第416页）

7-6 日人不惟性气汹悍，而其制造亦甚精工。（《时务报》光绪二十二年第7册，第524页）

7-7 太过者，废形色，相毁分，别性顽如木石。（《时务报》光绪二十三年第27册，第1858页）

用例中，“性”作为一个具有实际意义的词出现，或是作为成语中的一个语素出现。笔者这里不把此类用例作为具体分析的对象。

（2）第②类，作为二字词的前语素，如：

7-8 如以读佛经之法读之，以谈性理之法谈之。（《时务报》光绪二十二年第12册，第820页）

7-9 夫人之性灵必须有引点，方能从是引动其悟性。（《时务报》光绪二十四年第64册，第4344页）

7-10 华人之性怯，不宜过猛，以偈其机，华人之性缓，不宜过急以摧其气。（《时务报》光绪二十二年第7册，第642页）

7-11 愤时者，至谓妇人，为尽可杀夫，妇人岂性恶耶。（《时务报》光绪二十三年第23册，第1526页）

7-12 官称律西八爵，性好田猎。（《时务报》光绪二十二年第2册，第120页）

用例中“性”作为前构词语素，表示实质的意思，也是当时主要的用法。多为汉语固有的用例。如，“性恶”的用例出自“荀子有性恶篇，略谓人性皆恶”。虽然这也是当时主要的用法，但考虑到“性”的构词位置和本章考察对象关系不大。故这些用例将不作为主要的分析对象。

（3）“性”的复合形式，如：

7-13 况如今之满人者。强悍之气已失。蒙昧之性未改。（《清议报》光绪二十四年第10册，第10页）

7-14 岂非以自生界限，拂国民之性，而逆大局之势乎。（《清议报》光绪二十四年第2册，第70页）

7-15 彼其人无爱国之性质，故其势散涣。（《清议报》光绪二十四年第6册，第319页）

7-16 人人赋之以自由之权，独立之性。（《清议报》光绪二十五年第31册，第1990页）

“性”的短语用法属于“性”的词外复合形式。笔者调查的资料中，除了用例数量上逐年增加外，结构本身也产生了一些变化，属于比较特别的一类用法：结构中“性”表示的意思为“性质”，因和近代日语中「—ノ性」「—ノ性質」「—性質」的结构比较接近，因此也是值得关注的一类用例。尤其笔者发现作为复合形式的短语，其用例数量一直不断增加。在统计“性”用例的数量时，把这类结构的用例数量算入后，不易反映当时最主要的二字用例和三字用例的比例。故针对这类用例，笔者主要采取定性的分析，不做过多的定量统计。

通过上面的用法分析，四种资料中主要作为研究对象的用例，即作为二字词的后语素和三字词的用例，在这十年间（1896—1906）的使用情况为①：

《时务报》（1896—1898）：

二字用例：情性、秉性、天性、民性、人性、资性、血性、特性、质性、任性、身性、素性、品性、悟性、药性、赋性、定性、贼性、形性、德性、恶性、耐性、水性、地性、体性（96%）

三字用例：水静性（4%）

《清议报》（1898—1902）：

二字用例：自性、恒性、适性、调性、佛性、种性、材性、蛮性、积性、固性、胶性、静性、真性、弱性、物性、圆性、妄性、显性、畜性、奴性（72%）

三字用例：世界性、奴隶性、独立性、希望性、竞争性、急激性、自立性、爱国性、冒险性、忍耐性、公共性、自由性、普

① 这里列举的是各资料中新出现的用例，重复出现的用例笔者没有列举。但在计算二字用例和三字用例的比例时，数据是按照该资料出现的所有的用例进行计算的。如《译书汇编》中虽然新的二字词只出现了3个，但是实际出现的二字用例有11个，所以二字用例和三字用例的比例分别为11/15和4/15。

通性、炸裂性、自重性、别择性、永静性、缓燃性（28%）

《译书汇编》（1900—1901）：

二字用例：随性、赤性、本性（73%）

三字用例：社交性、通有性、爆发性、燃烧性（27%）

《新民丛报》（1902—1906）：

二字用例：碱性、理性、涨性、脑性、高性、劣性、黑性、节性、习性、逆性、惯性、弹性、词性、率性、知性、群性、美性、极性、光性、金性、火性、个性、回性、意性、惰性、兽性、觉性、通性、热性、纯性、敌性、基性、酸性、圣性、广性、善性、属性、顺性、冷性、才性、豺性、湿性、寒性、暖性、苟性、温性、缓性、食性、智性、志性、动性（43%）

三字用例：生物性、运动性、模拟性、高等性、常识性、第一性、第二性、天然性、社会性、能见性、劣根性、模效性、静守性、等时性、国民性、协同性、人民性、冷淡性、混合性、单独性、更迭性、角逐性、合一性、自利性、遗传性、结核性、觉悟性、习惯性、自然性、反应性、动物性、植物性、感觉性、消毒性、纯理性、实理性、挥发性、胆液性、沈郁性、复混性、侥幸性、倾轧性、狡伪性、凉薄性、苟且性、生受性、联续性、能受性、热血性、模范性、固定性、静止性、弹力性、依赖性、矿物性、生长性、进取性、自尊性、选择性、镇定性、发动性、同一性、自定性、共有性、特有性、共同性、物质性、延长性、滋养性、自保性、苟免性、思孜性、养化性、粘着性、残忍性、恐怖性、浮动性、永续性、沥青性、陶冶性、爱他性、化气性、阴郁性、广泛性、间歇性、中立性、收缩性、感动性、循环性、常住性、固有性、无烟性、节制性、传染性、模仿性、服从性、劳动性、野蛮性、固有性、法律性、可型性、媚外性、快豁性、刚愎性、忧郁性、惭愧性、贪多性、怪癖性、经由性、永久性、一时性、立自性、破坏性、德义性、普及性、自动性、贯通性、感动性、中庸性、冷静性、古义性、结合性、确实性（57%）

通过上面的用例我们可以发现：①“性”的二字用例和三字用例使用相对稳定，十年间数量上稳定性地增加。这和“的”的情况不同。②二字用例在总数中所占比例是逐年下降的，相反，从《时务报》时期出现了第一个三字用例以来，三字用例的比例在逐渐升高；《新民丛报》中三字“性”的比例第一次超过二字用例，达到了57%。③各资料中各种字数的用例均有新用例出现。“性”的新二字用例保持着比较稳定的速率，其增长的速率大大低于新三字用例。④二字用例中多重复用例，即在各种资料中反复出现。而三字用例则呈现相反态势，多数都是出现一次后就不再出现。体现了三字用例临时性强、稳定性差的特点。

下面进一步具体分析“性”各种用法的发展。

第三节　“性”作后语素的二字词

这一节分析《时务报》《清议报》《译书汇编》《新民丛报》中后语素为“性”的二字用例。为了探求中日两国语言交流的真实情况，笔者主要从二字用例的出处进行调查，探讨此时近代汉语是否受到日语影响。其次，从二字的结构构成上探讨两国词汇构成的倾向。

一　“□+性”用例的来源

为了更好地分析这些用例，笔者主要从两个角度对其进行分类，即是否为中日同形词和是否在古典汉语中有出典。首先，是否为中日同形词：若用例是中日同形词才能说其有来自日语借词的可能性；若不是中日同形词，那么其属于汉语本身的造词可能性更大。其次，在古典汉语中是否有出典：若用例是中日同形词，在古典汉语中有出典，则说明这个词是古汉语的沿用，中途传到日本，同样被日语采用；但如果没有古典汉语出典，则说明这个词借用自日语的可能性较大。按照这些标准，笔者可以把收集到的 99 个用例做如下分类（见表 7-3）。

表 7-3

	中日同形词（34%）	非中日同形词（66%）
有古典汉语出典①（74%）	情性、天性、人性、特性、素性、品性、药性、德性、耐性、水性、体性、物性、真性、本性、属性、劣性、习性、知性、金性、个性、敌性、理性（22 个）	民性、质性、形性、地性、血性、自性、恒性、适性、调性、佛性、种性、材性、蛮性、积性、固性、胶性、静性、弱性、随性、高性、驯性、黑性、节性、逆性、率性、群性、美性、光性、回性、意性、觉性、热性、纯性、基性、圣性、广性、善性、顺性、冷性、豺性、湿性、寒性、暖性、温性、缓性、食性、智性、志性、动性、火性、才性（51 个）
无古典汉语出典（26%）	资性、赋性、定性、恶性、悟性、惯性、兽性、惰性、弹性、酸性、通性、极性（12 个）	秉性、任性、身性、贼性、圆性、妄性、显性、畜性、奴性、赤性、碱性、涨性、脑性、词性（14 个）

从表 7-3 中可以看出，近代二字“性”的用例多出自古典汉语，其中汉语独有的、非中日同形词的用例最多；从古典汉语传到日语，并在日语中保留下来的用例其次；再次是在近代汉语中出现的，国人自己的新造词；最后是可能来自近代日语借用词的少数用例。总的来说，“性”作为二字后语素受日语影响是非常有限的，相反日方受古汉语影响的用例更多。下面按数量顺序，依次分析。

（1）汉语特有的二字词（有古典汉语出典、非中日同形词）

民性、质性、形性、地性、血性、自性、恒性、适性、调性、佛性、种性、材性、蛮性、积性、固性、胶性、静性、弱性、随性、高性、驯性、黑性、节性、逆性、率性、群性、美性、光性、回性、意性、觉性、热性、纯性、基性、圣性、广性、善性、顺性、冷性、豺性、湿性、寒性、暖性、温性、缓

① 笔者判断是否有古典出典主要依靠《四库全书》的全文检索。

性、食性、智性、志性、动性、火性、才性

“性”构成的二字词，其数量之多侧面说明了“性”作为构词语素构词能力强、发展历史长的特点。如：

7-17 家之败也主人之中落也则裳以去奴隶之恒性也。（《清议报》光绪二十五年第 7 册，第 384 页）

7-18 但以怡情适性之书画古玩等物。（《清议报》光绪二十五年第 7 册，第 397 页）

7-19 则唱歌不必省。或更加英语一科。各随性之所近。（《译书汇编》第二年第七期译日《日本学校系统说》，第 3 页）

7-20 皆具湿性，热之，则水之寒性为空气之暖性所变。（《新民丛报》光绪三十二年第 75 册，第 10261 页）

7-21 吾见其形骸具而意性亡。（《新民丛报》光绪二十九年第 47—48 册，第 6786 页）

7-22 则感情能不脱乎智性范围之外。（《新民丛报》光绪三十二年第 88 册，第 12083 页）

7-23 即于其志性之修养。（《新民丛报》光绪三十二年第 88 册，第 12098 页）

7-24 其渐进步而为高等动物稍带群性。（《新民丛报》光绪二十八年第 21 册，第 2877 页）

7-25 而非由人民政府之圣性来也。（《新民丛报》光绪三十年第 54 册，第 7490 页）

7-26 则靡特人道不应有此豺性。（《新民丛报》光绪三十二年第 75 年，第 10203 页）

这些用例多出自国人自己撰写的文章。笔者比较了这些用例在文中的含义和《四库全书》中出处的意思，发现这些用例意思上并无发生变化，其中“性”大多表示“性质”或“性情”。但是同时我们也注意到，其中很多用例已经在现代汉语中消失，这也说明了“性”二字用例也随时间在不断发生着变化。这种变化是笔者以后深入调查的问题。

（2）传入日语的古典汉语（有古典汉语出典，为中日同形词）：

情性、天性、人性、特性、素性、品性、药性、德性、耐性、水性、体性、物性、真性、本性、属性、劣性、习性、知性、金性、个性、敌性、理性

这一类用例和第六章在明治期收集到的二字日语用例多有重复。它们最初都产生于古典汉语，由于中日词汇的交流传入日本，被日语接受，在日语中得到应用。这些用例如：

7-27 我观此人情性颇烈歇曰我观此人性质良善。（《时务报》光绪二十二年第 7 册，第 443 页）

7-28 盖出于天性之自然至老不变也。（《时务报》光绪二十二年第 2 册，第 119 页）

7-29 伯素性温和一贵族也本英雄。（《时务报》光绪二十二年第 13 册，第 879 页）

7-30 是实由自由之真性使之然。（《清议报》光绪二十七年第 98 册，第 6085 页）

7-31 动植物学辨物性。化学察品质。（《清议报》光绪二十七年第 100 册，第 6377 页）

7-32 夫社会之本性。根于人人有自由不羁之意志。（《译书汇编》第一期《社会行政法论》，第 29 页）

7-33 不过实之一属性而已。（《新民丛报》光绪三十一年第 70 册，第 9720 页）

7-34 呼吸自由之空气。贵族之习性一变。（《新民丛报》光绪二十八年第 9 册，第 1109 页）

7-35 朱子未知生与气即未为知性。（《新民丛报》光绪二十八年第 20 册，第 2703 页）

7-36 木性则仁，金性则义，火性则礼，水性则智，土性则

信。(《新民丛报》光绪二十九年第44—45册，第6483页)

7-37 人人有特殊之个性。(《新民丛报》光绪二十九年第47—48册，第6624页)

7-38 不过其本身失中立性而得敌性耳。(《新民丛报》光绪三十年第50册，第6994页)

7-39 想象力过敏。而理性因以减缩。(《新民丛报》光绪二十八年第2册，第1994页)

这些用例在日语中应用的情况也都比较稳定，虽然传入日本后有可能意思发生变化，但在笔者调查范围内出现的这些用例，在日语中并没有发生这样的变化，“性”仍然表示“—性质”或“性情”“品性”的意义。用例在汉语中的用法在日语中仍旧延续着。

(3) 清末国人的新造词(无古汉语出典，非中日同形词)：

秉性、任性、身性、贼性、圆性、妄性、显性、畜性、奴性、赤性、碱性、涨性、脑性、词性

作为一个活跃的构词语素，“性”的构词能力在清末时期也有体现，这个时期出现了这些新的造词。它们在句中的用法，如：

7-40 佐治华盛顿赖其父谆谆善诱又秉性聪明。(《时务报》光绪二十二年第1册，第60页)

7-41 实属藐视人命任性妄为。(《时务报》光绪二十二年第2册，第80页)

7-42 乐于工作者至此则身性变易神情恍惚。(《时务报》光绪二十二年第10册，第655页)

7-43 不设专门之学强就则贼性误用则损智本原。(《时务报》光绪二十三年第42册，第2895页)

7-44 闻相宗识浪之说。而悟众生根器无量。故说法无量。种种差别。与圆性无碍之理。则益大服。(《清议报》光绪二十

四年第 4 册梁启超《谭嗣同传》，第 211 页）

7-45 学之乃适增其妄也。夫妄性虽成。化以礼义。则自入进步。（《清议报》光绪二十五年第 29 册《儒术真论》，第 1902 页）

7-46 乃有卓出一乘显性之上者。要之儒佛庄子三家。皆属理想。（同上，第 1903 页）

7-47 吾不知我中国此种畜性奴性何时始能划除之而化易之。（《清议报》光绪二十五年第 33 册《国民十大元气论》，第 2122 页）

7-48 “非赤”则仅否定赤性之存在而止至其别有如何之属性，曾无所告。故宇宙之万物。苟非赤色者，不闻其物类之如何，均在此“非赤”之范围内。（《译书汇编》1901 年第七期《论理学》，第 21 页）

7-49 亦俨然治一国也譬诸盐有碱性积盐。（《新民丛报》光绪二十八年第 1 册梁启超《新民说》，第 24 页）

7-50 一曰君主之雄图，二曰民族之涨性（农业之盛大人口之减增），三曰军人之野心。（《新民丛报》光绪二十八年第 3 册梁启超中国之新民《论民族竞争之大势》，第 295 页）

7-51 吾国民食先哲之福，不以宗教之臭味，混浊我脑性。故学术思想之发达。常优胜焉。（《新民丛报》光绪二十八年第 3 册梁启超《论中国学术思想变迁之大势》，第 315 页）

7-52 词性亦同。义有正负。（《新民丛报》光绪二十八年第 15 册《文学说例》，第 1975 页）

通过调查用例我们发现，除了“秉性”“任性”当时在各种资料中都有出现外，很多用例只出现过一次，缺乏稳定性和普及性。比较现代汉语，用法固定下来的也只有“脑性”“词性”等几个词，其中“性”也表示“—性质”的意思。可见，当时国人也在使用这个含义进行造词，但是国人自己的造词大多数没有流传下来，和从日语引入的上一类用例形成鲜明对比。另外，这些用例多出现在梁启超撰写的文章中，也从侧面说明了梁启超在当时进行的造词活动。

（4）产生于日语的「新漢語」（无古典汉语出典、为中日同形词）：

资性、定性、恶性、悟性、惯性、弹性、兽性、惰性、通性、极性、酸性

调查中笔者发现这样一类用例，它们在《四库全书》的古典汉语中没有出典，但是从现代语的角度看，属于中日同形词。为了进一步确定这一类词的出典，笔者同样参考了《汉语大词典》和『日本国語大辞典』（见表7-4）。

表7-4　“性”字用例的出处

用例	『日本国語大辞典』	《汉语大词典》
资性	『授業編』(1783)	无
定性	なし	无
恶性	なし	“恶性”医学上的语义无出典
悟性	『哲学字彙』(1881)	无
惯性	『工学字彙』(1886)	无
弹性	『理化新説』(1869)	徐汇《汉水桥头》
兽性	『ある女』(1919)	无
惰性	『附音挿図英和字彙』(1873)	无
通性	『日本風俗備考』(1833)	郭沫若《集外·七请》
极性	なし	无
酸性	『小学化学書』(1874)	无

注：『日本国語大辞典』中「悪性」虽然没有记录出典，但是发作「あくせい」时，注释了「悪性は「性」を呉音でよむアクショウが仏語由来の語として主に使われていたが、蘭学医書の訳語として漢音読みのアクセイが用いられてから、「良性」の対義語として一般に使われるようになった」。

这些词语在『日本国語大辞典』中的书证都早于在《汉语大词典》中的书证。可以推断它们首先出现在日语中，为日本人的造词，在近代汉语中出现属于借用日语词。在笔者收集的清末资料中，它们的使用情况如下：

7-53 君资性绝特。与学无所不窥。而以日新为宗旨。（《清议报》光绪二十四年第3册，第210页）

7-54 如常须开挖之江，亦无定性。(《时务报》光绪二十三年第 20 册，第 1346 页)

7-55 呜呼，苟此不群之恶性而终不可以变也。(《新民丛报》光绪二十八年第 16 册，第 2072 页)

7-56 夫人之性灵，必须有引点，方能从是引动其悟性。(《时务报》光绪二十四年第 64 册，第 6344 页)

7-57 笛卡尔所谓惯性定例，共为力学基础。(《新民丛报》光绪二十八年第 14 册，第 1780 页)

7-58 而更研究弹性之作用，创为法条之时表。(《新民丛报》光绪二十八年第 14 册梁启超《格致学沿革考略》，第 1782 页)

7-59 去其优孟之衣冠。则除兽性野心之外。一无复存者。(《新民丛报》光绪二十九年第 25 册梁启超《新英国巨人克林威尔传》，第 3551 页)

7-60 或因政府之阻力。或因人民之惰性。而致其举国所赖以生活之农业工业商业。俱萎靡不振。(《新民丛报》光绪二十九年第 26 册罗普《政党论》，第 3755 页)

7-61 然反人类之通性毕竟彼等之误用而已。(《新民丛报》光绪二十九年第 33 册，第 4786 页)

7-62 循环极性。(《新民丛报》光绪二十九年第 42—43 册，第 6061 页)

7-63Luitic Acid 由乳糖之酸性制茂昔克酸 Mucici Acid。(《新民丛报》光绪三十年第 52 册春水《有机化学痛论》，第 7272 页)

从上面的用例可以看出，这一类用例出现时间和用法多集中于《清议报》之后，特别是现代汉语中几个仍然频繁使用的“恶性”“惯性”“弹性”“酸性”“惰性”都是《新民丛报》时期中出现的，其中“性”多表示“—性质”的含义。考虑到《新民丛报》在日本出版的背景，这些用例产生于日语通过《新民丛报》进入汉语的可能性很大。以目前的资料还不能判断其产生于何时的个别词汇。确定其产生的时期及出典将是留给笔者的问题。

通过上面研究“性”的二字用例的出典，我们可以发现：①有关“性”的二字词主要产生于中国，无论是出自古典汉语还是当时的新造词，多数用例和日语关系不大。②自古以来就有很多二字词流传到日语中。③清末二字词中出现了少数可能产生于近代日语的「新漢語」，成为现代汉语中的“日语借词”。④由出典来看，近代汉语中二字“性”的用例受近代日语影响是有限的。⑤从“性”的语义来看，近代出现的中日双方的造词都是由“—性质”这个词义发展而来的。

二　“□+性”用例的构词形式

分析当时用例的造词结构，有助于把握汉语的造词习惯，也可以比较中日两国的造词有何异同。下面笔者对这几种出典的用例分别进行了构词分析，比较了各种出典的用例其各自的构词特点（见表7-5）。

表7-5　“性”字用例的构成及出处

构词形式	古汉语出典例	传人日语的汉语词	清末国人的新造词	来自日语的借用词
N+性	民性、质性、形性、地性、血性、自性、佛性、种性、材性、胶性、黑性、逆性、群性、美性、光性、回性、意性、基性、圣性、豺性、智性、志性、火性、才性（47%）	情性、天性、人性、体性、品性、药性、德性、水性、物性、本性、习性、知性、金性、个性、敌性、理性（73%）	秉性、身性、贼性、妄性、畜性、奴性、碱性、脑性、词性（56%）	资性、兽性（20%）
A+性	固性、暖性、温性、缓性、善性、顺性、蛮性、恒性、静性、弱性、高性、湿性、寒性、冷性、广性、热性、纯性（33%）	特性、素性、真性、劣性（18%）	圆性、赤性、极性（19%）	恶性、惰性、酸性（30%）
V+性	节性、适性、调性、食性、积性、随性、驯性、率性、觉性、动性（20%）	耐性、属性（9%）	显性、涨性、通性、任性（25%）	赋性、定性、悟性、弹性、惯性（50%）

通过表7-5、图7-1我们可以发现：各种词性的语素都可以和“性”结合，其中最主要的是名词性语素和“性”的结合。汉语中“性”和名词性语素的构词形式最多，借用自日语的二字词则多为“动词性语素（V）+性”的结构，“形容词语素（A）+性”在古典汉语时期表现比较活跃，在清末国人自己的新造词中比例下降。

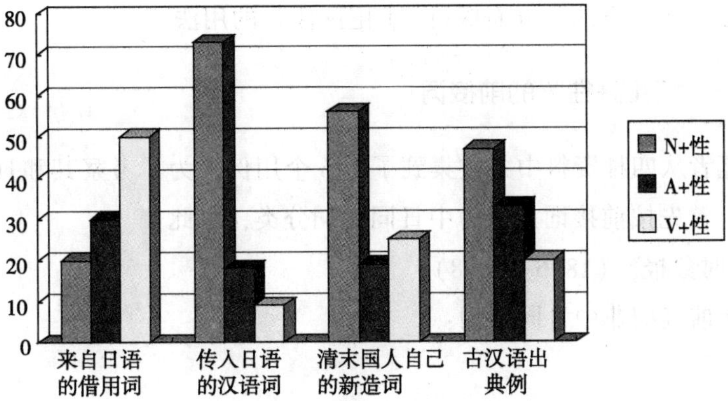

图 7-1　四种用例数量比较

三　“□+性”用例用法的小结

上面分别从二字用例的出处和结构特点进行了论述，基本明确这一时期二字用例的用法。近代汉语中二字用例主要有以下特点。

(1) 用例多数为古典汉语词汇的沿用，只出现了少数可能借用日语的词汇。同时，国人也在积极地进行造词，但是从现代汉语中的使用情况来看，当时国人的造词大多没有保存下来，而借用日语的用例则在汉语中保留下来。

(2) 二字“性”的用例中“性”位置多固定于后语素。前接的语素可以是各种词性。其中“性”多表示实际的含义，如“—的性质”或“—的性情”的意思。汉语本身更倾向于“名词性语素+性”的造词，而借用日语的用例则多为“动词性语素+性”的结构。

总的来看，二字用例已经反映出当时汉语受到日语影响的事实。下面接着对这一时期出现的三字用例进行分析，考察三字用例是否同样受到日语的影响。

第四节　“性”作后语素的三字词

近代汉语中出现的“性”的三字用例，其结构都是“□□+性”。为了判定这些用例是否受到日语影响，笔者参照分析“的”用例时的方法，从以下几个方面探讨“□□+性”的用法。

一　“□□+性”的前接词

笔者从四种资料中共收集到了146个用例，为了考察其和日语的关系，首先按前接词是否为中日同性词分类，由此：

《时务报》（1896—1898）：

＊前接词非中日同形词：

水静性

《清议报》（1898—1902）：

＊前接词为中日同形词：

世界性、奴隶性、独立性、希望性、竞争性、急激性、自立性、爱国性、冒险性、忍耐性、公共性、自由性、普通性

＊前接词非中日同形词：

炸裂性、自重性、别择性、永静性、缓燃性

《译书汇编》（1900—1901）：

＊前接词为中日同形词：

社交性、通有性、爆发性、燃烧性

《新民丛报》（1902—1906）：

＊前接词为中日同形词：

生物性、运动性、模拟性、高等性、常识性、第一性、第二性、天然性、社会性、国民性、协同性、人民性、冷淡性、混合

性、单独性、更迭性、角逐性、合一性、自利性、遗传性、结核性、觉悟性、习惯性、自然性、反应性、动物性、植物性、感觉性、消毒性、粘着性、残忍性、恐怖性、浮动性、中立性、收缩性、感动性、循环性、常住性、固有性、无烟性、节制性、传染性、模仿性、服从性、劳动性、野蛮性、固有性、法律性、经由性、永久性、一时性、立自性、破坏性、德义性、普及性、自动性、贯通性、感动性、中庸性、冷静性、古义性、结合性、确实性、热血性、模范性、固定性、静止性、弹力性、依赖性、矿物性、生长性、进取性、自尊性、选择性、镇定性、发动性、同一性、自定性、共有性、特有性、共同性、物质性、延长性、挥发性

＊前接词非中日同形词：

能见性、劣根性、模效性、静守性、等时性、纯理性、实理性、胆液性、沈郁性、复混性、侥幸性、倾轧性、狡伪性、凉薄性、苟且性、生受性、联续性、能受性、永续性、沥青性、陶冶性、爱他性、化气性、阴郁性、广泛性、间歇性、可型性、媚外性、快豁性、刚愎性、忧郁性、惭愧性、贪多性、怪癖性、滋养性、自保性、苟免性、思孜性、养化性

从以上这些用例可以看出，①“性”从《清议报》时期出现了一定数量的三字用法，其中的“—性”开始表现出作为后缀用法的能产性。②《新民丛报》中“性”用例数量虽然非常多，但是考虑到该报的篇幅本来就大，可以说“□□+性”的用例在这几年中的使用量是相对稳定的。③前接词为中日同形词的用例共 101 个，占三字词用例总数的 69%。前接词为非中日同形词的用例共 45 个，占三字词用例总数的 31%。④与“的”的用例相比，“性”受到日语的影响可能比较小。以《新民丛报》时期的用例为例，调查对象“的”的前接中日同形词/非中日同形词的比例为 569/92，前接词为中日同形词的数量占总数的 86%。《新民丛报》中有关“性”的前接中日同形

词/非中日同形词的比例为67%。

但是，由于大多数的用例都是前接中日同形词，且考虑到材料的出版背景，为了进一步确定和日语的关系，笔者接着调查了用例的出处。

二 “□□+性”用例的出处

这一时期的三字用例主要有以下两种出处。

（1）日语翻译文章中的用例

这时期一些用例出自日语翻译，而且前词为中日同形词，有可能直接借用了日语的用法。如：

7-64 此即后来达尔文所谓生存竞争优胜劣败。是动物之公共性。（《清议报》光绪二十七年第96册译《政治学案第三》，第5973页）

7-65 不出于人间性情之外焉。苟非即人间之普通性。（《清议报》光绪二十七年第100册译［日］儿城生《支那上古之宗教的观念》，第6267页）

7-66 谨以含有爆发性及燃烧性之弹。重量在四百阔拉姆以上者。则禁止燃放而已。（《译书汇编》第九期《近时外交史》，第79页）

7-67 虽赴水火蹈鼎护而不辞。此为自由党员之通有性也。（《译书汇编》1901年第十二期《福岛町无名馆之誓言》，第47页）

7-68 人类者也有社交性者也，社交性之作用，足以使人类互相吸引，不致成离群独居之现象。（《译书汇编》1901年第十期《论国家》，第14页）

7-69 知人类乐群亦言有非社会性。（《新民丛报》光绪二十八年第22册译岸本能武太《社会学》，第3038页）

7-70 俶别于差别觉。制胜于模效性。（同上，第3037页）

这些用例都来自翻译文章。有的前接词是日语中特有的词汇，如“通有性”中“通有”在古典汉语和现代汉语中都不使用，故“通有性”应该是直接照搬日语。“模效”这个词也是日语特有的「漢語」，因为汉语中倾向使用“摹效”，故“模效性”这个词很可能是直接照搬日语的用例。有的用例前接词是近代从日语中借用的词汇，如“社交性”中的“社交”是近代产生的词语，《近现代汉语新词词源词典》中收录的用例为“人类者有社交性者也。社交性之作用，足以使人类互相吸引，不致成离群独居之现象（1903 年《新尔雅》，第 4 页）”。还有“社会性”中“社会”也是借用日语的新词，这也增加了“社会性”来自日语的可能性。

同时，在日语翻译文章中出现了少量前接非中日同形词的用例：

7-71 其火药则采用缓燃性之褐色火药。（光绪二十六年第 51 册译［日］木村浩吉《十九世纪海军之进步》，第 3284 页）

“缓燃性”这个用例在古典汉语、古典日语中都没有出处，有可能是原著的临时造词，也可能是译者部分修改了原词。“缓燃”在现代汉日语中也不再使用，可能是译者接触到原文日语中「性」的后缀用法，模仿这种用法所造的新词。可见，“性”的后缀用法已经被国人所掌握并引入汉语中来。

（2）梁启超等译编者的文章中的用例

据笔者大略的统计，第（1）类用例占不到总数的 1/3，“□□+性”的大多数用例来自国人自己撰写的文章。情况如下例所示：

7-72 其一冒险性。是过渡时代之初期所不可缺者也。……其二忍耐性。是过渡时代之中期所不可缺者也。……其三别择性。是过渡时代之末期所不可缺者也。（《清议报》光绪二十七年第 85 册梁启超《过渡时代论》，第 5213 页）

7-73 次梁君①卓如演说。发明凡学生当有四种性质。一曰独

① 这里“梁君”指梁启超。前文中出现过“並请来宾神鞭知常君柏原文太郎君梁启超君等来临”之表述。

立性。二曰自重性。三曰希望性。四曰竞争性。（《清议报》光绪二十五年第23册《大同学校夏季进级记》，第1467页）

7-74 凡物有永静性者。非加以他力使之动。（《清议报》光绪二十六年第38册梁启超《汉漫录》，第2452页）

7-75 皆有所谓自由性者，不过彼乃无制裁之自由之故。（《清议报》光绪二十七年第100册梁启超《尧舜为中国中央君权滥觞考》，第6229页）

7-76 其毕生之大著所谓“纯理性批判”者。始出世。实为全欧洲学界开一新纪元。（《新民丛报》光绪二十九年第25册《近世第一大哲康德之学说》，第3522页）

7-77 则埃黎亚派仅言有。而此派则言其动物性也。（《新民丛报》光绪二十八年第6册译编《泰西学术思想变迁之大势》，第720页）

7-78 名之为“天然性”，此天然性者人性中之最“个人的”“非社会的”“非进化的”其于人类全体之永存之进步无益而有害者也。（《新民丛报》光绪二十八年第18册译编《进化论革命者德之学说》）

7-79 以从口出之分泌泡被造。有粘着性。虫以足倒悬于下。（《新民丛报》光绪二十九年第36册，第5258页）

梁启超撰写的这些文章中的用例可能受到了日语「性」的影响，①当时明治日语中「性」的后缀用法已经出现（可参照第六章第一节“四”），梁启超可能接触过类似的用例。②其中有些翻译文章最初的资料来自日语，即从日语译本转译成汉语。如梁启超在翻译《近世第一大哲康德之学说》时就在开头处做出了说明：“吾昔见日本哲学馆。有所谓四圣祀典者。吾骇焉。稽其名。则一释迦二孔子三梭格拉底四康德也。”① 这段话说明梁启超接触到的资料来自于日语。故这一类用例虽然有的译文注明原著为欧美文章，但很有可能是从日语

① 《新民丛报》第25册，第3521页。

文章转译为汉语的，其中的词语自然受到了日语的影响。③大量的用例集中于国人撰写的文章中，说明了日语后缀“性”最初对汉语类后缀“性”的出现产生过影响，但当时的国人迅速吸收了“□□+性”的造词形式，并马上开始自行创造具有“□□+性”形式的三字词。国人能迅速接受这种结构，是因为“性”在“□□+性”中的用法与在“□+性”中的用法十分接近。笔者认为，在翻译文章中直接照搬日语的用例与在原创文章中自如地使用国人自创词是近代汉语“□□+性”产生初期的使用特点。

三　“□□+性”用例的构词形式

通过前面的论述我们可以推断，当时的三字用例都是古典汉语中没有出现的用例，其出现受到了日语的影响。下面笔者具体考察这些用例在结构上的特点（见表 7-6）。

表 7-6　“性”的三字用例的前接词

构词形式	前接词为中日同形词	前接词非中日同形词
N+性	生物性、高等性、常识性、天然性、社会性、国民性、人民性、结核性、觉悟性、习惯性、自然性、动物性、植物性、感觉性、法律性、反应性、无烟性、德义性、古义性、热血性、模范性、弹力性、矿物性、物质性、世界性、奴隶性、自由性、社交性（28 个）	劣根性、胆液性、沥青性、怪癖性、纯理性、实理性（6 个）
A+性	协同性、冷淡性、单独性、黏着性、残忍性、恐怖性、固有性、中立性、野蛮性、永久性、一时性、贯通性、中庸性、冷静性、确实性、固定性、静止性、同一性、镇定性、共同性、共有性、特有性、急激性、公共性、普通性（25 个）	阴郁性、广泛性、刚愎性、忧郁性、等时性、侥幸性、狡伪性、凉薄性、沈郁性、永静性（10 个）
V+性	爱国性、冒险性、忍耐性、竞争性、自立性、独立性、希望性、浮动性、自利性、遗传性、更迭性、角逐性、合一性、模拟性、运动性、收缩性、感动性、循环性、常住性、节制性、传染性、模仿性、服从性、劳动性、经由性、立自性、普及性、自动性、感动性、结合性、生长性、进取性、自尊性、发动性、自定性、延长性、破坏性、依赖性、选择性、消毒性、混合性、爆发性、燃烧性、通有性（44 个）	炸裂性、自重性、缓燃性、别择性、惭愧性、复混性、模效性、能见性、静守性、倾轧性、苟且性、生受性、联续性、能受性、挥发性、自保性、苟免性、思孜性、养化性、陶冶性、间歇性、媚外性、快豁性、贪多性、滋养性、可型性、永续性、爱他性、化气性、水静性（30 个）

从表 7-6、图 7-2 中我们可以看出：①前接中日同形词的用例各

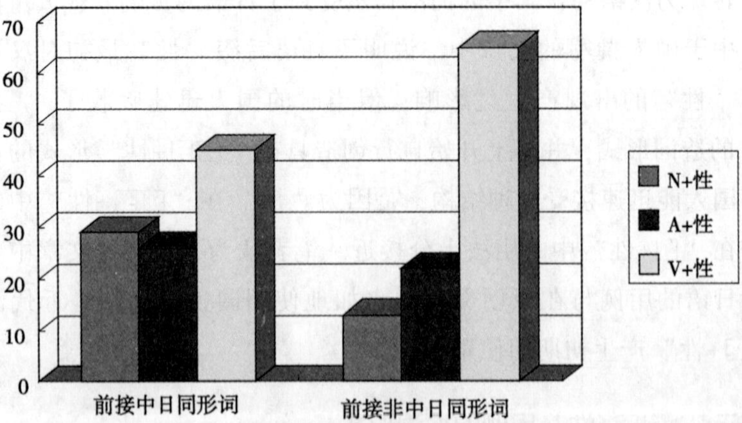

图 7-2　前接词比例

种结合结构相对均衡，其中“动词+性”的结构最为活跃；前接非中日同形词的用例多集中于“动词+性”，占 65%。②由于前接非中日同形词均为国人自己的新造词，故可见“动词+性”的结构为国人造三字用例时的主要构词手段。由于后缀“—性”的特点就是改变词性，所以“动词+性”构成名词的用例说明了这时期“性”已经具有了后缀用法的特点。③除了“动词+性”之外，“形容词+性”也比较活跃，特别是前接非中日同形词，比“名词+性”更为活跃。

如果对比二字用例的情况可以发现，二字用例中多利用“动词+性”进行造词的是借用日语的用例，而其余多利用“名词+性”结构构词，都是汉语本身的用例。这与三字用例的构词情况正好相反。而且在上一章分析近代日语三字「性」用例时也可以看出，近代日语中「動詞+性」的结构也比较活跃。汉语中出现这种情况的原因可能有很多，笔者认为主要是受到日语的影响。

四　“□□+性”用例的语用形式

第六章中分析过，明治日语中已经出现了「性」在句子中作为修饰成分的用法。在近代汉语中，“性”在句子中又是如何使用的，也是我们需要和日语对比的。通过调查，笔者发现汉语中这个时期三字用例的使用情况如下：

（1）以“□□+性”形式作独立成分

这一时期大多数的用例都是单独使用的，据笔者统计，146个三字用例中只有22个用例不是单独使用，后面接续了别的成分，其余124个用例（85%）全部是单独使用。如：

7-80 次梁君卓如演说。发明凡学生当有四种性质。一曰独立性。二曰自重性。三曰希望性。四曰竞争性。（《清议报》光绪二十五年第23册，第1467页）

7-81 其一冒险性。是过渡时代之初期所不可缺者也。……其二忍耐性。是过渡时代之中期所不可缺者也。……其三别择性。是过渡时代之末期所不可缺者也。（《清议报》光绪二十七年第85册，第5213页）

7-82 名之为“天然性”，此天然性者人性中之最“个人的”“非社会的”“非进化的”其于人类全体之永存之进步无益而有害者也。（《新民丛报》光绪二十八年第18册，第2391页）

7-83 当内乱时。其民必生六种恶性。一曰侥幸性……二曰残忍性……三曰倾轧性……四曰狡伪性……五曰凉薄性……六曰苟且性……（《新民丛报》光绪二十九年第38—39册《新民说》，第5427页）

7-84 第三种三类。曰更迭性曰角逐性曰复混性。（《新民丛报》光绪二十九年第31册译《佛礼儿之学说》，第4486页）

7-85 人格有同一性 identity，吾人之意识。（《新民丛报》光绪三十二年第95册，第13086页）

7-86 其次人格有自定性，self-determination，无论何人。（同上，第13088页）

很多用例都是在介绍新概念时使用，这也从侧面证实了“性”的三字用法在当时可能是一种新的用法，用例后面有的标注了英语的意思，即“性”的三字用例用作新概念的翻译。另外，这种单独使用还表现在下面的结构中。如：

7-87 非独立性而经由性，非永久性而一时性。(《新民丛报》光绪三十一年第62册，第8650页)

7-88 不学无术坐是智识短陋，有自保性而无进取性，有苟免性而无自尊性。(《新民丛报》光绪三十二年第87册，第11926页)

7-89 多出于人之选择性与思考性。(《新民丛报》光绪三十二年第93册，第12713页)

7-90 但知有自保性而绝无进取性有服从性而绝少独立性。(《新民丛报》光绪三十二年第93册，第12719页)

“性”的这种对应用法和现代汉语中的用法比较相近，对应的二个三字“性”体现了其“区别”彼此的特点。“性”后缀用法的使用初期，这种用例多不用于修饰成分，只是如上面例句中的单独使用。这种结构也是当时汉语“□□+性”一种比较有特点的现象，也可理解为现代汉语中非谓语形容词的前身。

(2) 以“……性+者”形式出现于句末

7-91 至妄行其急激性者，唯于不得已时用之而已。(《清议报》光绪二十五年第28册，第1805页)

7-92 凡物有永静性者，非加以他力使之动。(《清议报》光绪二十六年第38册，第2452页)

7-93 皆有所谓自由性者，不过彼乃无制裁之自由之故。(《清议报》光绪二十七年第100册，第6229页)

7-94 怀抱无动为大之劣根性者。(《新民丛报》光绪二十八年第8册，第968页)

7-95 然大抵混合性者多，单独性者少。(《新民丛报》光绪二十九年第30册，第4438页)

7-96 是固以事异种为遗传性者也。(《新民丛报》光绪二十九年第31册，第4495页)

7-97 其所以养成此节制性者，非教育不为功。(《新民丛报》光绪三十年第58册，第8051页)

7-98 谓吾人人类之有爱他性者。(《新民丛报》光绪三十年第 60 册，第 8258 页)

(3) 以“……性+之……”形式作修饰语

7-99 亦全无反应性之事。(《新民丛报》光绪二十九年第 34 册，第 4959 页)

7-100 人之生命者依挥发性之磁气而存。(《新民丛报》光绪二十九年第 47—48 册，第 6822 页)

7-101 然亦知音乐为最有普及性之物。(《新民丛报》光绪三十一年第 68 册，第 9322 页)

7-102 显出一国民性之弱点。(《新民丛报》光绪三十一年第 69 册，第 9455 页)

7-103 所谓社会精神永续性之说意同。(《新民丛报》光绪三十一年第 71 册，第 9716 页)

(4) 以“……性……”形式作修饰语

7-104 其毕生之大著所谓“纯理性批判”者。……此后复著“实理性批判”“判定批判”。(《新民丛报》光绪二十九年第 25 册，第 3522 页)

7-105 彼零碎者有联续性智慧之力如是如是。(《新民丛报》光绪二十九年第 25 册，第 3527 页)

7-106 凡百问题皆有本能的协同性意味之调和。(《新民丛报》光绪二十九年第 25 册，第 3565 页)

7-107 如动物性食物血液乳肉等。……植物性食物如豆莓马铃薯苜蓿等。(《新民丛报》光绪二十九年第 34 册，第 4965 页)

7-108 患结核性病者，其咳痰亦能为传染之媒介。(《新民丛报》光绪二十九年第 31 册，第 4555 页)

7-109 有黏着性虫，以足倒悬于下。(《新民丛报》光绪二十

九年第 36 册，第 5258 页）

7-110 其外形唱有生长性国家亦然。（《新民丛报》光绪三十二年第 85 册，第 11635 页）

通过以上用例我们可以推断：现代汉语中的非谓语形容词的用法即产生于此时。在“性”产生类后缀用法时，它的两种比较常用的搭配用法已经出现。但是在“性”作为后缀用法出现的初期，其作为名词单独出现的情况占绝大部分；其作为名词修饰另一个名词的用法还不普遍。对比近代日语中的情况，明治日语中「性」的二字词、三字词多数是作为修饰成分出现的（可参照第六章第四节“一”），如「アルコール性ノ液体」「化膿性ノ眼炎」。笔者认为从收录到的这些用例来看，“性”的后缀用法虽然开始大量出现，但是用法还处于初期阶段。

五 “□□+性”用法的小结

近代汉语“□□+性”的用例可以从以下几个方面总结。

（1）从前接词来看：前词无论是否为中日同形词，“性”都已经体现出后缀用法。如几个非中日同形词的用例中，“炸裂性”意为“炸裂的性质”、“永静性”意为“永远静止的性质”、“缓燃性”意为“缓慢燃烧的性质”。“性”在词中的位置固定，具有“……的性质”的意思，且表现出一定的能产性。这些特点都说明了近代“□□+性”用例中“性”属于后缀的用法。

（2）从用例的出处来看：三字用例多集中于《本馆论说》栏目和翻译的文章中。撰写《本馆论说》这个栏目的人有限，主要是梁启超等当时在日本办报的人。这些提倡戊戌变法的革命者和当时一般的作者是不同的，他们有接触日语「性」后缀用法的可能性，同时也意味着他们的用语有学习日语后缀「性」造词的可能性。

（3）从“□□+性”的前接二字词的词性来看，“动词+性”的结构最活跃，“动词”后接“性”后成为名词。“形容词+性”“名词+性”也同样出现一定数量的用例，后接“性”也成为名词。这种标记词性的特征也符合后缀用法的特点。

(4) 总的来说，笔者认为这时出现的三字用例应该就是国人从日语三字「性」的后缀用法得到启示并进行的造词。由于日语后缀「性」的用法中「性」的意义表示“—的性质”，这本来即来源于古汉语的一种语义，所以用法很容易被国人接受，而且汉语本身从“□+性”发展到“□□+性”，用例中“性”的含义也没有发生改变，仍是“—的性质”的意思。这两个方面的原因造成“□□+性”迅速普及。几乎在翻译文章中出现照搬用例的同时，国人也迅速进行了类似的造词。这是和三字“的”用例的不同之处，也说明了“性”的后缀用法更易于被汉语吸收，符合汉语的习惯。

第五节　与“性”有关的其他语用形式

除了“□□+性”之外，清末报刊中还有一类用例值得我们关注，即与“性”有关的一些用例较多的短语式结构。之所以值得关注，是因为①笔者发现其中很多用例可以发展为“性”的三字后缀用法。②在日方近代的用法中，出现了「—ノ性、—ノ性質」这样的结构，增加了影响汉语的可能性。③“性”的很多三字用例都和这些常用的复合结构同时出现。笔者这里指的常用复合结构包括三种：“……之性”、“……性质”、“……之性质”。

一　各种前接成分的区分

当时的这些复合结构前接的成分若按是否为中日同形词可分为：

《时务报》(1896—1898)：

*前接词为中日同形词：

—之性：天然之性

—之性质：磁石之性质

*前接词为非中日同形词：

—之性：喜乐哀怒之性

《清议报》（1898—1902）：

*前接词为中日同形词：

—之性：人之性、刚健之性、爱国之性、人民之性、自由之性、男子之性、独立之性、忍耐之性、模仿之性、服从之性、强者之性、普通之性、独特之性、自由平等之性

—之性质：爱国之性质、国民之性质、降伏之性质、经营之性质、特别之性质

—性质：独立性质、奴隶性质、服从性质、柔和性质、人民性质、忠诚性质、排外性质、社会性质、保守性质

*前接词为非中日同形词：

—之性：蒙昧之性、思息之性、狰狞之性、黄白种之性、耐寒热艰苦之性

—之性质：定婚之性质、永静之性质

—性质：永静性质

《译书汇编》（1900—1901）：

*前接词为中日同形词：

—之性：奴隶之性、固有之性、正直之性、人类之性、仁爱之性

—之性质：通行之性质、特别之性质、社团之性质、法典之性质、经济之性质、物件之性质、财富之性质、资本之性质、事务之性质、保守之性质、独占之性质、推论之性质、事件之性质、事物之性质、承受之性质、人群之性质、物权之性质、高尚之性质、人种之性质、固有之性质、法律之性质、不羁之性质、

预算之性质、入税之性质、条约之性质、行为之性质、司法之性质、言语上之性质、不可分之性质、自卫权之性质、外交官之性质

—性质：动物性质、国家性质、附属性质、研究性质

*前接词为非中日同形词：

—之性：好善之性、清人之性、法人之性、英民之性

—之性质：物变之性质、缀系词之性质、迅变之性质、动念之性质、备兵之性质、相助之性质

《新民丛报》（1902—1906）：

*前接词为中日同形词：

—之性：连续之性、本质之性、现象之性、义理之性、气质之性、国民之性、凶恶之性、喜乐之性、尚武之性、自然之性、卑劣之性、安逸之性、固定之性、永续之性、流动之性

—之性质：政党之性质、民族之性质、道德之性质、制度之性质、国粹之性质、优等之性质、封建之性质、贸易之性质、政府之性质、个人之性质、独立之性质、地主之性质、贵族之性质、土壤之性质、政治之性质、厌世之性质、协商之性质、勇武之性质、遗传之性质、人民之性质、有限之性质、凡人之性质、必要之性质、服从之性质、兽类之性质、确定之性质、欧洲人之性质

—性质：民族性质、专制性质、利己性质、鉴察性质、内定性质、伟大性质、精神性质、严正性质、武人性质、国人性质

*前接词为非中日同形词：

—之性：虎豹之性、不可变之性、不驯之性、恣意之性、畏

光之性、喜盐之性、能学之性、能飞之性、忍耐习劳纪律之性、嗜奇好癖之性、永久继续之性质、轻视生死之性

—之性质：中人之性质、洋浦之性质、满人之性质

这些复合结构有以下一些特点。①前接中日同形词的用例占绝大多数，这种情况和三字用例的情况相似，说明了两种结构都可能受到日语影响的事实。②从《清议报》时期开始资料中出现了很多新的用例，这和“性”的三字用例的数量增长时期相同，也侧面说明“性”的常用结构和“性”三字用例的关系密切。③其中“性”的用法和二字后语素中多数的“性”、三字用例中的类后缀“性”语义相同，都表示“—的性质”的意思，说明了复合结构也是近代“性”字用法的一部分。

如果换一个角度，从前接成分的词性来观察的话，可以归纳如下：

N+之性：天然之性、人民之性、自由之性

N+之性质：磁石之性质、国民之性质

N+性质：奴隶性质等 82 例

A+之性：刚健之性、独特之性、凶恶之性、卑劣之性

A+之性质：高尚之性质

A+性质：保守性质等 22 例

V+之性：爱国之性、独立之性、忍耐之性、模仿之性

V+之性质：服从之性质、经营之性质

V+性质：排外性质等 42 例

P+之性：喜乐哀怒之性、耐寒热艰苦之性、黄白种之性、忍耐习劳纪律之性

P+之性质：言语上之性质等 8 例

若比较近代日语中「性」的复合结构可以发现：①结构中前接的成分词性同样比较丰富，名词、动词、形容词都可以接续。②和近代

日语相同，“性”在结构中都表示“—的性质”，用例多有简化为类后缀“性”用法的可能。③名词是最主要的构词形式，其次为动词。和日语不同的是汉语“性”之前可以接短语。

二　短语式结构与“□□+性”的关联

通过笔者的调查，其中有很多用例发展为类后缀用法的可能性很大。其中很多复合结构和类后缀“性”同时使用，还有一些非常接近类后缀的用法。如：

（1）和三字用例同时使用的情况

7-111 次梁君卓如演说。发明凡学生当有四种性质。一曰独立性。二曰自重性。三曰希望性。四曰竞争性。（《清议报》光绪二十五年第 23 册《大同学校夏季进级记》，第 1467 页）

7-112 人人赋之以自由之权独立之性（《清议报》光绪二十五年第 31 册无涯生《本馆论说·中国历代革命说略》，第 1990 页）

7-113 支那人者缺于爱国性而富于自利心。（《清议报》光绪二十七年第 71 册《本馆论说·论议和后之中国》，第 4490 页）

7-114 彼其人无爱国之性质故其势散涣（《清议报》光绪二十四年第 6 册哀时客《爱国论》，第 319 页）

7-115 所谓有奴隶性有奴隶行者。又不惟自居奴隶而已。（《清议报》光绪二十五年第 22 册哀时客《本馆论说·爱国论》，第 1393 页）

7-116 其视我中人也。非曰个人主义。则曰奴隶性质。（《清议报》光绪二十七年第 71 册《论议和后之中国》，第 4491 页）

此时期复合结构“性”表现出一个重要特点：表示“……的性质”，造成“……之性”、“……性质”、“……之性质”这样的结构都有发展为三字后缀用例的可能性。“独立之性”与“独立性”、“爱国之性质”与“爱国性”，笔者认为常用结构和三字用例关系密切，这为类后缀“性”在当时的迅速发展奠定了基础。同时由于近代日语中也出现了这种复合结构，而且前接成分又多为中日同形词，所以汉语的复合结构用法也有可能受到了日语的影响。

（2）和三字用例用法相近的情况

“—性质”“—之性”“—之性质”三种结构在当时使用频率都很高。其中有些用例中，稍加改变即可变为三字用例。如：

7-117 况如今之满人者。强悍之气已失。蒙昧之性为改。（《清议报》光绪二十四年第10册梁启超《变法通义》，第10页）

7-118 岂非以自生界限拂国民之性而逆大局之势乎。（《清议报》光绪二十四年第2册梁启超《变法通义》，第70页）

7-119 彼其人无爱国之性质故其势散涣。（《清议报》光绪二十四年第6册哀时客《爱国论》，第319页）

7-120 人人赋之以自由之权独立之性。（《清议报》光绪二十五年第31册无涯生《本馆论说中国历代革命说略》，第1990页）

7-121 是谓天夺其魄而丧失固有之性者矣。（《译书汇编》第四期《民约论》，第36页）

这些用例中“性”都表示“……的性质”的意思，其去掉“之”后可以构成类后缀“性”，例如：“蒙昧之性→蒙昧性”、“国民之性→国民性”、“爱国之性质→爱国性”、“独立之性→独立性”、“固有之性→固有性”。

也有少数的用例不能发展为后缀用法，特别是前面接续短语时，无法简化。如：

7-122 余今将其迅变之性质。悉置不论。唯以近古民族通行之性质。为一民族固有之性质。（《译书汇编》第一期《政治学》，第11页）

7-123 视此学说。为神圣不可侵犯。有永久继续之性质焉。（《新民丛报》光绪三十二年第73册佛苏《养气说》，第9943页）

上面的用例中都不能去掉“之”，压缩为后缀用法。如：例 7-122 中，结合句子意思，“迅变之性质”可以简化为“迅变性”，而“通行之性质”和“固有之性质”中句子的语义中心都是“性质”，不能虚化为类后缀用法，故不能略为“通行性”“固有性”。例 7-123 中前面部分表示的意义过于复杂，较难用简练的语言概括，这时也自然很难发展为三字后缀用法。

三　短语式结构用法的小结

《新民丛报》这一时期出现了一些“性”的常用结构，这些结构和三字用例的出现时间和用法都有着密切的关系。①前接的成分和三字用例相近，多前接中日同形词，而且近代日语中也有同样的「……ノ性/ノ性質」结构，所以这种结构也可能受到日语的影响。②复合结构中前接成分也和三字用例相似，前面接续的成分和日语情况相同，但是可以前接短语是近代汉语的特点。③其中一些复合结构和同时期的三字用例同时使用，另外很多结构的用例稍加变动即成为三字用例。笔者认为当时的国人非常接受“……之性/性质”的用法，因为这种结构和类后缀“性”的用例中“性”的用法相同，同样表示“—的性质”，这些复合结构也都为名词短语，和类后缀“性”起到的标志词性的用法也相同。

第六节　翻译小说中“性”的用法

为了比较文学作品和报刊资料用例用法的不同，[①] 笔者同样使用调查“的”时使用的三篇小说，考察其中“性”的用法。但不同的是，这三篇日文原文中并没有出现后缀「性」的用法。翻译小说中“性”的用例如表 7-7 所示：

① 三种日语原文小说的情况请参考第三章第三节。

表 7-7　翻译小说中“性”字用例

研究对象	翻译用语体	用例
《佳人奇遇》	文言	性刚愎刻薄、性辨惠、性真、性柔顺、所受之性、气锐性豪、性不好、伐性之斧、性成、特性、禀性、忍耐之性
《经国美谈》	白话	性质、性急、天性、性格、水性
《十五小豪杰》	半文半白	水性、性命、豺狼成性、性情

翻译小说中的用例有下面这些特点。①类后缀“性”出现在翻译的政论性文章里，而没有出现在翻译小说里，证明“□□+性”的来源是政论性文章而不是文艺小说类，受到日语影响的部分也只是梁启超等撰写的政论性文章。②小说中没有出现“□□+性”的用例，说明类后缀的用法可能受到文章内容的影响，或是还没有渗透到小说中。③翻译小说中的用例和古典汉语中的用例相近，主要是单字和二字后语素的用法。比较原文中的出典，主要有两种翻译情况。

（1）直接照搬原文中的古典用例

7-124 然レドも性剛愎刻薄、宇内ノハズ。(『佳人の奇遇』，第 107 页）

虽然性刚愎刻薄。暗宇内之大局。(《佳人奇遇》第三十一期，第 2042 页）

7-125 性辨恵ニシテ能ク言ヒ、才聡明ニシテ以ッテ機ヲ識シル。(『佳人の奇遇』，第 109 页）

性辨慧而能言。才聪明以识机。(《佳人奇遇》第二十七期，第 1779 页）

7-126 紅蓮ガ稟性頸直事ニ臨ム脱兎ノ如ク。(『佳人の奇遇』，第 94 页）

散士知红莲禀性劲直。临事勇决。(《佳人奇遇》第二十八期，第 1839 页）

7-127 王ハ性質善良ノ人ニシテ斯ル危急ノ場合ニ臨ミ如何

ニモシテ其国ノ人民ニ独立ヲ保タシメント。(『経国美談』，第7页)

格德性质善良。临此危亡时候。想起国民如何方能不被他人灭亡。保守独立。(《经国美谈》第三十六期，第2369页)

7-128 蓋シ此ノ人ハ素朴正直ナレトモ極メシ性急ノ人ナレハ。(『経国美談』，第14页)

原来玛留是个素朴正直。极其性急的人。(《经国美谈》第三十八期，第2493页)

7-129 天性利發ニシテ文武ノ道モ一通リハ習熟シ。(『経国美談』，第14页)

天性利发。文武双全。又习熟各种技艺。(《经国美谈》第三十八期，第2494页)

从上面这些对应的用例来看，当时对于这种古典汉语中固有的词汇，翻译者几乎是无一例外，一一照搬。这种情况反映出，日语中的古典汉语词汇意思没有改变，所以国人翻译时也没必要进行重新选词。此外，当时的文学作品中还没有大量出现日语近代产生的「新漢語」，或「性」作为后缀的用例。再就是“性”的用例都来自古典汉语。

(2) 根据意思进行的翻译

7-130 故に今次帰来の後は、杜番及び三名が武安に対するの感情は、全然一変して、皆な別人の如くなりたり。(『十五少年』，第220页)

所以自归洞后。性情一变。也不觉敬重武安起来。(《新民丛报》第十八期，第2460页)

7-131 一個の捕虜を伴ひたる七個の凶暴無慚の浮浪人、今ま現に本島に上陸して、彷徨徘徊すといふ。渠等は人を殺すこと、草を斬るよりも容易におもふ者なり。(『十五少年』，第218页)

7-132 想着六个凶汉。带着一个俘虏。同到本岛。他们都是豺狼成性。杀人不眨眼的。（《新民丛报》第十八期，第 2456 页）

上面的两对用例中，原文没有使用「性」，译者根据意思把其翻译为古典汉语的“性”的二字用例。

从这时期翻译小说的用例来看，没有出现“□□+性”的用例。结合罗进军对古典白话小说《红楼梦》《金瓶梅》的调查来看，当时的小说等文学作品中还没有出现类后缀“性”的用法。小说使用的语体也似乎没有对“性”的用法产生影响，用文言写成的《佳人奇遇》、用半白话写成的《十五小豪杰》和一般的白话小说中的用例用法大都相似。以上的情况和报刊、人文翻译文章中的用例形成对比，可以推测当时影响“性”后缀用法的因素应该是文章的内容而非语体形式。

第七节　本章小结

通过上面这些资料中的用例分析来看，近代中日两国“性”的用法发展呈现出非常丰富、多样的特点。

（1）明治报纸的用例基本上都是二字后语素，占总用例的半数以上，是「性」用例的主要部分。「□+性」的用例多是借自古典汉语中的用例，保持着古典汉语的用法，如「水性、火性、人性」等。近代日本人自己创造的「新漢語」，如「弾性、慣性」并没有大量出现在笔者调查的资料中。

（2）结合之前研究者的成果来看，明治时期出现的三字词「□□+性」是继承了兰学资料中的用法。从时间上来看，在兰学翻译时期日语中首先出现了三字用例。这时的「性」表示「—の性質」的意思，和前面的「漢語」构成「□□+性」的结构。到了明治时期，一般性的报刊读物中也出现了三字「性」的用例，但是其使用频率并不高。其中「性」也表示「—の性質」，并出现了「外来語+性」的用例，这体现了「性」作为后缀用法的发展。

（3）从构词结构上来看，「動詞+性」的结构最为活跃，「名詞+性」、「形容詞+性」也可以构词。这些用法都证明了后缀「性」标志词性的特点，也预示了之后现代日语中后缀「性」的发展。

（4）从二字用法转变为三字用法是因为「□+性」和「□□+性」的用法并无意义上的不同，「性」的语素义比较实在，并无明显的抽象化。这种“—的性质”的语义自古典汉语就被广泛使用，很容易被国人接受，这也是近代汉语受到日语影响的一个原因。

（5）明治时期日语三字后缀用法为向汉语输出做好了准备。“性”的三字用例首先出现在1900年前后梁启超撰写的文章和日语翻译的文章中。多数的用例前接词都是中日同形词。“动词+性”结构使用频次高，也体现了作为后缀用法标志词性的特点。这几种情况都说明了这些三字用例受到了日语的影响。

（6）由于“性”作为后缀的意思没有发生根本的改变，意味着当时的国人对于这种后缀用法应该是非常容易接受的。梁启超等人在接触到日语「性」三字用法的同时就已经使用这种结构造词。这种态度是积极主动的，其间几乎没有所谓的“过渡期”和“消化期”。这也是“性”作为后缀用法的最突出特点。

第八章

明治时期日语中「化」的用法

作为最后一个研究对象，笔者选定的日语后缀为「化」。与「的」不同的是，目前中日两国的研究者几乎没有人从历时角度对后缀“化”的产生进行研究。这种情况造成了历时角度研究的滞后，同时也说明这部分研究的迫切性。这一章笔者将首先从「化」的现代语研究入手，分析「化」的后缀意义和实际意义，之后通过分析近代两国资料中“化”的用法，分析两种语言间“化”的交流。

第一节　关于日语后缀「化」的前人研究

这一节将就现阶段日语中后缀「化」的研究进行概括。根据野村（1978）对现代日语后缀的研究，「化」在现代日语中作为后缀有着很高的能产性，是非常活跃的后缀。[①] 但是没有研究者对于其产生时期、产生原因做过论述。在本章中，为了研究后缀「化」的用法，笔者首先从前人研究入手，分析现代日语中后缀「化」的用法。随之从明治时期报刊中的用例探讨近代日语后缀「化」产生的时期以及当时「化」的用法。

一　字典中「化」的解释

同样，先从辞典中调查一下「化」的用法。选择比较有代表性的

---

①　参考第一章第二节“三”。

『日本国語大辞典　第二版』(2000)[①] 中对「化」的说明。

か　【化】一、『名』

①徳によって人民を善良に導くこと。感化。＊平家（13C前）五・勧進帳「げうしゅん」無為の化をうたひ。

②自然が万物を生育するはたらき。造化。施化。＊続日本紀一養老七年（723）二月己酉「必代天而闢化、儀北辰者、亦順時以涵育<略>芳春仲月、草木滋栄」

③形、性質、状態などが移り変わること。変遷。進歩。＊清国に対する宣戦の詔勅一明治二七年（1894）八月一日「文明の化を平和の治に求め、事を外国に構ふるの極めて不可なるを信し」

④他のものに姿を変えること。化けること。＊談義本・豊年珍話（1760）四・封の生捕「木の根に打つけて、折檻しければ、今は化をあらはし面はとがりて狐の如く」

二、『接尾辞』

名詞の下につけて、そういう物、事、状態に変える、または、変わるという意を表す。＊自然主義論（1908）〈生田長江〉八「抽象的概念を具体化しようと云ふ技巧は」＊自然主義の価値（1908）〈島村抱月〉三「凡て芸術は客観的でなくてはならぬ、客観化せざる主観は斥けらるべきものである」＊或る女（1919）〈有島武郎〉前・二「かう云ふ場合菓子がどれ程恋の場面を技巧化し芸術化するに巧みであったかは云ふには及ばない」語誌（1）「文化、教化、変化、造化」などは漢籍に見える中国の古典語だが、例えば、「遠四医方名物考補遺」（宇田川榕庵、1834年）に、「verzursel 酸化」とあるように、近世以降の蘭訳書では変化する意味に使用されるようになる。（2）幕末・明治初期に「醇化、美化、悪化、緑化、強化、硬

① 『日本国語大辞典　第二版』，小学館2000年版。

化、液化、気化」など「化」付きの新語が多く造られたが、明治後期から大正にかけて「化」の接尾語化が進み、「機械化、国有化、一般化、一元化」など多くの三字語を生み出した。

从上面这一段注释中我们可以得知：①「化」最初的实词意思来自古汉语，其作为实词的意思和后缀用法的意思相近。②日语后缀「化」前接名词的情况比较多，构成的「□+化」形式的二字词是动词词性。③「化」的出典来源于古汉语，因兰学翻译产生了变化，并演变为后缀用法。明治初期多为二字词，即「□+化」，到了明治后期，进一步发展为「□□+化」的用法。④作为后缀的「化」表示「変化する」的意思。『日本国語大辞典　第二版』（2000）的「語誌」栏记述了「化」的产生，但是具体这些用例产生的时间和当时的使用情况还需要进行进一步确认。

二　现代日语中后缀「化」的用法

由于缺少日语后缀「化」的历时研究，为了进一步探讨日语「化」的用法，笔者收集关于其后缀用法的内容主要为共时研究。但是研究现状和中方情况比较接近。单独以「化」为对象的研究成果并不多。现代日语中「化」后缀用法的研究比较有代表性的是池上素子（2000）和山下喜代（2003）。

（1）池上素子（2000）[①]

池上的「化」用例来源于「学会抄録コーパス」，其中主要包括了兽医学、土木工程学和电子工程学的论文内容。所以从资料来看，主要是专业内容的文章。其中从用例在句子中的语法意义来看，主要分为动词用法和名词用法。构成「化」的前词的成分主要有「名詞語基、ナ形容詞語基、動詞語基」三种情况。作者分别分析了前接这

① ［日］池上素子：「「化」について一学会抄録コーパスの分析から」，『日本語教育』，106号日本語教育学会2000年版。

些成分构成后缀用法时的条件。如其中指出：

①名詞語基の場合：

名詞が語基に来る場合の制約は「典型を持たない語は語基にならない」ことである。典型とは「与えられた語が表す事象が典型的に、普通にもつ特徴」のことである。例：女子の高学歴化（学歴化?）が進んでいる。

②ナ形容詞語基の場合：

ナ形容詞の場合は名詞語基より制約が強く、まず品質形容詞しか語基にはならない。かつ、典型的にはモノ、コトの性状規定を表す語が語基に来て、性状判断、認識判断、性状評価を表す語は原則として語基にはならない。例：巨大化、透明化（性状規定）；? 有用化、? 危険化（性状判断）；? 最適化、? 必要化（認識判断）；? 優雅化、? 陰気化（性状評価）

③動詞語基の場合：

動詞語基は更に制約が多い。基本的には状態変化動詞が語基になる。状態動詞もある。しかもこのうち、結果状態の持続を表す語でないと語基にならない。例：肥大化、白濁化、安定化（状態変化動詞）；存在化、局在化（状態動詞）；? 国家の荒廃化

论文中另一部分对本书有借鉴作用的是对于「化」含义的论述：

①「化」の本義は属性の変化であり、概ね「—になる（する）」で言い換えられる。

②「—化」は属性の変化を表すため、抽象的・総合的な—あるいは全体的と言ってもいいかもしれない—事柄を述べる場合に用いられ、個別のものの一過性の出来事は表しにくい。

例：最近の母親は子供をペット化している。/? 彼はその猿を

ペット化した。全国の郵便番号が一斉に7桁化された。/? 用語を補充した結果、etoj辞書は29433語化した。

池上的研究概括出现代日语后缀「化」的构词特点：①前接词多是名词、形容词和动词，构成的后缀词为动词和名词词性，即具有改变词性的用法。②深入分析了前接词的特点，指出不是所有的名词、形容词和动词都可以和「化」构成后缀词，各种前接词都有各自的限制条件，很多情况下需要在具体语境中判断是否可以构成后缀用法。③“化”作为后缀用法能否成立也要放在具体的语境中才能进行判断，同样的用例「化」有可用和不可用之分。

（2）山下喜代（2003）[①]

山下的研究资料为报纸『日本経済新聞』(『日経』)，对挑选的用例，山下主要从两个方面分析了其用法：「X化」中「X」的情况、「X化」的用法。这两个方面的研究和汉语中的研究角度是一致的。同样，从本书内容出发，前接词和「化」的组合结构更易于笔者借鉴，故这里只选取这一方面的内容进行介绍。

对于「X」的情况，池上主要分析了其出现时的制约条件，山下又进一步补充了池上的研究。如她从「X」的「語種」、「X」的词性和「X」的语义分类三个方面更加细致地对前接词进行了分类。按照她的研究可以得出如下结论：

> ①「X」的语种：「化」は漢語と結合するものが圧倒的に多く、それ以外では和語や混種語より外来語に結合しやすいことがわかる。漢語について、異なりにおいて、一語基と二語基の前接語の比率が5.9%と51.4%だったものが、延べでは39.6%と52.2%になって、一語基の比率が増大する。
>
> ②「X」的词性：「化」は前部分にくる体言類と相言類[②]の

① ［日］山下喜代：「字音接尾辞「化」について」，『紀要』，第44号　青山学院大学文学部2003年版。

② 对于「体言類、相言類、用言類、副言類」的分类，可参见第一章第二节“三”中野村雅昭的研究。山下这里也是参照了野村的分类。

語基につきやすく、用言類の語基とは結合しにくい傾向があることが指摘されている。

体言類：商品化、長期化、効率化、製品化

相言類：円滑化、巨大化、健全化、険悪化

用言類：緊迫化、孤立化、成熟化、差別化

副言類：一般化、特化

③「X」的语义分类：体言類は変化や生成の結果を表すものと言える。変化や生成の結果は、例えば「高速・無人・階層・活性・多面」などのように状態や性状である場合も、また「商品・ロボット・公園・事業」など事物や事柄である場合もある。相言類については、変化の結果である状態・性状を表す語、つまり属性を表す語であり、感情・感覚を表す語は前接語にならない。用言類は結果の状態性を含む語である。

虽然山下的研究和其他研究者的结论有重叠的地方，但是我们可以注意到，几乎所有的「化」的研究者都重点考察了前接词的语义以及前接词和「化」的结合情况。可以说，在这一点上日方的研究比中方的研究更加深入。

从现代日语「化」的研究来看，我们可以得出这样的结论：①日语后缀「化」同汉语后缀“化”一样，都可以构成二字和三字词。②研究者虽然承认二字用例有的也属于后缀用法，但是作为研究对象的多是三字词。③「化」可以构成动词词性和名词词性的词，其中构成动词性的词占主要部分，即具有转变词性的用法。④「化」的前接词可以出现名词、形容词和动词性的语素，其中和名词性前接词似乎更容易结合，形容词和动词只有表示一定意义的词才可以充当「化」的前接词：名词需要表示“典型、特征”，形容词需要表示属性的词，动词则需是表示动作结果状态的词才能做「化」的前接词。

三　日语后缀「化」研究的小结

通过笔者对后缀「化」研究的调查，发现目前有以下一些情况值得注意。

（1）缺少对后缀「化」产生的原因、时间、用法的历时性研究。词典中解释后缀「化」产生「明治後期から大正にかけて」期，但没有研究者对这部分用例进行过分析，且在目前调查过的兰学资料中并没有出现「□□+化」的用例。本章中，后缀「化」产生的时间并不是笔者关注的主要问题，故对其在兰学时期的用法不作深入的调查，而把这个问题作为以后的研究课题。

（2）从前面“的、性”的调查来看，明治时期日语中已经出现了三字词后缀用法的用例。目前没有研究者明确指出过「化」在明治时期是否出现过后缀用法，笔者将把这一部分作为主要的考察内容。

（3）现代日语的后缀「化」具有转变前接词词性的特点，构成新词后，可以成为动词。「化」可前接名词、形容词和动词等各种词性的词或语素。很多研究者认为现代日语中「化」构成二字词和三字词时都有后缀用法，但有关论文集中在「□□+化」的分析上，都不以「□+化」为研究对象。

（4）现代日语中后缀「化」前接名词构词比较活跃，而前接形容词和动词时需要有一定的条件限制。只有语义上表示属性意义的形容词和表示动作结果的状态的动词才可以与「化」结合。

（5）有关现代日语后缀「化」的研究数量很少，虽然已经基本揭示了用法特点，但是笔者认为有些结论并不能直接用于历时性调查中。比较“性”的调查可以发现，对于近代日语刚刚兴起后缀用法的时期，是否把二字词归为后缀用法，值得探讨。所以本文中，笔者对二字词中「化」的处理和「性」一样，暂且不会把「化」作为后缀用法进行分析。文中只考察这一部分二字词是否为日本人所造，是否对汉语产生了影响。

第二节　明治时期日语「化」字用例的抽取

这一节笔者将首先考察近代日语后缀「化」的用法，在明治时期是否已经出现后缀用法，是这一节要解决的问题。笔者从『東京日日新聞』明治五年（1872）到明治十年（1877）的每年三月的 27 期①，共 149 期，『反省会雑誌』从创刊号明治二十年（1887）八月到明治二十五年（1892）一月的每年一月刊中，进行穷尽性调查，共收集到下面这些用例（见表 8-1）。

表 8-1　　「化」字用例

资料	时间	相关「化」② 字的用例
『東京日日新聞』	明治五年（1872）	開化
	明治六年（1873）	天神造化、教化、聖化、徳化、文化、真開誠化、開化
	明治七年（1874）	教化、不消化ナル、千万造化、開化、皇化
	明治八年（1875）	気化、水晶ニ化セシナリ、盧化シテ、造化、政化、消化、其風ニ化シテ、開化
	明治九年（1876）	変化、人民化、造化、軽炭化、硫化、其水ハ酸化シ
	明治十年（1877）	文化、殺気ト化シ
『反省会新聞』	明治二十年（1887）	造化ト因縁トノ間、感化
	明治二十一年（1888）	教化セザルベカラズ、一化シテ
	明治二十二年（1889）	基督教ノ威化、感化、沈化
	明治二十三年（1890）	一大転化ヲ経過、欧化主義、感化ヨリ
	明治二十四年（1891）	感化力
	明治二十五年（1892）	訓化、進化、变化

从上面收集的用例来看，明治五年到二十五年之间，和「化」相关的用例很少，而且数量上也没有发生太大的变化。这种情况与「的」完全不同，与「性」的情况比较相近，故笔者对上述用例采取了和「性」相同的处理方法。为了确定分析当时的使用状况，下面从构词上和用法上进一步处理收集到的共 31 个用例（異なり語数）（见表 8-2）。

① 第一年明治五年，从创刊的第 1 期开始搜集共调查了 37 期。

② 介于当时日语的发展阶段，很多用例还没有达到“后缀”用法的完成阶段，故此处用例的搜集上更加广泛，属于考察对象的用法即列入搜查范围，借以考察当时日语的真实情况。

表 8-2　　「化」字用例的构成形式

类别	构词形式	用例
①	化+スル	水晶ニ化セシナリ、其風ニ化シテ、殺気ト化シ
②	□+化	開化、造化、進化、消化、皇化、気化、盧化、政化、変化、感化、沈化、威化、転化、欧化、訓化、教化、聖化、徳化、文化、酸化、硫化（水素）、欧化（主義）、感化（力）
③	□□+化	人民化、軽炭化（水素）

从上面用例结构的分析来看，明治期「化」的用例有以下一些特点。①「化」单独使用时都是「サ变動詞」的用法，这也是后缀「化」能将其他词性的语素转变为动词的原因。②二字词「□+化」所占比例最大，是当时「化」的最主要构词形式，且全部的用例都作为后语素出现。③三字汉字词中只出现了形似后缀的用例，数量极少，它们是否属于后缀用法仍需要证实。

第三节 「化」作后语素的二字词

这一节将具体分析当时用例中数量最多的二字用例。笔者把「化」二字用例作为考察对象的原因可以参照第六章第三节中把「性」二字用例作为调查对象的论述。笔者共收集到当时的二字用例20个，占到总用例数的66%。

開化、造化、進化、消化、皇化、気化、盧化、政化、変化、感化、沈化、威化、転化、欧化、訓化、教化、聖化、徳化、文化、酸化

笔者将从以下三个方面分析当时这些用例的用法。

一　「□+化」用例的出典

笔者收集到的用例中「化」都是后位构词语素，这类二字用例的用法都很稳定。

8-1 日新ノ開化ヘ進メントスル時勢。(『東京日日新聞』明治五年第 18 期)

8-2 中古以来来世換リ風移リ教化ノ道モ。(『東京日日新聞』明治六年第 305 期)

8-3 今此時ニシテ此事アル徳化ノ光被スル所ト。(『東京日日新聞』明治六年第 309 期)

8-4 盧化シテ玉堂トナル遂ニ。(『東京日日新聞』明治七年第 950 期)

8-5 冥冥ノ中造化ノ弥縫スルモノ者アル。(『東京日日新聞』明治七年第 958 期)

8-6 則チ其水ハ酸化シ。(『東京日日新聞』明治九年第 1295 期)

8-7 少シモ変化ヲ受ケ。(『東京日日新聞』明治九年第 1295 期)

8-8 同窓ノ感化ヲツトムベキコト。(『反省会雑誌』明治二十年，第 42 页)

8-9 喩ヒ我基督教ノ威化ガ興リテカアリト。(『反省会雑誌』明治二十二年，第 8 页)

8-10 今ハ殆ド物質的ニ沈化セリ。(『反省会雑誌』明治二十二年，第 10 页)

8-11 賢母徳母ノ手ニ養育訓化セサレザル者少シ。(『反省会雑誌』明治二十五年，第 15 页)

这些用例中「化」作为构词语素均是实词的意思。为了进一步确定当时这些用例的出典，笔者继续采取研究「性」时的方法，即通过中日双方的出典年代，寻找这些二字用例的最早出处。笔者的调查如表 8-3 所示。

表 8-3　「化」字用例的出处

用例	『日本国語大辞典』	《四库全书》
開化	西洋事情（1866—1870）福沢諭吉	明方豪撰豪字思道開化、人正德　附，四庫全書總目，欽定四庫全書總目，卷六十四
造化	正法眼蔵（1231—53）	而爲陳邵，務窮造化、易遂不切於民用，王弼盡黜象數說　附，四庫全書總目，欽定四庫全書總目，卷一

续表

用例	『日本国語大辞典』	《四库全书》
進化	人権新説（1882）<加藤弘之>	變化者進退之象也、變是進、化是退、便與悔吝相似　經部，易類，文公易說，卷九
消化	青春（1905—06）<小栗風葉>	化到換頭處，便是變，若相對言，則變屬長化，屬消化，則漸漸化盡，以至於無變　經部，易類，文公易說，卷九
皇化	続日本記（758）	又言魏博五十餘年不霑皇化　资治通鉴，卷二百三十九
気化	舎蜜開宗（1837—1847）	此覩之夫物愈淖、而愈易變動搖蕩也、今氣化之　春秋繁露，卷十七
盧化	なし	无
政化	菅家文草（900ごろ）	有兵略焉有政化焉、有休祥焉、有災異焉、有華夏之事焉　前汉纪，序
变化	経国集（827 頃）	分其六位，乘其隱見，而得其變化，故得生成，而性命正矣　經部，易類，子夏易傳，卷一
感化	西国立志編（1870—1871）<中村正直訳>	中孚上巽，施之下悅，承之，其中必有感化　經部，易類，橫渠易說，卷二
沈化	なし	无
威化	なし	使金如粟，不以入懷，盡還不受威化　水经注，卷二
転化	哲学字彙（1881）	故坤者静也，動之主也，含其章而不變，故閉而藏之. 乾也者，開其物而轉化，故啓而動之　經部，易類，子夏易傳，卷七
欧化	佳人之奇遇（1885—1897）	无
訓化	殉死（1967）	无
聖化	貴嶺問答（1185—90ごろ）	故力不勞而身大成此之謂聖化吾取之　春秋繁露，卷第一
德化	性霊集（835 頃）	書凡六篇曰道化，術化，德化，仁化，食化，儉化　四庫全書總目，欽定四庫全書總目，卷一百十七
文化	西国立志編（1870—1871）<中村正直訳>	康誥曰作新民，此之謂也，文化昭昭，不待占決　經部，易類，周易衍義，卷十二
酸化	薬品名彙（1873）<伊藤謙>	无

通过表 8-3 对比古典汉语中的用例，可以发现明治时期「化」的出典有以下两种类型：

＊《四库全书》出典早的词：

開化、造化、進化、消化、皇化、気化、盧化、政化、变

化、感化、沈化、威化、転化、教化、聖化、徳化、文化

＊『日本国語大辞典』出典早的词：

酸化、欧化、訓化

可以判断当时二字用例大多来源于古典汉语。这些二字用例应该很早就应用于古典日语，明治时期这些用例有着稳定的用法。属于日本人自身造词的只有「酸化、欧化、訓化」。另外和《四库全书》的用例比较来看，其中一些明治时期二字词的意思发生了变化。这一点和「性」的情况不同，这些用例有「開化、進化、感化、文化」。

『日本国語大辞典』中注释出这些用例意义发生了变化的事实（见表 8-4）。

表 8-4　「化」字用例的新义

用例	『日本国語大辞典』「語誌」栏
開化	もと佛教語で「かいけ」とよみ「教え導く」の意味であった。それが明治初期にかいかという読みで世の中で開けるの意味で使い始め、急激な西洋化を象徴する語となった。civilizationの訳語として、この時期から用いられた。
進化	ダーウィンの進化論を日本に紹介した加藤弘之の造語と考えられるが、早い使用例は加藤弘之が主宰した東京大学の紀要雑誌「学芸志林」に発表された東大の学生の翻訳論文、たとえば第 10 冊（1878）の「宗教理学不相矛盾」などに見られる。その後、「哲学字彙」にも登録されたが、「化醇」も使用されていた。「人権新説」が出版された後、進化論に対する社会の関心が高まり、一般に広く浸透した。
感化	中国の古典漢籍にみえ、日本でも近世までの使用例を多少かくにんできるが、中国の清代の英華辞典にinfluenceなどの訳語として用いられてから、これが幕末・明治の洋学者の翻訳に受容されはじめ、明治以降盛んに用いられるようになったもの。
文化	漢籍に見られる語であるが、明治時代に「文明」とともにcivilizationの訳語として使用され、当初は「文明」とほぼ同じ意味であった。「文明」が「文明開化」という成語の流行によって明治時代初期から一般的に使用されていたのに対して、「文化」が定着したのは遅れて明治二十年後である。

从表 8-4 这些用例的「語誌」来看，近代日语中很多二字词来自于古典汉语，在近代，尤其是在明治时期，这些词的意思发生了转

变。这是「化」二字词在中日交流中体现的特点。

二 「□+化」用例的构词形式

二字用例若按照前接词的词性可分为以下几种情况。

N+化：皇化、気化、政化、欧化、聖化、德化、文化
A+化：酸化、威化
V+化：開化、造化、進化、消化、盧化、变化、感化、沈化、転化、訓化、教化

从上面用例中「化」与前语素的结合情况来看有以下几种情况。①从「化」的语义来看，其中「化」多表示动词性意义，表示「感化、造化、变化」等意思。如「德化」表示「徳によって人民を善良に導くこと」，是古典日语中既有的含义；「酸化、欧化」含有「一二变化する」的意思。这些用例体现了当时「化」语义的多样化。②从前接词语素的词性来看，动词性语素与「化」比较容易结合。这种情况和现代日语中后缀「化」不同，现代日语中「化」和名词性语素更容易结合。但是由于其中很多用例古典日语中就已经出现，所以动词性语素和「化」更容易结合的情况可能是受到古典汉语的影响。③其中古典汉语沿用的用例多为「V+化」的结构；日本人自造的词汇多为「N+化、A+化」结构。

三 「□+化」用例用法的小结

通过分析明治时期的二字用例，可以发现其使用特点为：①二字用例是当时明治时期「化」的最主要用法，其中「化」多作为后语素使用。②二字用例用例多出自古典汉语，这些用例在明治时期有的保持着古典汉语中原来的用法，有些在日语中意思发生了变化，如「開化、進化」，只出现少数日本人近代造的「新漢語」，如「酸化」。③「化」可前接名词性、动词性、形容词性的语素，其中和动词性语素结合的结构最活跃。④日本人自造的词汇多「N+化、A+化」结

构，其中「化」表示「—になる、—に変化する」的意思。

第四节 「化」作后语素的三字词

除了当时主要使用的「□+化」外，在笔者所调查的资料范围内，出现了个别类似后缀用法的「□□+化」用例。如：

8-12　其成業ヲ奏ス止マザレハ人民化ニ趣キ（『東京日日新聞』明治九年第1273期）

8-13　軽炭化水素、硫化水素及ヒ有機毒ヲ含ミ（『東京日日新聞』明治九年第1293期）

两个用例都没有出现「□□+化スル」的用例，说明与现代日语的后缀用法尚有距离。虽然只有两个用例，却证实了已经产生了三字词「□□+化」的用法。其中「軽炭化水素」为化学方面的专业名词，有可能不是明治时期的造词，而是更早的兰学时期翻译书籍中的用语。「人民化」在句子中作为名词使用，因为后面接续动词。前接词「人民」和「軽炭」又可以视作近代日语的「新漢語」，故「□□+化」应该是由日本人创造的形式。后面接续的「化」表示「—になる、—に変化する」的意思。从上面这些情况来看，这两个用例确实符合后缀用法的特点。但是笔者认为当时的「化」还没有发展为后缀用法。因为用例数量不足，还没有表现出后缀用法的最大特点，将其他词性转为动词「□□+化スル」。从内容上讲，「□□+化」的出现频率有限，和同时期「的、性」的用法比较，用例数量过少，还没有显示出后缀的能产性。这种个别的「□□+化」用例是否可以认为是处于早期的后缀「化」需要挖掘更多的用例来证明。

另外，这一时期出现的「軽炭化水素」、「感化力」、「欧化主義」这样的用例，在「—化」的基础上后面和别的语素构成的「—化—」结构是在调查中首次出现的现象。这种非谓语形容词的结构和「—性—」一样，在现代日语中也被广泛使用，值得我们关注。笔者推断这种结构可能由于「感化、欧化」等二字用例可能在当时的近代日语中比较稳定，所以可以在其后继续接续成分构成三字词、四字词。这种结构是否给近代汉语造成了影响也是笔者将继续关注的问题。

第五节　本章小结

由于没有对于「化」字后缀用法的历时研究，笔者首先从本书目的出发，对明治时期的用例进行了调查。通过笔者的调查，明治报纸中的用例呈现出以下一些特点。

（1）从用法的演变来看，明治前期到明治中期，「化」的各种用例的数量和用法都没有发生变化。这和「的」的情况完全不同，和「性」的情况比较相近。

（2）「化」的用法比较稳定，数量最多的是二字用例。其中来自中国古典文言的二字词的用法占了大多数，但也有一些在原有基础上自创的新词，如「酸化」。从构词结构来看，「化」可前接名词性、形容词性、动词性的语素，其中动词性的语素和「化」结合最活跃，其次为名词性语素。从语义来看，多数的「化」为古典日语中的意义，其中近代日语中出现的「新漢語」中「化」为「—になる、—に变化する」的意思，多与名词性或形容词性语素结合。

（3）三字词「□□+化」的用例极少，只有「軽炭化、人民化」两个用例，但却是现代日语中仍然使用的词，说明了这些用例用法稳定。前接词「軽炭、人民」是近代日语「新漢語」的可能性比较大，而且其中「化」同样表示「—になる、—に变化する」的意思，所以笔者推测这时期「□□+化」的用例可能由「□+化」发展而来。但是由于这种用例数量过少，笔者认为「化」的用法还没有发展到典型的后缀用法，只具有了后缀用法的形式。

（4）另外后期资料『反省会雑誌』中出现了「感化力」、「欧化主義」这样的结构，「—化—」的构词首次出现，也非常值得笔者注意。

第九章

清末时期汉语类后缀“化”的用法

在本章中，笔者将通过分析近代汉语中“化”的用法，探讨两国近代语言中“化”的关系。笔者将首先从前人研究入手，总结关于“化”的研究现状及问题；其次通过具体分析近代资料中的用例及和日语中后缀「化」用法的比较，明确近代汉语中类后缀“化”的用法及其与近代日语的关系。笔者主要选取了《时务报》（1896—1898）、《清议报》（1898—1902）、《译书汇编》（1900—1901）、《新民丛报》（1902—1906）四种近代报刊。[①] 下面具体分析类后缀“化”在汉语中的用法。

第一节　关于汉语类后缀“化”的前人研究[②]

同日方的研究情况一样，“化”的研究多集中于其在现代语中的后缀用法和意义，缺乏对其用法产生的历时性研究。笔者目前只能从词典中对于“化”的解释和共时研究两个方面概括目前汉语界对于“化”的研究。

① 选取这四种报刊的原因和调查“的”的原因是一致的：首先，这些报刊内容丰富；其次，从时间上看，若受到日语影响，用例首先出现在这些资料中的可能性很大；最后，选择同样的研究资料利于横向对比几个研究对象的后缀用法。

② “化”是多音字，后缀用法的读音为 huà，其余还有 huâ、huò、é 的发音。这里都不予考察。

一 字典中“化”的解释

《汉语大词典》（1991）① 和《现代汉语词典》（2002）②。其中分别指出“化”的多种语义。如：

《汉语大词典》（1991）

化①改变人心风俗；教化；教育。《易经·乾卦》：“善世而不伐，德博而化。”

②受感化；受感染。《吕氏春秋·大乐》：“天下太平，万物安宁，皆化其上，乐乃可成。”

③习俗；风气。《史记·秦始皇本纪》：“黔首改化，远迩同度。”

④治；太平。唐人避高宗李治讳，改“治”为“化”。

⑤变化；改变。《国语·晋语九》：“雀入海为蛤，雉入淮为蜃。鼋鼍鱼鳖，莫不能化，唯人不能。”

⑥生长；化育。《礼记·乐记》：“乐者，天地之和也……，故百物皆化。”

⑦指胎儿。《吕氏春秋》：“纣剖孕妇，欲观其化。”

⑧造化；自然的变化或规律。《素问·五常政大论》化不可代，时不可违。

⑨死。《孟子》：“且比化者无使土亲肤，于人心独无恔乎。”

⑩消化。比喻理解、吸收所学的知识。（明）方孝孺《送周景琰入试序》：“食古不化。”

⑪融合；融化。《管子·形势》：“道往者，其人莫来，道来者，其人莫王。道之所设，身之化也。”

⑫溶化；消溶。（宋）曾巩《张府君神道碑》：“有冯异，以化黄金干太后，得奉职监鄂州税。”

---

① 《汉语大词典》，汉语大词典出版社 1991 年版，第 1106—1108 页。

② 《现代汉语词典》，商务印书馆 2002 年版。

⑬消除；去除。《韩非子》：“民食果瓜蚌蛤，腥臊恶臭而伤脾胃……有圣人作，钻燧取火以化腥臊。”

⑭消失；消散。（晋）葛洪《抱朴子》：“名与朝露皆晞，体与蜉蝣共化。”

⑮焚烧。（宋）赵叔向《肯綮录》：“化讫，收其骨殖皆成灰，不可拾。”

⑯劝化。谓僧道劝人出家。《翻译名义集》：“周穆王时，文殊、目连来化，穆王从之。”

⑰成仙。

⑱募化。（元）关汉卿《望江亭》：“今朝无甚事，施主人家化些道量走一遭去。”

⑲指道教的庙宇，即宫观。《太平广记》：“永嘉元年到蜀，居扬平化，炼金液还丹。”

⑳方言。无礼；无赖。

㉑化学的简称。

㉒后缀，加在名词或形容词后面构成动词，表示转变成某种性质或状态。（清）黄远庸《忏悔录》：“又余曾随某公赴安东。安东者，号称吾国土地，而完全日化者也。”①

㉓姓。明代有化晖。

《现代汉语词典》（2002）

化①变化：使变化：化脓、化名、化装、顽固不化、泥古不化、化整为零、化险为夷

②感化：教化、潜移默化

③熔化；融化：化冻、化铁炉、太阳一出来，冰雪都化了。

④消化；消除：化食、化痰止咳

⑤烧化：焚化、火化

① 笔者注：《忏悔录》原载《东方杂志》1915年11月。

⑥（僧道）死：坐化、羽化

⑦指化学：理化、化工、化肥

⑧后缀。加在名词或形容词之后构成动词，表示转变成某种性质或状态：绿化、美化、恶化、电气化、机械化、水利化

⑨（僧道）向人求布施：募化、化缘、化斋

从上面的注释来看：①“化”字从古典汉语时期就具有丰富的含义，单字作为词，或是和别的语素构成词，“化”都表现出了意义的多样性。②其虚化后的后缀用法是较晚出现的用法，《汉语大词典》中最早的后缀用例是1915年的用例。③两种词典中都提到前接名词或形容词后加“化”构成动词，但是没有论述“化”前是否可以接续动词。字典中的论述过于泛泛，对于“化”也有一些研究者进一步进行了研究。

二 汉语中类后缀“化”的研究

据笔者所知，目前汉语界还没有针对类后缀“化”的历时研究，针对类后缀“化”的共时性研究也不多。这种情况与“性”类似。汉语研究者反复调查的角度都比较集中，主要集中在两个方面，分别是“化”的前接词的成分，其后缀用法构成的新词的词性。这其中比较有代表性的如下。

（1）吕叔湘（1991）[①]

吕叔湘概括的“化”的用法为：“化”可以与各种词性的构词语素结合构词；“□+化、□□+化”多构成动词性词汇；“化”表示转变成某种性质或状态；“形容词性语素+化”多构成及物动词，如“美化”“简化”；“名词/动词/形容词+化”多构成不及物动词，如“大众化”“现代化”“工业化”。

① 吕叔湘：《现代汉语八百词》，商务印书馆1991年版，第239—241页。

和吕叔湘研究的角度比较接近的还有秦岭枫（2002）[①]，他也重点分析了“化”构成的词在汉语句子中的语法功能，如在句子中可以充当“谓语”“主语”等。这样的分析方法都倾向于考察“化”的后缀词在汉语中的语法意义，缺少对“化”后缀词的内部构词关系的分析。其中也有值得笔者注意的地方，如秦岭枫（2002）指出：单双音节与“化”的结合特点有所不同，概括而言，即单音节与“化”基本构成动词，双音节与“化”则基本构成形容词和名词，少数即使构成动词，也是不及物动词。另外，秦岭枫在论述“动词+化”的后缀用法用例时，列举了“驯化、教化、感化、退化、进化、劳动化、扩大化、革命化、拟人化”这些用例。这里的二字用例“驯化、教化、感化、退化、进化”是否属于后缀用法有待商榷。

前面的研究者都提到了“化”前接一字词和二字词两种情况。[②]研究者都默认三字用例中“化”为后缀用法，而对于二字用例中“化”哪些属于后缀用法，哪些是一般的构词语素都没有人涉及。这也是汉语“化”后缀研究的一个缺陷。

（2）郑奇夫（2007）[③]

《汉语前缀后缀汇纂》中这样总结“化”的后缀用法：

> ①用在名词性语素或短语的后面。其词义一般是“转变成某种性质或状态”。词性一般为动词。一说为动词短语。比如：“一元化”“一体化”“公式化”等。
>
> ②用在形容词语素或短语后面。其词义一般是“转变为某种性质或状态”。词性一般为动词。一说为动词短语。比如：“丑化”“净化”“永久化”等。
>
> ③用在动词性语素或短语的后面。其词义一般是“变成某种

① 秦岭枫：《试论后缀“化”》，《阜阳师范学院学报》（社会科学版）2002年第3期。

② 作者这里实际使用的是“单音词”“双音词”，考虑到中日比较时，术语对应的情况，这里笔者换成了“一字词”“二字词”。后面的文章中皆同。

③ 郑奇夫：《汉语前缀后缀汇纂》，浙江大学出版社2007年版，第145—151页。

性质或状态”。词性一般为动词。一说为动词短语。比如：“公有化”“概括化”等。

作者指出“化”接续在动词性语素或短语后也属于后缀的用法，如“公有化”“概括化”；“化”构成的新词表示“转变为某种性质或状态”的意思，且都是动词或动词短语。

（3）朱柯（2009）①

《“化”缀动词分析》中大多数的内容和前面列举的研究内容也大致相同，他们均都考察了汉语句子中“化”的语法意义。其中有一段简单提到了词缀“化”的产生。

> 实义语素“化”虚化为词缀，可能受到外来语和外来观念的冲击，尤其是以英语为代表的外来语及其所承载的外来观念冲击的结果。外语词缀在进入汉语时，既保留了自身的优势，又适应了汉语的特点，构词能力很强。虚化后的“化”跟原来的实义语素在“变化、使变化”的意义上仍有一定联系，它仍然带有“转变成某种性质或状态”的附加意义。

这一段论述把“化”后缀用法的产生归功于外来语，并进一步指出主要是受英语的影响。这种观点没有历史根据，作者也没有拿出实际的例子解释“化”如何受了英语的影响。不能否认，英语中“-ize$_{i}$fy$_{f}$y”后缀和“化”的后缀用法在构词结构和产生的新词用法上有相似之处，但是用现在的“结论”来推理当初的“起因”是不恰当的。为了弄清当初“化”的后缀产生原因必须回到历史中，找出其产生的真正时期，只有实际调查当时的用例，才能还“化”后缀产生时的真实面貌。这也是笔者的选题用意所在。

三　汉语类后缀“化”研究的小结

上面概括了汉语“化”后缀的研究成果，现阶段汉语“化”后

---

① 朱珂：《“化”缀动词分析》，《华章》2009年第8期。

缀研究的现状如下。

（1）对于类后缀“化”的研究较少，特别是没有历时性研究，类后缀“化”的产生问题必须得到解决。有研究稍加指出“化”后缀用法受到英语影响，但是没有充分的依据。

（2）“化”作为构词语素的实词用法比较常见，表示的意思也非常丰富，多数二字词中的“化”都属于构词语素。

（3）类后缀“化”可前接名词、形容词和动词构成动词或动词性词组。其中接名词、形容词的情况比较多，“化”在其中表示“转变为某种性质或状态”的意思。

（4）大多数研究者默认前词为二字词既“□□+化”是后缀用法，但是“□+化”时则属于混乱状态。研究者对“□+化”的判定没有标准。基于这种情况，本研究中二字词“□+化”中“化”不视为类后缀用法，具体原因可参看第七章第一节“四”中的论述。

笔者已经分别调查了中日双方对于“化”的研究，比较双方的研究，我们可以发现一些异同。

（1）现代中日语言中“化”的用法多相似的部分，前接词都可以接名词、形容词和动词。前接词接名词和形容词的情况比较多，动词和“化”的结合比较困难。构成的新词主要是动词和名词。对于这一点，日方研究得更加深入，探讨了前词的语义限制。

（2）从历时角度的研究来看，双方的研究都集中于现代语中的用法，对于“化”后缀用法的产生情况的研究几乎属于空白的状态。但是日方的词典中指出「化」的后缀用法来自于兰学翻译，在幕末明治时期形成了二字的后缀用法，到了明治后期和大正时期又发展为三字的后缀用法。事实上当时的用例是如何使用的，缺乏相关的研究。另一方面中方有研究者指出“化”的后缀来自英语的翻译，这也缺乏证据。也和之前王立达（1958）中“化”的后缀来自近代日语的结论相悖。故目前须对“化”的后缀用法产生和中日词汇的交流关系进行研究。

（3）双方研究不同的地方在于：中方的研究中明确汉语后缀“化”的前词有一字词和二字词之分，一字词和“化”多构成动词，二字词和“化”多构成名词和形容词；日方则是在分析后缀时更加关注「二字漢語+化」的结构，对于「一字漢語+化」没有作为后缀分析。这种对于“□+化”的认识不同，也是进行“化”研究时需要注意的部分。笔者认为，对于近代时期“二字词”即“□+化”的结构中“化”的用法，是否属于后缀用法有待商榷。虽然现代汉语中有的研究者把其归类为后缀用法，但是这是站在共时角度的研究立场，从历时角度研究“化”，近代的用法只是用法发展中的一个阶段，这个阶段中“化”是否就已经发展成为后缀用法值得进一步考察。故本章中暂不作为后缀用法处理。

第二节　清末时期汉语“化”字用例的抽取

笔者将延续使用“的”“性”的研究资料作为“化”的研究资料，这样有利于最后笔者进行横向比较。即日方资料：『東京日日新聞』(1872)、『反省会雑誌』(1887)、『佳人の奇遇』(1885)、『経国美談』(1883)、『十五小豪傑』(1886)；中方资料：《时务报》(1896)、《清议报》(1898)、《新民丛报》(1902)、《译书汇编》(1900)、《佳人奇遇》(1898)、《经国美谈》(1902)、《十五小豪杰》(1903)。除了这些资料外，清末小说中的用法也应该作为参考比较的对象进行调查。“的”“性”这部分资料的内容都已经有研究者进行过研究，所以笔者没有重新调查。但是“化”这部分资料中用例的用法仍是未涉及的部分，应该进行参照比较，笔者列入调查范围。

对于这部分作品的选择参考《中国通俗小说总目提要》(1990)，从道光二十年（1840）到光绪二十六年（1900）年的60年间，中国总共出版小说133部，平均每年出版2部，而从光绪二十七年（1901）到宣统三年（1911）的10年间出版的小说达到529部，平均每年就出版48部之多。同时，相对于清朝前期传统的人情小说、历史小说等题材，清末的讽刺小说在中国小说史上更是占有重要的地位。这个时期的原创作品，无论从社会思想、文学价值还是影响力方面都有重要的研究价值和意义。参考《晚晴小说史》(1997)中小说出版史,[①] 笔者选择了三篇清末有名的讽刺小说《官场现形记》《二十年目睹之怪现状》及《老残游记》为研究调查对象。《官场现形记》为李伯元的代表作，最初连载在《世界繁华报》，总共60回；《二十年目睹之怪现状》是吴趼人的代表作品，最初在1903年《新小说》中连载，然后又以单行本发行。作者曾有渡日的经历。《老残游记》是刘鹗的代表作，发表于1906年。这三部作品的出版时间和其他资料大致属于同一时期，其中用例用法可以作为横向比较的对象。

笔者对以上资料采取了穷尽性的调查，资料中出现的“化”主要有以下几种用法（见表9-1）。

表9-1　　清末小说中“化”字用例的结构形式

类别	结构形式	用例
①	单独使用及习惯用法	天算声光化、之化、倾化定界、化弱为强、化为乌有
②	二字词的前语素	化分、化人、化铸、化炼、化育、化导、化验
③	二字词的后语素	风化、开化、教化、文化、感化、劝化、变化、归化、分化、闭化、进化、退化、雅化、难化、消化、镕化、成化等
④	二字词+化	人格化
⑤	—化—	感化力、开化主义、进化论、进化者、同化力、文化人、消化力、消化器、酸化物、权化力、硫化物

上面“化”的五种主要用法，具体有如下这些用法。

（1）实义语素的“化”字用例

从字典注释中我们可以发现：汉语中“化”有动词、名词等丰富的实际意思，可以单独使用。这些意义在《时务报》中当然也有体现，而且用例总量也很多。如“之化、化、倾化定界、为化、为……所化”等词，有些词是汉语中的成语和惯用说法，如“千变万化、潜移默化、积习不化、化弱为强、化为乌有、化难为易”，其中的“化”有的用作动词，有的用作名词。具体例句如：

① 可参考附录3《晚清小说史》(1997)。

9-1 出示严禁在案奈乡民积习不化。(《时务报》光绪二十二年第 15 册，第 979 页)

9-2 各生皆属少年气质为化。(《时务报》光绪二十三年第 42 册，第 2846 页)

9-3 有瘴气午后瘴气为太阳所化。(《时务报》光绪二十四年第 61 册，第 4107 页)

9-4 故衣裳钟鼓之化达乎上下。(《时务报》光绪二十四年第 63 册，第 4233 页)

这些“化”的用法是汉语中的固有用法。

(2)“化学”及与“化学”相关的用例

这一时期“化学”这一学科已经被介绍到中国，《近现代汉语新词词源词典》(2001) 中对“化学”词条出处的说明为：“化学言物各有质，自能变化。精识之士，条分缕析，知有六十四元（1857 年《六合丛谈》)。”可见“化学”的用词从很早即于汉语中出现，在清末时期我们不光可以从它很高的使用频率中得知这一点，从一些相关专业用语的使用中也可得知。而且“化学”和很多的近代科学专业用语被放在一起使用，也可以看出当时吸收了各种近代知识。如下面这些用语都有很高的使用频率。

9-5 可阅各种天算声光化专门名家之报，有一学既有一报。(《时务报》光绪二十二年第 1 册，第 4 页)

9-6 基于此余若天学化学气学光学电学重学矿学兵学法学声学医学文字制造等学。(《时务报》光绪二十二年第 1 册，第 16 页)

与此同时，当时出现的一些“化学”方面的专业用语，如化学器材、化学教习、应用化学室、化学分析法、化学家、化学师、化学分析、化学书等，汉语中使用有些用语侧面反映了西方近代自然科学知识在中国的传播。

（3）作为二字词前语素的“化—”

清末时期出现了“化”作为二字词的前语素。这些二字词的结构上有比较典型的特点，除了“化学、化外、化宝”几个“化+名词”的例外，其余的用例结构皆是“化+动词”。即都是“V+V”的结构，如化为、化分、化入、化铸、化炼、化育、化导、化验。我们也可以发现这几个用例在现代汉语中也使用。如：

9-7 中国夙以难治之故，置诸化外未经教养。（《时务报》光绪二十二年第 4 册，第 241 页）

9-8 其银色有化宝足纹各等之称。（《时务报》光绪二十三年第 47 册，第 3185 页）

9-9 养民之大经大法实足以赞天地之化育者。（《时务报》光绪二十三年第 18 册，第 1236 页）

9-10 而后及不急之务以渐次化育其生民。（《时务报》光绪二十三年第 37 册，第 2530 页）

9-11 其质之杂者则以化验分之。（《时务报》光绪二十四年第 67 册，第 4488 页）

“化外”《汉语大词典》中解释为“凡文化所不及者，谓之化外。《宋史太祖记》‘詔旧禁铜钱。无出化外’”。从例 9-8 的意思来看，“化宝”为一个表示银色的特有名词。另外，“化+V”结构的构词也可以判定为汉语中构词的一个类型，通过比较日语中的构词也可以证明这一点，日语『日本国語大辞典』中以“化”为前语素的词只有「化合」「化石」「化繊」「化育」四个。[①] 其中「化合」「化育」是中日同形词。资料中没有出现“化合”，出现了“化育”。《汉语大词典》中对“化育”的出典也表明这是汉语词汇：“谓天地之生成万物也（《中庸》：‘能尽物之性，则可以赞天地之化育。’）。”近代汉语中的用例也可以侧面反映出这类词来自汉语。

① 这里指发音为「カ」的「化」，发音为「ケ」的「化」还有「化身」「化粧」。

通过上面这些用例的分析，确定了本章中研究的主要对象，即“化”作为后语素的二字词，其在各种资料中的使用情况为：

《时务报》（1896—1898）：

开化、文化、归化、分化、闭化、进化、退化、雅化、难化、成化、清化、更化、强化、运化、幻化、改化、通化、向化、移化、浑化、速化、风化、融化、火化、消化、镕化、不化、造化、教化、感化、劝化、变化

《清议报》（1898—1902）：

自化、万化、转化、同化、朽化、旋化、易化、道化、治化、能化、形化、习化、阻化、独化、规化、募化、默化、弊化、软化、欧化、普化、诱化

《译书汇编》（1900—1901）：

脱化、雅化

《新民丛报》（1902—1906）：

剖化、蜕化、孵化、焚化、俱化、物化、溶化、薰化、群化、饬化、土化、养化、敷化、佛化、迁化、德化、虚化、复化、常化、幻化、理化、凌化、应化

通过上面的用例我们发现：①“化”作为后语素的二字词保持着稳定的用法，每一年的用例数量上没有过多的变化。这和“性”的二字后语素的情况类似。②有些用例在各种资料中反复使用，如“进化”“开化”等，而另一部分则只是临时使用，如“饬化”“凌化”。下面将具体从以下几个角度分析这些二字词。

第三节　“化”作后语素的二字词

这一节分析近代《时务报》《清议报》《译书汇编》《新民丛报》收集到的后语素为“化”的二字用例。因为这一部分为当时“化”最主要的用法，若是日语对近代汉语“化”产生了影响，那么这一时期的影响只能体现在二字的借用词上。为了探求中日两国语言交流的真实情况，笔者主要从二字用例的出处进行调查，探讨此时近代汉语是否受到日语影响，其次从二字的结构构成上比较两国构成倾向的异同。

一　“□+化”用例的出典

为了更好地分析这些用例，笔者采取和“性”同样的研究方法。主要从两个角度对其进行分类，即是否为中日同形词和是否在古典汉语中有出典。首先，是否为中日同形词：若用例是中日同形词才能判断其有来自日语借词的可能性，若不是中日同形词，那么其属于汉语本身的造词可能性更大。其次，在古典汉语中是否有出典：若用例是中日同形词，在古典汉语中有出典，则说明这个词是古汉语的沿用，中途传到日本，同样被日语采用，但如果没有古典汉语出典，则说明这个词借用自日语的可能性较大。按照这些标准，笔者可以把上面这些用例进行分类，如表 9-2 所示。

表 9-2　“化”字用例的出典及前接词

	中日同形词（38%）	非中日同形词（62%）
有古典汉语出典（90%）	风化、开化、教化、文化、感化、变化、归化、分化、进化、退化、雅化、难化、消化、镕化、清化、强化、通化、造化、火化、同化、转化、物化、溶化、薰化、德化、应化（26 个）	劝化、幻化、改化、速化、移化、浑化、融化、向化、成化、闭化、更化、运化、旋化、施化、易化、道化、治化、能化、形化、自化、万化、阻化、募化、默化、朽化、习化、弊化、普化、剖化、蜕化、焚化、俱化、群化、土化、养化、敷化、佛化、迁化、虚化、复化、常化、幻化、理化（43 个）
无古典汉语出典（10%）	软化、欧化、孵化（3 个）	独化、规化、诱化、饬化、凌化（5 个）

从表9-2中可以看出：①近代“化”的二字词大多出自古典汉语，只有少数用例为近代新出现的用例。②汉语独有的古典汉语用例数量最多；其次为从古典汉语传到日本，在日语中保留下来的用例；再次是近代汉语中出现的，个别的国人自己的新造词；最后是有可能来自日语的借用词。从这些特点来看，“化”的二字词出典和“性”的情况非常相似：“化”作为二字后语素受日语影响是非常有限的，相反日方吸收古汉语的用例更多。下面按数量顺序，依次分析。

（1）汉语特有的二字词（有古典汉语出典、非中日同形词）

劝化、幻化、改化、速化、移化、浑化、融化、向化、成化、闭化、更化、运化、旋化、施化、易化、道化、治化、能化、形化、自化、万化、阻化、募化、默化、朽化、习化、弊化、普化、剖化、蜕化、焚化、俱化、群化、土化、养化、敷化、佛化、迁化、虚化、复化、常化、幻化、理化

“化”构成的二字词数量很丰富。这说明，“化”在古汉语中一直是非常活跃的构词语素，具有很强的构词能力。如：

9-12 故宜各因其所居之地注其民籍，与汉人一律，则域之见自化矣。（《清议报》光绪二十四年第2册，第70页）

9-13 又由体魄以终于溃烂，朽化辗转变为他物。（《清议报》光绪二十五年第7册，第431页）

9-14 然养气也，旋化而为炭气。（《清议报》光绪二十五年第7册，第432页）

9-15 地甚廖远，颇难施化。（《清议报》光绪二十五年第8册，第480页）

9-16 尽恶风庐服俗谬例弊化而涤藎洗刮之。（《清议报》光绪二十六年第53册，第3427页）

9-17 聚千百之理化学士，而不足以剖化其原质。（《新民丛报》光绪二十八年第11册，第1396页）

9-18 食而俱化。而谓此学仍彼之学而非我之学焉。(《新民丛报》光绪二十八年第 21 册，第 2856 页)

9-19 焚化之则为渎火，埋之则为渎土。(《新民丛报》光绪二十八年第 19 册，第 2593 页)

这些用例出自国人自己撰写的文章。笔者比较了这些用例在文中的含义和《四库全书》用例的意思，发现这些用例意思上也没有变化，其中“化”为动词，表示着丰富的含义。如“理化”有“化学”的意思；“朽化”“俱化”表示“转变、变化”的意思。这些用例并没有受到日语「化」的影响。

(2) 传入日语的古典汉语（有古典汉语出典、为中日同形词）

风化、开化、教化、文化、感化、变化、归化、分化、进化、退化、雅化、难化、消化、镕化、清化、强化、通化、造化、火化、同化、转化、物化、溶化、薰化、德化、应化

这一类用例和第八章在明治时期收集到的二字日语用例多有重复，如“开化、进化、感化、消化、德化”等。第八章笔者分析过这些用例传入日本后，[①] 有的意思发生了变化。笔者比较了《四库全书》用例和近代用例，以调查其意思上是否有区别。按笔者调查的结果可以把上面这些用例分为[②]：①意思有变化：开化、文化、感化、强化、进化、退化、风化、同化；②意思没有变化：教化、变化、归化、分化、雅化、难化、消化、镕化、清化、强化、通化、造化、火化、转化、物化、溶化、薰化、德化、应化。意思有变化的一类，如：

① 有的用例意义的转变可能发生在清末传教士的翻译进程中，如“感化”是清末《英华词典》中翻译“influence”时被赋予了新义。笔者在这里并没有详细地把这一部分用例和近代日语意义变化的用例加以区分。

② 由于很多用例都有多项语义，这里“意思没有发生变化”的用例只限是笔者调查范围内的情况，在近代其余资料中是否出现了“意思发生变化”的用例，需要进一步的考察。但是因笔者进行的是穷尽性调查，在某种程度上具有当时用法的代表性。

9-20 蔑视他国人，谓为野蛮，待己辖治之，然后开化，故以歼减他国人。(《时务报》光绪二十二年第4册，第246页)

9-21 生民何辜遭此荼毒文化之邦有援救之责。(《时务报》光绪二十二年第5册，第300页)

9-22 素擅其长，昔曾感化回回教、犹太教及满洲蒙古人等岂俄。(《时务报》光绪二十二年第7册，第433页)

9-23 足以知其能使异种人同化于己之力强且大也。(光绪二十五年第7册《东报译编》，《论清国政变前后状态》①，第415页)

上面这几个用例在古典汉语中有出处，而且传入日本后也继续使用，但从近代汉语中的意思来看，可能是借用了近代日语。如“开化”表示“文明开化”；“文化”表示“文明”；“感化”表示“影响、劝导”。这些都可以算是在近代日语中产生的新义，可见“化”的二字词经过了“古典汉语→古典日语→近代日语（意义的转变）→近代汉语”的过程。在这个过程中“化”虽然意思变化了，但是其作为构词语素的用法并没有变化，没有出现后缀用法的变化。另一部分传入日本后没有发生变化的用例，在汉语中也仍然保持着原有的用法。如：

9-24 现在教化未开民风愚陋未知能与何种工业也。(《时务报》光绪二十二年第3册，第176页)

9-25 尤能于船尾拖一吸金船以分化海水所含之水。(《时务报》光绪二十二年第13册，第865页)

9-26 胃火变为格罗考司，始易消化。(《时务报》光绪二十三年第21册，第1439页)

9-27 人之转化，亦无既极。(《清议报》光绪二十五年第30册《儒术真论》，第1970页)

---

① 例句中有出自日语翻译文章的都表示出处，无表示的则为非日语翻译文章。

9-28 故葛氏自定其学。宗主执意。而宾旅夫物化。其于斯氏优矣。日本言斯学者，始有贺长雄。（《新民丛报》光绪二十八年第 22 册，第 3037 页，译岸本能武太《社会学》）

9-29 受雄辩家道德家学哲者之薰化，即可涵养德性。（《新民丛报》光绪二十九年第 35 册，第 5078 页，译编《泰西教育学沿革小史》）

(3) 国人自己的近代造词（无古汉语出典、非中日同形词）

独化、规化、诱化、饬化、凌化

“化”作为构词语素的用法也体现在国人自己的造词上，这几个词在句子中的用法，如：

9-30 独化之灵。发祥瑞穗。无疆之业。流庆丰伟。（《清议报》光绪二十六年第 37 册，第 2422 页）

9-31 遇江湖豪士之往来沪上者，亦以是规化之。（《清议报》光绪二十六年第 58 册，第 3728 页）

9-32 为土匪所诱化者，亦不少。诚堪痛叹。（《清议报》光绪二十六年第 27 册，第 5343 页）

9-33 牧养繁鸟兽。百工饬化八材。商贾埠通贿。皆今官制所脱累者也。（《新民丛报》光绪二十九年第 38—39 册，第 5500 页）

9-34 当时日耳曼民族高视阔步。常以强力凌化他民族。（《新民丛报》光绪三十二年第 83 册译《早稻田学报》，第 11309 页）

以上的用例出自国人自己撰写的文章，意思也符合古典汉语中的习惯，属于汉语原有的用法。不过这些用例同样在现代汉语中保留下来的不多，也说明了“化”的用例在近代发生了很大变化，很多当时国人自己造的二字词被淘汰了。和前面两类用例相比，古典汉语中的二字词的用法比较稳定。

（4）产生于日语的新词汇（无古典汉语出典、为中日同形词）

软化、欧化、孵化

为了确定这一类词的出典，笔者同样参考了《汉语大词典》和『日本国語大辞典』（见表9-3）。

表9-3 “化”字用例出典比较

用例	『日本国語大辞典』	《汉语大词典》
软化	『医語類集』（1872）	鲁迅《南腔北调集》
欧化	『佳人之奇遇』（1885—1897）	黄质《朱生君实延龄遗墨》
孵化	无	无

从表9-3的出典情况来看，三个用例首先出现在日语中，是日本人首先创造。从用例的实际使用情况来看：

9-35 以软化驯伏我华人。（《清议报》光绪二十七年第80册译《扬子江》，［日］林安繁著，第5066页）

9-36 是美国将来欧化亚细亚。其有绝大之势力。（《清议报》光绪二十七年第99册译《帝国主义》，《国民新闻》，第6155页）

9-37 稍进至鸟类。则孵化其卵而复养育之。（《新民丛报》光绪二十八年第18册译《进化论革命者颉德之学说》，第2397页）

三个用例全部出自日语翻译的文章，更加提高了这些用例受到日语影响，借用近代日语的可能性。比较前面几类用例可以发现近代汉语“化”的二字词借用日语的情况是非常有限的。

通过上面对于二字用例出典的研究，我们可以发现：①二字词主要产生于中国，大多用例出自古典汉语或当时国人的新造词，多数的用例和日语关系不大。②汉语自古以来就一直向日语输出二字词，其中有些在日语中保持着原来的用法，一些意思发生了变化，而近代时期，一些意思发生变化的用例重新被借用到汉语中来，体现了日语对汉语的影响。③近代汉语还吸收了一些日本人自己创造的「新漢語」，首先还是由翻译文章引入。④从用例稳定性来看，古典汉语和引入汉语中的「新漢語」一直保留到现代语中，而国人自己的造词则没有保存下来。笔者认为这是由于国人造词最初是个人的尝试，很难有意识地使其稳定下来；而翻译日语时由于这些词都是直接照搬，多数的翻译者都会使用同样的用语，自然使用频率就会提高，越来越普及。

二 “□+化”用例的构词形式

分析当时用例的构词结构，有助于把握汉语的造词习惯，也可以比较中日两国造词上的倾向。笔者对上面四类用例进一步进行了构词分析，比较了它们的构词特点，如表 9-4 所示。

表 9-4 “化”字用例的构词形式及出典

构词形式	古典汉语特有的二字用例	传入日语的古典二字用例	国人自己的新造词	来自日语的借用词
N+化	幻化、速化、道化、形化、自化、万化、朽化、弊化、群化、土化、佛化、复化、理化（31%）	风化、文化、火化、同化、物化、薰化、德化（27%）	无	欧化、孵化①（33%）
A+化	易化、普化、俱化、虚化、常化（12%）	雅化、难化、清化、强化（15%）	独化（20%）	软化（66%）
V+化	劝化、改化、移化、浑化、融化、向化、成化、闭化、更化、运化、旋化、施化、习化、迁化、养化、敷化、剖化、蜕化、焚化、阻化、募化、默化、治化、能化（57%）	开化、教化、感化、变化、归化、分化、进化、退化、消化、镕化、通化、造化、转化、溶化、应化（58%）	规化、诱化、饬化、凌化（80%）	无

通过表 9-3、表 9-4、图 9-1 可以发现：①“化”作为活跃的构词语素，前面可接续名词、动词或形容词性语素。但是其中“动词性

① “孵化”这个词是由两个非独立语素复合而成的，所以“孵”这个语素不能算是“名词性语素”，但为了调查方便，笔者这里把它视为“名词性语素”。

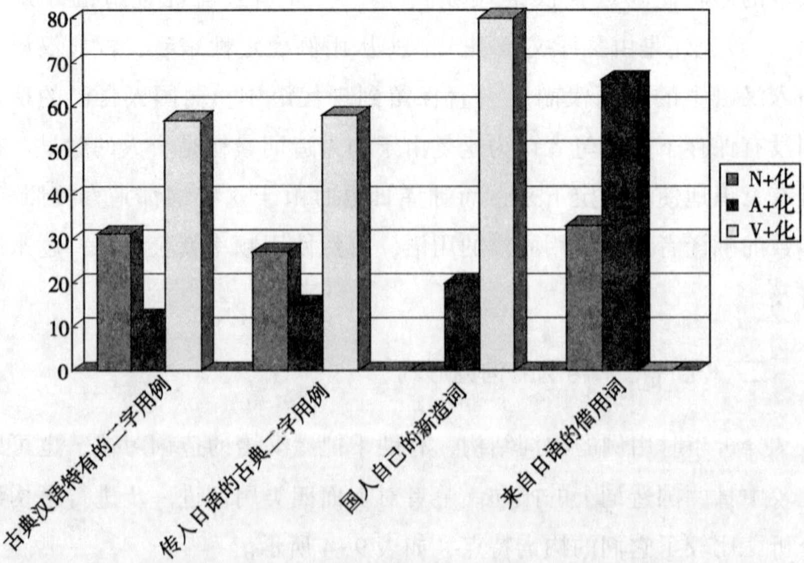

图 9-1　“化”字用例出处调查

语素+化”的构词在前三类用例中都占到一半以上，说明了二字词中“动词性语素+化”的构词数量最多。②笔者比较中日两国的二字词的造词发现，日本人造词主要集中于“名词性语素+化”或“形容词性语素+化”，如「軟化、欧化、酸化」，和现代日语中后缀用法的结构相似。国人自己的造词中是“动词性语素+化”最为活跃，和日语呈现相反的情况。

三　“□+化”用例用法的小结

清末报刊中的“化”的二字词在近代汉语中的特点主要体现在以下两方面。

（1）从出典来看：用例多为古典汉语的沿用，只出现了少量借用日语的词汇，同时另一部分古典汉语词受到日语影响改变了词义。这些词进入日语后意思发生了变化，被作为近代「新漢語」使用，之后又被近代汉语吸收，呈现为“古典汉语→古典日语→近代日语（新义）→近代汉语”的过程。

（2）从构词结构来看：“化”在近代汉语构词中也多作后语素，

“名词性语素+化”“形容词性语素+化”“动词性语素+化”的构词形式都有一定的用例，可见其构词能力之强。其中“动词性语素+化”的结构最活跃，但是从日本人造的二字词来看，“名词性语素+化、形容词性语素+化”的结构更为活跃。这是中日两国近代构词的不同点。

总的来看，“化”的二字用例反映出近代汉语借用日语词汇的事实。但是由于几乎没有收集到后缀用法的用例，故后缀用法是否也受到日语的影响，仍需要通过进一步的调查才能确定。

第四节　“化”作后语素的三字词及其他

除了“化”的二字用例之外，下面一些用法也非常值得注意。

（1）“□□+化”形式的三字词

笔者收集的近十年的近代资料中只出现了一个“□□+化”形式的用例：

9-38 就中以实在为人格化者。即耶教之神也。（《新民丛报》光绪二十九年第38—39册，第5539页）

这唯一的用例为翻译自日语的用例，笔者认为是后缀用法，“人格化者”表示“人格化了的东西”。由此可以判定近代汉语“化”的后缀用法有受到日语影响的可能性，同时也说明其用法产生时间比其他研究对象“的、性”都要晚，到光绪二十九年（1903）才出现第一个用例。笔者将在以后的研究中以1903年为标准对之后出版的资料进行调查。

（2）“—化—”结构的用例

9-39 优强民族能以同化力（能化人使之同于我谓之同化力）吞纳劣弱民族。（《新民丛报》光绪二十八年第2册，第177页）

9-40 又以硫化铜注入果树。（《新民丛报》光绪二十九年第

35 册，第 5129 页）

9-41 食物者必与儿童之消化器之发达相应。（《新民丛报》光绪三十二年第 77 册，第 10519 页）

资料中显示出在“化”三字后缀用法确立之前，这种结构已经有了一定量的用例。这种结构在近代日语中也出现过，而且近代资料中出现的用例多是专业类的词汇，内容涉及化学、医学、哲学、法律、政治等多个方面。从之前日方近代兰学资料翻译的情况来看，这些词有可能来自于兰学时期的翻译，之后又被借用到汉语。

第五节　翻译小说中“化”的用法

笔者为了全面调查近代语中“化”的使用情况，进一步分析了翻译小说中的用例。发现翻译小说中的用例数量非常少，通过比较人文知识的译作和小说作品的译作，可以看出类别和内容确实会对“化”的使用产生影响。用例抽取的方法和“的”的情况相同，具体可参考第三章第三节（2）。《佳人奇遇》《十五》《经国美谈》三篇作品中都没有出现后缀用法的用例。翻译后出现的用例，如表 9-5 所示。

表 9-5　　翻译小说中“化”的用例

作品名	用例
《佳人奇遇》	造化、开化、王化、文化、变化、化杀伐之陋习、化逆境、化为、半化朽、礼与俗俱化
《十五小豪杰》	造化、物化

《经国美谈》中没有出现“化”的用例。其余两篇中的用例数量也很少，作为二字词出现的只有“造化、开化、王化、文化、变化、物化”。这些用例和报刊中的用例也一致。出现最多用例的《佳人奇遇》是用文言写成，也可以看出文言语体中“化”和古典汉语“化”的用法相同。其中对于日语原文中的「化」，译者做了如下的处理。

（1）照搬日语原文

9-42 夫兵者活机也。深出鬼没。变化无机。（《佳人奇遇》第三十期，第 1978 页）

夫レ兵ハ活機ナリ、神出鬼没変化極リナク（『佳人の奇遇』，第 104 页）

9-43 前者又道。好结果。好造化。（《新民丛报》第二十一期，第 2906 页）

前者云く好結果好造化と（『十五少年』，第 231 页）

（2）根据意思进行的翻译

9-44 则化逆境而为坦途，振疲兵而为劲旅。（《佳人奇遇》第二十七期，第 1774 页）

再ビ逆境ヲ挽キ坦途トナシ、疲兵ヲ奮フテケイ旅トナス（『佳人の奇遇』，第 102 页）

9-45 伊范心里诧异。左思右想。不解其故。一日忽有所悟。乃向俄敦武安道。他们以为茄稚兰久经物化。又估量我也溺水死了。（《新民丛报》第二十三期，第 3197 页）

武安及び呉敦に向ひて、其の思ふ所を語りて云く、「余をして彼らならしむるも、亦た必ず此の策に出でしならむ、彼らは諸君を以て、己れ等の斯の島に上陸せしことを全く知らざる者となせり、何となれば、圭児は既に海に死し、余は既に川に溺れたる者となせり……」（『十五少年』，第 235 页）

从和原文对比的情况来看，“化”的用例确实有直接引用日语的情况，如“造化”“变化”。但是这些多是汉语词汇，意思也没有发生变化，所以直接照搬翻译为“造化”。还有的用例梁启超通过自己的理解进行了翻译，如“物化”。这种用法和报刊中的用法差异巨大，可见当时受到日语影响的更可能是表示专业名词的二字词。一般文章中还没有出现受到日语影响的用例。

第六节 原创小说中“化”的用法

本节以《官场现形记》《二十年目睹之怪现状》《老残游记》三篇清末白话小说为对象，考察其中“化”的用法。通过比较前面几种类别中“化”的用例，可以全面了解近代“化”的用法。按照前面抽取章节的方法，三篇小说中收集到“化”的用例如下（见表9-6）。

表 9-6 白话小说中“化”的用例

小说名	用例
《官场现形记》（1903）	无
《二十年目睹之怪现状》（1906）	化了几块洋钱
《老残游记》（1906）	无

“化”只在《二十年目睹之怪现状》中有一个用例出现，出现了三次，表示僧人、道人向人求布施的意思，是古典汉语中的实词用法，如：

9-46 这土老儿化了几块洋钱，就住了一夜。（《二十年目睹之怪现状》第一回）

9-47 桂花留他住下，他就化了两块洋钱，又住了一夜。（同上）

从上面原创小说中的用例可以看出，“化”的用例使用频率相当低，只有作为实词意义使用的单字用例。和翻译小说中的用例相同，数量都很低，也多是“化”的实词用法。造成这种情况的原因可能和文章的内容有关。报刊和人文科学翻译的文章内容偏抽象，更容易出现“化”的用例。小说中的内容则相反，不常使用“化”。

第七节　本章小结

从现有调查资料中的用例使用情况来看，中日双方近代“化”的用法如下。

（1）明治时期“化”的用例基本都是二字后语素，是当时最主要的用法。其中绝大多数的用例都来源于古典汉语，基本保持着古典汉语的含义，如「变化、教化、造化、消化」，一部分用例在兰学翻译时期及明治时期发展出了新义，如「進化」。其余少部分用例为日本人近代创造的「新漢語」，如「酸化」。古典汉语的二字词中作为后语素构词的「化」前面多接续动词性语素；而日本人创造的二字词则多为“名词性语素、形容词性语素”。

（2）近代汉语“化”确实受到了日语的影响，这种影响主要体现在二字词的借用上。这一时期可以说已经出现了两种受到日语影响的二字词：①近代日语中产生的新义重新通过翻译引入近代汉语，如“进化”“强化”“风化”。这些词在古典汉语中有出典，但却和近代汉语中用例的意思不同。笔者认为这些用例是近代日语翻译西方自然科学知识时产生的，近代汉语在翻译日语时，又把这些词照搬回来。它们经历了“古典汉语→古典日语→近代日语（新义）→近代汉语（新义）”的过程。但是这些用例中“化”不属于后缀用法，只是单纯的二字词借用。②直接引入近代日语中产生的「新漢語」，如“软化”“欧化”“酸化”。这些用例在古典汉语中都没有出典，但却是中日同形词，有的还出现在近代日语资料中，如“酸化”。所以推测它们是产生于近代日语的新词汇。在近代汉语的资料中，它们都出现在日语翻译文章中，更进一步证明了当时直接照搬日语「新漢語」的情况，经历了“近代日语→近代汉语”的过程。

（3）在没有受到日语影响的用例中，也有下面两种情况：①古典汉语中的用例仍旧被使用，如“变化、造化、教化”等。这些词在近代语中仍保持着旺盛的生命力，使用频率较高，用法也非常稳定。②该时期的新汉语词，如“独化”“诱化”，数量较少，但足够说明当时“化”仍具有很强的构词能力，不断产生着新词。尽管这些新词由于各种原因没有保留到现代汉语中，但是作为“化”的用例的一个发展阶段，值得引起我们的重视。

（4）从构词结构来看，由于多数的用例都出自古典汉语，结构上体现出相似的特点。但在新造词方面，近代汉语中多出现“动词性语素+化”，如“规化、诱化、凌化”；近代日语中多出现“名词/形容词性语素+化”，如“酸化、软化、欧化”。这些用例中，近代汉语中的新造词都没有保留下来，而日方的新造词在中日双方中都保留了下来。即“名词/形容词性语素+化”。这和现代语中后缀用法“化”的结构比较相似。笔者推测，“化”的后缀用法可能在近代日语中从二字词发展而来。目前笔者收集的用例中明确证明了这种推测，笔者将在以后的研究中进一步调查。

（5）三字词后缀的用法还没有出现。笔者调查的双方资料中，日方在1876年出现了「人民化、軽炭化」；中方在1903年日语翻译文章中出现了“人格化”。这几个用例中“化”表现了转变前接词词性、意义为“变为—”的特点。但是用例过少，还不能体现后缀用法的能产性。所以笔者认为这一时期“化”还没有形成类后缀的用法。在以后的调查中，笔者将继续调查1903年之后的近代资料，确定“化”后缀用法产生的时代及和日语的关系。

（6）双方用例中都存在“—化—”的结构。这种结构是近代两国语言中“化”的用法特点。如“感化力”“欧化主义”“硫化铜”“酸化物”。这些用例都是近代出现的专有名词，来自各个领域，如医学、化学、哲学等。从笔者调查的范围来看，这些用例的用法都非常稳定，在现代汉语各种领域中也被广泛使用。

第十章

终章：从中日词汇交流的角度所做的归纳

本章将对三个研究对象在近代两国语言中的用法及演变进行总结，归纳出本书的结论。

第一节　对“的”的研究结果的归纳

本书主要从两个方面对“的”的近代用法进行了研究，一是两国近代语中具体用例的构词用法，二是两国“的”的演变关系。本节也将分别从这两个方面进行要点归纳，同时比较前人研究指出本书的新意所在。

一　有关“的”的要点归纳

（1）日语方面：①明治十年开始用例的数量不断增加，形态上也逐渐丰富。②初期用例多受汉语白话文用法的影响，形式和用法都和汉语古典白话中“的”的用法相似。③明治时期「的」的构词结构为「—的ノ—」「—的—」「—的ニ（シテ）—」「—的ヲ—」「—的ナル（リ）」「—的—ノ—、—ノ—的—」，可前接各种词性的二字词。④明治二十一年（1888）首次出现了类似现代日语中「—的なり/なる」构成的用例，开始逐渐向「形容動詞」的用法发展。⑤「的」逐步发展出日语特有的「—のような、—の性質」含义，从此彻底开始与汉语“的”有了区别，向日语后缀「的」发展。⑥这个时期的「的」字在语音上已经被标注为「てき」，也证明「的」的后缀用法正在走向完善。

（2）汉语方面：①用例数量从无到有，从少到多，构词形态也越来越丰富。②前接词大多数为中日同形词，其中照搬日语「的」的用例非常多，体现了日语对汉语的影响。③初期用例几乎都出现在日语翻译文章中；到了《新民丛报》时期，国人自己编纂的“译述、论著”类的文章中“的”字用例开始占领主要地位。④清末报刊中“的”的主要构词结构为：“—的—”“—的之—”“—的—之—”，同时使用“的”与“之”是最突出的用法特点。⑤初期“的”与“之”同时使用的用例中，“的”用日语「的」理解更加自然，随着用例增加，这种情况消失。⑥“的”用法深受语体影响：初期文言文中结构助词不用“的”只用“之”；白话文中主要用“的”；随着受到日语影响，“的”字用例逐渐增加，文言结构助词“之”的统治地位逐渐被打破，“的”与“之”的区别逐渐模糊，“的”逐渐取代“之”。

（3）本文“的”字研究解决的问题：①明确了中日两国近代语言中「的」和“的”的用法，填补了之前对近代语言中用法研究的不足。②首次证实了近代汉语受到日语影响的事实，并分析了受影响的用例、过程和产生的变化。③结合前人研究弄清了近代汉语、日语“的”用法的演变关系。

二　中日词汇交流视野下的“的”

通过对“的”用法的汉语→日语→汉语演变过程的分析，可以把两国“的”用法发展及演变关系概括为表10-1。

第二节　对“性”的研究结果的归纳

本节对“性”的研究结果从以下几个方面进行概括、总结。

一　有关“性”的要点归纳

（1）日语方面：①「性」的三字用法产生于兰学翻译，其中「□□+性」已经有一定数量的用例，表现出了后缀用法的特点，如

表 10-1　　中日两国"的"用法发展及演变关系

<table>
<tr><th rowspan="2">时间</th><th colspan="2">中国</th><th colspan="2">日本</th></tr>
<tr><th>白话文</th><th>文言文</th><th>汉文体</th><th>和文体</th></tr>
<tr><td>从出现到清代</td><td>俗文学中发展出新的结构助词"底"
⇓
由于音韵的变化"的"字逐步代替"底"与"地"（宋、元）
⇓
至明代，白话文中"的"字的所有用法基本确立
⇓</td><td>作为文言结构助词使用的"之"，及在文言文中只以实词意思出现的"的"
⇓⇓⇓</td><td>从汉语中引入作为实词使用的「的」
⇓
江户时期从中国俗文学中吸取「的」字
⇓
在明治时期，受汉语影响产生的「的」以翻译西方近代知识为契机，用例用法丰富起来，逐渐产生了日语「的」特有的用法并迅速发展起来
⇓</td><td>日语结构助词「ノ」</td></tr>
<tr><td>从清末（1896）到现代</td><td>⇓
白话文"的"字的用法延续至清末小说和用白话文写的翻译小说</td><td>⇓
文言语体中结构助词依旧沿用"之"
⇓
翻译日语的文章中照搬了「的」，客观造成了文言文中出现"的"字用法，"之"开始被取代
⇓
"的"取代"之"的趋势越来越明显，两者的界限模糊
⇓</td><td colspan="2">⇓ ⇓ ⇓
「的」进一步向日语特有的「形容動詞」的用法发展。大正时期基本形成现代日语中的用法</td></tr>
<tr><td>现代语</td><td colspan="2">⇓ ⇓ ⇓
助词的"的"</td><td colspan="2">⇓
接尾辞的「的」</td></tr>
</table>

后缀构成的「新漢語」为名词。②明治时期一般出版物中用例较少，构词结构为「□+性」「□□+性」「一ノ性」「一ノ性質」。③主要为古典日语二字词的沿用，出现了个别日本人自造的二字「新漢語」。

④「□□+性」数量虽少，但开始体现出后缀用法的特点，用法与现代日语后缀用法类似。⑤明治时期「性」也经常以「—ノ性」「—ノ性質」的复合形式出现，这些用例也有发展为后缀用法的可能性。⑥各种结构中「性」都表示「—の性質」的意思，这为「□+性」和「—ノ性」、「—ノ性質」发展为「□□+性」提供了基础。

（2）汉语方面：①用例主要为古汉语二字词，“□□+性”从《清议报》时期开始出现，用例数量逐渐增加。②三字“性”的前接词多为中日同形词，直接受到日语的影响，前接词中出现日语「漢語」特有的二字词。③各种栏目、各种内容的文章中都使用“□□+性”，不集中在翻译文章中。④主要构词结构为“□+性”“□□+性”“—之性”“—之性质”“—性质”。⑤各种结构中“性”多表示“—的性质”的意思。笔者认为，“性”在各种结构中意义相同的情况使“□□+性”迅速普及，国人在吸收日语用法的同时也在进行类似的造词。⑥“□□+性”的用例主要出现在论述类文章中，不受语体影响，不在文艺类文章中使用。

（3）本书“性”字研究中解决和遗留的问题：①填补了对明治时期「性」、清末时期“性”字研究的空白，掌握了两国近代语言中「性」和“性”的使用情况和当时的构词结构。②首次证实了近代汉语类后缀“性”受到日语影响的事实，并分析了受影响的用例和原因。③揭示了类后缀“性”在近代汉语中不同于“的”的演变特点，即普及更快，国人造词更自如。④结合前人研究，弄清了从兰学时期到明治时期日语「性」字用例的发展，以及与清末资料中“性”用法的演变关系。⑤遗留问题：笔者调查的资料中二字“□+性”用例中没有体现出后缀用法。现代汉语界中普遍认为的二字词中的类后缀用法是如何发展起来的，和清末三字“□□+性”有何关系，需要进一步深入研究。

二 中日词汇交流视野下的“性”

由于近代中日「性」和“性”的交流不光体现在后缀用法的交流中，还体现在二字词的借用上。故本书把“性”二字词的中日交流情况也进行了分析。主要可以归纳为两个方面的内容。

（1）二字词的交流：古汉语的很多词传到了日语，在日语中保持着古汉语的意义。到了近代，日本人创造的「新漢語」，又在翻译过程中被借入近代汉语，并保留了下来。同时，近代汉语中“性”作为活跃的构词语素，也表现出了一定的构词能力。出现了国人自造的二字词，但是都没有保留下来。

（2）后缀用法的交流：到了明治时期，日语中已经有了三字「□□+性」的用法。这为向汉语输出做好了准备。近代汉语“性”受到了日语三字用例的影响，迅速利用“□□+性”造词应用于汉语。故后缀构词的用例几乎同时出现于翻译文章和国人自己撰写的文章中，体现了国人对类后缀“性”的接受。

综上所述，“性”用法的交流关系可以概括为表 10-2。

表 10-2　　中日“性”用法的交流关系

时间	中国		日本	
	白话文	文言文	明治资料	兰学资料
从出现到清代	单字、二字后语素 ⇓	单字、二字后语素	单字、二字后语素 ⇓ 二字用例（包括「新漢語」），后缀用法 ⇓	翻译中出现三字词 ⇙⇓
从清末（1896）到现代	⇓ 翻译小说 单字、二字后语素	⇓ 清末报纸文言文中，受日语影响产生后缀用法，并出现借入日语的二字词「新漢語」	⇓ ⇓ ⇓ 逐渐向一般文章中渗透的后缀用法	
现代语	⇓ ⇓ ⇓ 类后缀“性”		⇓ 接尾辞「性」	

第三节　对“化”的研究结果的归纳

本节对“化”的用法从以下几个方面进行概括、总结。

一　有关“化”的要点归纳

（1）日语方面。①“化”的后缀用法产生于何时还需要进一步调查，明治中期中出现个别「□□+化」的用例。②明治时期一般出版物中用例极少，构词结构主要为「□+化」、「—化—」。③主要为古汉语传入古典日语并沿用下来的二字词，出现了个别的、在日语中意思发生变化的古汉语二字词和日本人自造的「新漢語」。④「□+化」结构中「化」的含义非常丰富，结构多为「N+化、A+化」。⑤笔者调查的明治五年至二十五年（1872—1892）范围内，「□□+化」还没有展现出后缀用法的能产性和转变前接词词性的重要特点，后缀用法还没有确定。⑥「—化—」结构用例多为专业用语。笔者推测这些用例可能产生在翻译文章中，产生时期较早。

（2）汉语方面。①用例主要为二字词，“□□+化”在《新民丛报》中（1903）出现了一个来自日语翻译的用例。也出现了“—化—”结构。②借用了近代日语的「二字漢語」，其中包括在日语中意思发生变化的用例和「新漢語」。③“化”主要作构词语素，前语素和后语素都比较活跃。④构词结构中“化”的意义丰富多样，结构多为「V+化」。⑤“—化—”结构也多是专业用语。笔者推测这一部分也是日语借词。⑥二字“化”的日语借词主要出现在论述类文章中，文艺类小说中没有找到用例。

（3）本书“化”字研究解决和遗留的问题。①首次对近代明治时期「化」、清末时期“化”字的用法进行了调查，掌握了近代资料中「化」和“化”的使用情况和当时的构词结构。②结合前人研究，调查了清末受到日语影响的二字借词及与日语「漢語」的演变关系。③揭示了“化”的后缀用法在三个研究对象中产生最迟的事实。④精确了日语后缀「化」及汉语类后缀“化”的产生时期，即日方应晚于明治二十五年（1892）、中方应晚于1903年。⑤研究资料方面：总结了目前研究近代“化”字用法所用的资料及今后需要调查的资料，如表10-3所示。

表10-3　目前研究近代“化”字用法所用的资料及今后需要调查的资料

	日方资料	中方资料
目前已经调查了的资料及其中“化”的结构形式	兰学资料：只有「□+化」，没有「□□+化」	古汉语中：只有“□+化”
	明治五年至明治二十五年（1872—1892）间报刊：除了「□+化」，只有2例「□□+化」	清末（1896—1908）报纸：只有“□+化”和1例“□□+化”
今后需要调查的资料	明治二十五年（1892）以后的资料	1908—1919年（五四）的资料

⑥遗留问题：对比三个研究对象，“化”的后缀发展最迟，笔者调查的资料中还没有体现出后缀用法。笔者今后需要根据表10-3选择适当的资料，进一步调查后缀「化」及类后缀“化”的用法。

二　中日词汇交流视野下的“化”

由于笔者调查的资料中，近代中日「化」和“化”的交流只体现在了二字词的借用上。故本书主要以“化”二字词的中日交流情况为主进行了分析。

二字词的交流：古典汉语中有很多词传到了日语中，多数在日语中保持着古典汉语的用法。到了近代，日语有一部分古典二字词在翻译西洋近代知识的过程中意义发生了变化，同时日本人也创造了「新漢語」。这些近代日语二字词又在翻译过程中被借入近代汉语，在近代汉语中保留了下来。同时，近代汉语中“化”作为活跃的构词语素，也出现了国人自造的二字词，如“凌化”等，但是都没有保留下来。

从目前笔者调查的情况来看，“化”的二字词交流关系如表10-4所示。

表 10-4　中日“化”的二字词交流关系

时间	中国		日本	
	白话文	文言文	明治资料	兰学资料
从出现到清代	单字、二字词 ⇓	单字、二字词	单字、二字词 ⇓ 二字词（包括「新漢語」）⇓	二字词 ⇓
从清末（1896）到现代	⇓ 翻译小说 单字、二字词	⇓ 清末报纸文言文中，受日语影响出现借入日语的二字词「新漢語」，并沿用下来	⇓ 二字词的沿用	⇓ ⇓
现代语	⇓ 二字词	⇓ ⇓	⇓ 二字词	

综上所述，通过笔者的调查发现：近代中日词汇在后缀构词上也存在着复杂的交流关系，各种类型的后缀在交流关系中表现出不同的特点。笔者认为影响中日后缀用法交流的，主要有以下四点因素：①对象作为构词语素在古汉语中的语义；②在古汉语中的用法；③语体对后缀用法是否存在影响；④近代日语中后缀用法是否成熟。另外，从目前的研究现状来看，近代中日两国语言的交流情况还有很多未知的问题等待解决，笔者之后将进一步从历时角度，对前面所述的遗留问题进行研究。

参考文献

中方

陈光磊：《汉语词法论》，学林出版社 1994 年版。

曹广顺：《近代汉语助词》，语文出版社 1995 年版。

程湘清主编：《宋元明汉语研究》，山东教育出版社 1992 年版。

胡开宝：《汉外语言接触研究近百年：回顾与展望》，《外语与外语教学》2006 年第 5 期。

贺阳：《现代汉语欧化语法现象研究》，商务印书馆 2009 年版。

蒋宗许：《汉语词缀研究综述》，《西南科技大学学报》（哲学社会科学版）2008 年第 6 期。

蒋宗许：《汉语词缀研究》，巴蜀书社 2009 年版。

刘坚、江蓝生、白维国、曹广顺：《近代汉语虚词研究》，语文出版社 1992 年版。

刘敏芝：《汉语结构助词"的"的历史演变研究》，语文出版社 2008 年版。

刘世生、朱瑞青编著：《文体学概论》，北京大学出版社 2006 年版。

吕叔湘：《汉语语法分析问题》，商务印书馆 1979 年版。

李运博：《中日近代语汇的交流》，南开大学出版社 2006 年版。

马庆株：《现代汉语词缀的性质、范围和分类》，《中国语言学报》1995 年第 6 期。

潘文国、叶步青、韩洋：《汉语的构词法研究》，华东师范大学出版社 2004 年版。

钱书新：《现代汉语“的”字语法功能类别新论》，《南昌大学学报》（人文社会科学版）2006 年第 1 期。

沈国威：《近代中日词汇交流研究——汉字新词的创制、容受与共享》，中华书局 2010 年版。

《十五小豪杰译后语（选录）》，载陈平原、夏晓虹编《二十世纪中国小说理论资料》第 1 卷（1897—1916），北京大学出版社 1997 年版。

汤延池：《汉语的“字”“词”“语”与“语素”》，载《汉语词法句法三集》，台湾学生书局 1992 年版。

王力：《汉语史稿》，中华书局 1958 年版。

吴岚、刘祥清：《语言接触与现代汉语中的英源类词缀》，《湖南工业大学学报》（社会科学版）2009 年第 2 期。

王德春主编：《大学修辞学》，福建人民出版社 2004 年版。

王洪君、富丽：《试论现代汉语的类词缀》，《语言文字学》2006 年。

王立达：《现代汉语从日语借来的词汇》，《中国语文》1958 年第 2 期。

杨爱姣：《近代汉语三音词研究》，武汉大学出版社 2005 年版。

杨锡彭：《汉语语素论》，南京大学出版社 2003 年版。

朱德熙：《语法讲义》，商务印书馆 1982 年版。

周荐：《三字组合与词汇单位的确定》，《语言科学》2003 年第 5 期。

张静：《汉语语法问题》，中国社会科学出版社 1987 年版。

朱京伟：《日语词汇学教程》，外语教学与研究出版社 2005 年版。

曾立英：《现代汉语类词缀的定量与定性研究》，《世界汉语教学》2008 年第 4 期。

朱亚军：《现代汉语词缀的性质及其分类研究》，《汉语学习》2001 年第 2 期。

郑振铎：《中国俗文学史》，上海书店 1938 年版。

赵载华：《［的、地、得］语义用法源流概说》，《逻辑与语言学习》1990年第5期。

日方

荒川清秀：「—性　—式　—風」，『日本語学』5—3，明治書院1986年版。

荒川清秀：「日本漢語の中国語への流入」，『日本語学』17—5，明治書院1998年版。

荒川清秀：『近代日中学術用語の形成と伝播——地理学用語を中心に』，白帝社1997年版。

遠藤織枝：「接尾語（的）の意味と用法」，『日本語教育』53，日本語教育学会1984年版。

藤居信雄：「的のつかわれるわけ」，『国語教室』，大修館書店1956年版。

藤居信雄：「的ということば」，『言語生活』，71筑摩書房1957年版。

藤居信雄：「的の意味」，『言語生活』，119筑摩書房1961年版。

古藤友子：「近代の日本語と中国語における（的）について　章柄麟訳『社会学』にみる」，『姫路独協大外国語学部紀要』，1姫路独協大外国語学部1988年版。

原由起子：「『—的』—中国語との比較から」，『日本語学』5—3，明治書院1986年版。

堀口和吉：「助辞『—的』の受容」，『山邊道』第36号，1992年。

広田栄太郎：「的という語の発生」，『近代訳語考』，東京堂出版1969年版。

日向敏彦：「近代漢字の位相—明六雑誌を中心として」，『日本語学』7月号，明治書院1993年版。

池上禎造：「漢語流行の一時期」，『国語・国文学』，中央図書出版社1984年版。

稲岡勝:「見立からみた明治十年代の出版界」, 日本出版学会・出版教育研究所共編:『日本出版史料』, 日本エディタースタール出版部発行 1996 年版。

実藤恵秀:『中国人日本留学史稿』, くろしお出版 1970 年版。

柏谷嘉弘:「漢語の変遷」,『講座日本語学 4　語彙史』, 明治書院 1982 年版。

樺島忠雄・飛田良文・米川明彦:『明治大正新語俗語辞典』, 東京堂出版 1984 年版。

加納千恵子:「漢字の接辞的用法に関する一考察（1）—（4）」,『文芸言語研究（言語編）』, 筑波大学文芸・言語学系 1990 年版。

李軍:「明治・大正期の文学に見られる漢字語「的」の使用実態の変遷——日中比較の立場から——」,『福岡教育大学　国語科研究論集 48』2007 年第 1 期。

李長波:「近世、近代における「—的」の文体史的考察」, 京都大学大学院人間・環境学研究科編集委員会『DYNAMIS（デュナミス）』, 2006 年 10 月 Vol. 10。

李秀卿:「明治・大正期の「—的」の性格——形容動詞化機能の定着過程——」,『文学研究論集』, 明治大学大学院文学研究科第 9 号 1998 年第 9 期。

松井利彦:「明治初期の漢語の意味」,『国語語彙史の研究 18』, 和泉書院 1993 年版。

森岡健二:『改訂　近代語の成立　語彙編』, 明治書院 1991 年版。

森啓:「雑誌の構成順序—『中央公論』誌を軸として」,『日本出版史料』, 日本エディタースタール出版部発行, 日本出版学会・出版教育研究所共編 1995 年版。

野村雅昭:「三字漢語の構造」,『電子計算機による国語研究Ⅵ』, 秀英出版 1974 年版。

野村雅昭:「造語法」,『岩波講座日本語 9　語彙と意味』, 岩波書店 1977 年版。

野村雅昭:「接辞性字音語基の性格」,『電子計算機による国語研究Ⅸ』, 秀英出版 1978 年版。

野村雅昭:「複合漢語の構造」,『朝倉日本語新講座 1　文字・表記と語構成』, 朝倉書店 1987 年版。

野村雅昭:「字音形態素考」,『国語と国文学』, 東京大学国語国文学会 1999 年版。

陳誼:「日中両国における『—的』について」,『国語語彙史の研究』18, 和泉書院 1999 年版。

杉本つとむ:「近世における外国語の摂取とその影響——近代日本語史の一断面—」,『国語と国文学』, 東京大学国語国文学会、至文堂 1959 年版。

杉本つとむ:『江戸時代蘭語学の成立とその展開』, 全 5 巻, 東京早稲田大学出版部 1977 年版。

杉本つとむ:『江戸時代翻訳日本語字典』, 東京早稲田大学出版部 1982 年版。

佐藤喜代治:『国語語彙の歴史的研究』, 明治書院 1971 年版。

佐藤喜代治:『日本の漢語——その源流と変遷—』, 角川書店 1979 年版。

佐藤亨:『近世語彙の研究』(1986),『幕末・明治初期語彙の研究』, 桜楓社 1983 年版。

鈴木修次:『漢語と日本人』, みすず書房 1978 年版。

朱京伟:『近代日中新語の創出と交流——人文科学と自然科学の専門語を中心に』, 白帝社 2003 年版。

朱京偉:「『清議報』に見える日本語からの借用語」,『漢字文化圏諸言語の近代語彙の形成——創出と共有』, 関西大学東西学術研究所国際共同研究シリーズ6 2008 年版。

高野繁男:『近代漢語の研究——日本語の造語法・訳語法』, 明治書院 2004 年版。

山下喜代:「漢語系接尾辞の語形成と助辞化—「的」を中心に

して」,『日本語学』19—13，明治書院2000年版。

山田巌:「発生期における的ということば」,『言語生活』，120 筑摩書房1961年版。

山田孝雄:『国語の中に於ける漢語の研究』，宝文館出版1940年版。

陳力衛:『和製漢語の形成と其の展開』，汲古書院2001年版。

研究资料

『反省会雜誌』[マイクロ資料] 首巻号（明20.8）1号（明20.8）—25号（明22.12）；5年1号（明23.1）—7年3号（明25.3）国立国会図書館。

『十五少年』『明治少年文学集』『明治文学全集』福田清人編 筑摩書房1970年版。

『経国美談』『矢野龍渓集』『明治文学全集』筑摩書房1970年版。

『佳人の奇遇』『明治政治小説集（二）』『明治文学全集』筑摩書房1967年版。

『東京日日新聞』1号（明治五年二月二十一日）—1824号（明治十年十二月二十九日）復刻版 日本図書センター1993—1995年版。

《中国近代期刊汇刊·〈时务报〉》全69册，中华书局1991年版。

《中国近代期刊汇刊·〈清议报〉》全100册，中华书局1991年版。

《中国近代期刊汇刊·〈新民丛报〉》第二辑全96册（14卷），中华书局2008年版。

字典类资料

罗竹风主编:《汉语大词典》，汉语大词典出版社1991年版。

王桧林、朱汉国主编:《中国报刊辞典1815—1949》，书海出版社1992年版。

『日本国語大辞典　第二版』，小学館 2000 年版。

香港中国语文学会：《近现代汉语新词词源词典》，汉语大词典出版社 2001 年版。

佐藤亨：『現代に生きる幕末・明治初期漢語辞典』，明治書院 2007 年版。

附录 1

《时务报》中出现的音译“的”

人名：安的士美、鳥京蒙特維的、的威都的、倭兒的、郎士的兒、的兒稗、的伯亞米兒斯東、革的而、朱列的兒、都萬的兒、的伯魯務、亞曆山的、的朱安、伯希的布、的鎬、且的馬拉、窩羅的兒、渾的旁克、哈的、布列的立克、利卑的兒、伯拉的兒、維的、死窩兒的、斯剢哈的因、裏哈的兒

地名：的狠拉刊枕莫士費拉斯、三斯的華諾、的都沙、波羅的（克）海、巴伯兒曼的、區的沙（嘔的沙）、務拉的倭斯托克（海参威）、的母士若拉多、抱的克、亞母斯的兒得母、亞莫士的當、的奚查斯州、麥的兒尼皮、莆克的列謁、費拉的兒費亞、裏俄的耶涅、因雪可必的亞、薩而的尼亞、包的克、波里的麻加得尼什、碇泊的母士、門的內哥、務拉的倭斯托克、波羅的海、瓦的麥拉

音译词：華的兒士林、哀的美敦書、生的（密達）、的格而、安的摩尼、伯斯的兒路以土（報）、的利米埃兒（報）、斯伯克的得兒（報）、沙打的（報）、安達岷的得（艦）、的利伯兒（艦）、的利（報）、檳查斯的兒（槍）、奚的兒卑路（大學）、的把（報）、士卑古的得律（報）

附录 2

《新民丛报》的用例结构分类

前接词为中日同形词

N+的：后世的、器械的、理想的、历史的、世界的、教育的、感情的、智略的、个人的、社会的、道德的、科学的、哲学的、宗教的、世间的、理论的、人种的、政略的、战事的、西洋的、东洋的、意识的、科学的、近世的、中世的、国家的、良知的、意识的、数学的、秩序的、片务的、物理的、心理的、现实的、法理的、实际的、体具的、实物的、具象的、私法的、公法的、直觉的、军队的、道理的、星学的、周期的、表面的、仙人的、世界史的

A+的：热的、冷的、主观的、客观的、有名的、猛烈的、消极的、唯物的、唯心的、比较的、共同的、轻快的、绝对的、无上的、必然的、矛盾的、积极的、主动的、本有的、外来的、性恶的、性善的、暂时的、永久的、超绝的、本觉的、不觉的、纯粹的、混沌的、有限的、无限的、热情的、相互的、有机的、一时的、有形的、无形的、一般的、乐观的、悲观的、全般的、任意的、随意的、独断的

V+的：治的、应用的、演绎的、归纳的、自律的、他律的、离心的、受动的、消费的、生产的、制限的、盲进的、纪事的、描写的、批评的、人造的、命令的、循环的、人为的、开张的、收敛的、劝告的、他动的、创造的、交际的、发达的、概括的、不治的、流动的、进化的、再现的、自利的、他利的

P+的：非社会的、非进化的、非积极的、非历史的、非世界的、不可知的、非描写的、无制限的、非现实的、非精神的、非理性的、无格式的、有格式的、非快乐的、非空想的、非宗教的、不确定的、

无限制的、有限制的、无强制力的、有强制力的、非反宗教的、非世界史的

N+的+N：心的现象、人的性质、物的性质、人的财货、知的兴味，情的兴味，知的现象、情的现象、意的现象、私的生活、公的生活、人的现象、外的作用、内的作用、外的光辉、内的势力、内的光辉、神的意思、智的德性论、病的心理学、地价的法、直觉的人、民族的国家、国家的民族、世界的国家、物质的文明、精神的文明、理想的邦国、名誉的精神、宗教的精神、回教的文明、精神的意思、心理的现象、数理的性质、理论的世界、宗教的机能、感觉的感情、道德的意志、宗教的意识、外交的政策、国民的资格、立法的智识、权利的思想、国民的运动、军事的法律、军事的眼光、精神的食粮、历史的国粹、分量的先见、世界的知识、科学的结论、政治的势力、未来的目的、道德的美善、精神的现象、政治的组织、阴阳的关系、肉体的暴力、宇宙的现象、工业的企业、光学的性质、杂质的分子、军事的运动、社会的秩序、国家的秩序、国家的团结、自家的准则、狭义的革命、野心的革命、教会的组织，仪式的组织，产业的组织，言语的进步，知识的进步、性质的先见、有机的物体、无机的物体、豪杰的伟人、哲学的伟人、武装的平和、历史的主义、民主的主义、族制的财政、政府的事业、地位的欲望、知力的快乐、思想的快乐、道德的快乐、武装的权势、人格的国家、历史的精神、性质的分类、生计的方面、科学的精神、理想的世界、宗教的观念、地理的影响、感情的观念、名誉的观念、灵魂的观念、慈善的事业、理学的学究、民族的国民、异种的民族、现在的利益、道德的冲动、实情的化身、外交的智力、外交的度量、个人的才能、战争的性质、理想的王政、研究的精神、乡土的界限、主观的分子、物质的观念、事态的观念、国民的状态、自然的状态、物质的元素、精神的元素、社会的团体、论理的方面、事实的国民、法律的国民、国家的人类、分科的组织、实验的智识、公共的事业、国家的教育、外人的奴隶、世界的强国、野蛮的手段、团体的幸福、规律的习惯、社会的观念、将来的观念、道理的满足、智性的满足、军事的占领、权利的人民、革命的罢工、武

力的行动、军事的民政、理想的善政、战争的性质、广义的战争、狭义的战争、义战的观念、专制的国家、法制的现象、意识的势力、民族的国民、器械的形式、形式的目的、实质的目的、经验的兴味，社会的兴味，宗教的兴味、宪法的性质、外部的组织、实力的工夫、化身的关系、政争的意味、国际的性质、感情的方面，意思的方面、机械的动作、模范的事实、法规的制限、本质的根干、历史的现象、合理的说明、标准的原理、函数的关系、感情的问题、自然的强制、器械的记忆、武装的平和、政党的主义、血统的政治、领土的政治、字义的解说、权力的作用、实益的方面、官吏的性质、保险的性质、智识的生活、社交的生活、道德的生活、宗教的生活、本原的基础、官僚的政治、代议的政治、民间的运动、藩阀的势力、实业的方面、实际的主张、学说的主张、个人的差别、经世的倾向、平和的政策、可能的目的、天然的现象、五感的知觉、感觉的知觉、动物的作用、道德的能力、根底的理性、知性的统一、感性的统一、后天的品性、议会的势力、经世的政纲、数字的计算、悟性的个体、唯理的宗教、团体的教育、痛苦的国王、性乐的动物、自主的精神、利害的问题、无意的基础、实体的法律、科学的方法、理论的方面、学理的讲究法、沿革的研究法、抽象的统治者、宗教的世界观、哲学的研究法、历史的研究法、哲理的研究法、实验的研究法、自然的爱他心、历史的宪法者、本能的协同性、商业的大同路、生理的心理学、平民的政治家、地方的智识者、政治的组织者、知略的爱己心、资本的劳动者、论理的贯通性、政治的方面论、土地的统治权、经济的发面论、化学的论人法、历史的教育学、实地的教育学、理论的教育学、血统的关系者、自然人的君主、正式的成文法、生理的心理学、纯乎的爱己心、合理的心理论、合理的宇宙论、合理的神学论、哲学的伦理学、支系的三原理、理性的存在物、实际的经验说、自由的方针组织、有力的政友会员、帝国的自由主义、社会的教育主义、世界的国家主义、君主的专制国家、贵族的专制国家、民主的专制国家、规律的合成意力、共和的国民心理、狭义的社会主义、广义的社会主义、学问的社会主义、慈善的社会主义、社会的道德倾向、平和的革命手段、正式的国际交涉、和平的进步主义、学术的风船飞扬会、自由自治的权利、唯心的变形爱己心、初步的技艺讲习所、合体的非专制国家、人民的非专制国家、意识的实行理论者、单独的附属国保护国

A+的+N：冷的文章、热的文章、近的将来、远的将来、恶的媒介、主动的弊害，被动的弊害、野蛮的自由、消极的义务、积极的义务、美妙的感情、神秘的感情、笃实的本质、积极的行为、消极的仁慈、激烈的性质、迟缓的性质、实际的问题、普通的智识、必要的欲望、奢侈的欲望、滑稽的政策、高尚的品性、重要的线路、积极的仁慈、主观的权力、确实的证明、一致的行动、高尚的小说、精密的宪法、专门的研究、实用的人民、严格的实行、危险的影响、唯心的倾向、必然的事业、实用的倾向、特殊的教育、具体的自我、大略的观念、实在的摆夷、独有的自我、善良的一方面、严正的论理法、纯粹的自利心、消极的快乐说、极端的性恶论、客气的爱国心、纯粹的利己心、最新的道德法、从来的个人主义、盲目的传承主义、严格的科学法式、狭隘的民族主义、绝对的现世主义、巩固的共和政体、轻快的即席演说、复杂的器械组织、单简的种族主义、圆满的社会主义、绝对的自由财货、相对的自由财货、严密的归纳研究法、平等均一的权利

V+的+N：活的学问、生的具体、革命的人才、进化的运动、厌世的思想、综合的精神、孤立的学问、建设的作用、破坏的作用、运搬的作用、生利的事业、分业的组织、独立的教师、练习的道德、优胜的地位、比较的名誉、营利的学校、分配的正义、偿补的正义、交换的正义、宣战的理由、作战的计画、辅助的性质、兴奋的作用、制限的作用、挑战的演说、应变的政略、自卫的革命、反对的变象、反对的地位、训育的手段、合议的原素、暴动的革命、排他的性质、继续的作用、分意的名词、同意的名词、推究的兴味，审美的兴味，同情的兴味、犯罪的群众、并立的国家、求知的时代、言行的时代、钦定的宪法、冒险的风气、营利的学校、独占的货物、自杀的政略、投机的试验、审美的生活、主动的地位、能动的作用、并吞的政策、左进的倾向、共动的因子、理解的记忆、自觉的自己、反省的人格、实

现的自我、解释的研究法、应用的讲究法、推论的研究法、分析的研究法、比较的研究法、变相的爱己心、人为的爱他心、比喻的拔萃表、变性的爱己性、强制的融通力、记述的社会学、反对的演说者、专断的免黜者、制造的工业者、强迫的性质者、利他的行为者、骚动的进步主义、专制的君主主权、专制的国民主权、立宪的共通精神、自助的社会主义、分裂的民族主义、批判的历史主义、变相的开明专制论

P+的+N：事实上的人才、地理上的名词、政治上的名词、物质上的事、国家主义的民族、国家机关的君主

A+的+V：美的引导、人工的记忆、普遍的陶冶、相互的制限、永久的经营、积极的协助、消极的协助、绝对的开放、极端的反对、极端的武断、超绝的进行、有形的干涉、简单的断案、绝对的不承认

V+的+V：变形的发达、侵略的扩张、调和的发展、孤立的生存、锻炼的发问、教育的教授、侵略的趋向、自杀的竞争、并进的发达、分业的协同、比较的受欢迎

前接词非中日同形词

N+的：景教的、达尔文的、轩轾的

A+的：向心的、受命的、热浓的、零碎的、冷性的

V+的：相加的、左进的、普行的

N+的+N：市府的民族、贷利的人民、西棉的纯法、卢梭的国家、偶质的枝叶、法字的修养、主法的刑法者、匈牙利的民族、美利坚的民族、日耳曼的制度、东海岸的广州湾、耶稣教的社会主义

A+的+N：静定的研究、积叠的论理式、有神的性质、仅少的劳费、派生的基础、交壤的精神、偏局的一般主义

V+的+N：反诘的谈话、产念的谈话、排满的感情论、敷衍的外交手段

P+的+N：所成的现象、有时间的性质、有空间的性质、有种族的观念、非说明的原理、无意志的活动、不成熟的意力、似而非的佛教、好模仿的动物、好竞胜的动物、半官业的性质、不同种的民族、无强制的组织、非狭隘的民族复仇主义、防微杜渐的诫、国民总意的

政治、国民多数的政治、政治革命的意味、绝对独立的性质、家族主义的民族、吾人结集的思想、人种习俗的感情、规律制裁的生活、绝无一贯的条理、反对政府的感情、民族集合的国家、神经运动的大例、侵略土地的野心、物界以外的真相、天地鬼神的主宰、一知半解的国权论、国民直接的共和国，代议制度的共和国、代议参用的共和国、同份异性的饱和杂质、简单偏狭的土地国有政策、人的及物的设备、科学政治推论的论集、国家社会主义的精神

—的之—：动摇的之物、天生的之敌、独立的之一事、智力的之特性、生计的之领有、平民的之一人、禁止的之命令、防御的之必要、国学的之理象、历史的之观念、生产的之外资、不自觉的之目的、不生产的之外债、人造的之女学校、自然的之学校、秩序的之新天地、侵略的之强暴者、单纯的之命令主义、一部分的之保护政策、受动的偶然的之作用、发动的规则的之作用、实科的实利的之物、必然的盲从的之运行

—的—之—：宗教的爱国之心、根本的原理之法、名誉的败军之将、自主的政府之下、一定的体制之下、物质的饶富之中、限定的归旨之学、粗豪的侠士之手、应变的防御之法、文化的优势之故、复旧的君主党之列、沈稳的政治家之手、增加的变化体之母、模糊的混合派之言、科学的智识之时代、固有的名誉之大义、所成的社会之恶习、国家的竞争之主义、空想的领土之奇观、政治的自由之国家、国民的竞争之剧烈、通商的利害之关系、他人的权利之国民、对数的进步之原理、悲观的道德之眼孔、自由的善意之化身、道德的意识之要求、众民的风潮之要求、生命的物质之化学、后天的历史之注脚、一时的道德之有无、国民的独立之表徵、具体的发表之行动、外部的发表之行为、应用的化学之智识、种种的势力之膨胀、热闹的拒外之风潮、归纳的整理之原则、无限的得失之比较、正确的研究之结果、中心的论难之要点、政权的竞争之现象、本能的共通之感情、共通的精神之存在、星学的进化之时期、法人的国家之利益、间接的密切之关系、必至的事实之连续、冒险的利益之探险者、论理的最正当之解释、帝国的大运动之起点、因果的关系中之原因、最狭义的小我之

外、自然人的一己之利益、有统一的思想之人类、地质学的进化之时期、精神界的活动之前提、有机体的民党之成立、无组织的强制力之后援、具案的组织社会之势力、绝对的主张开明专制之人、教授的同一般之行为、革新的教育之感化中、伟大的时代变迁之势力、专制的教会主义之教育、中心的过渡时代之英雄、原始的最高机关之鼻息、统计的眼光之缺乏之人、满洲的国粹之发挥最用力、精神的要素之最单纯者、动学的说明上之对立相争者、平和交涉的将来之保障、不可思议的哲学之关系、无秩序的战地之民舍逃死、永久的全知的自觉大主观之发现、四民平等的法律之下、狭隘偏枯的道德之域、唤起公共的感情之手段

—之—的—：法之相对的观察、余之假定的决论、国家之外的势力、单纯之兽的暴力、同府之革命的檄文、民族之实际的质性、观念之刺戟的性质、稽波之国民的思想、最后之相当的刑罚、当时之时代的要求、一二之山膏的日报、法律之形体的进化、定义之详细的说明、远大之政策的眼光、外界之义务的规则、两党之无名的豪杰、五端之精详的说明、单一之比例的关系、极大之对己的本务、可惊之中级的政纲、重要之辅助的科学、专制之主体的利益、专制之客体的利益、人类之继续的结合、吾说之正确的程度、宇宙之永久的联络体、社会之有机的发达上、儿童之先天的模仿者、儿童之自裁的行为者、巩固之进步的政府党、惯用之卑劣的外交手段、诚实之学问的研究方法、少数之领袖团体的权利、所揭之文明的战时法规惯例、所略陈之沿革的事实、赋人权之固定的职务、所生产之总体的生产物、性理上之固定的、事实上之流动的、天论者之偏枯单一的主义、所固有之绝对无上的命令、所抄袭之半面的美浓部机关说、社会主义之空想的道理、与其时代之比较的语、野蛮时代之绝对的信仰、最可贵重之蓄力的时日、最无谓之竞气的举动、根本主义之一般的倾向、政权作用之法规的全体、或善或恶之未定的名词、固定静止之无机的法律、全无关系之分离的事物、生计困难之根本的大原因、视觉嗅觉听觉等之特殊的感觉、权力分立说之基础的精神、自生产自消费之孤立的家内经济时代

—的—的—：戏曲的小说的性质、人的物的两英雄、宗教的智力的经济的三种教育、精神的非形式的形式、实用的功利的个人主义、实际的具体的观念、物理的化学的诸力、实质的根本的原理、共同的统一的行动、个人的地方的临机应变的倾向、空想的妄信的生活

—的—的（—的）：正的淫的、共存的断续的、片务的解剖的、关系的绝对的、绝对的直接的、历史的社会的、自然的自主的、偶发的片断的、人的社会的、社会的活动的、生得的直觉的、学校的社会的、应用的合理的、论理的科学的、绝对的纯洁的、田舍的平民的、社会的利他的、外动的受动的、生物学的自然科学的、有形的物质的直接的、无形的精神的间接的、生理的心理的本原的、偶然的特发的国别的、材料的形式的活动的究竟的、政治的实势的法规的形式的、心理的道德的合同的高等的不完全的

附录 3

晚清小说年表

年份	创作小说（作者）
1900	中东大战演义（洪兴全）、泪珠缘（陈碟仙）
1902	新中国未来记（梁启超）、东欧女豪杰（罗普）
1903	自由结婚（张肇桐）、官场现形记（李伯元）、活地狱（李伯元）、负曝闲谈（欧阳钜源）、邻家女（连梦青）、海上繁华梦（孙玉声）、痛史（吴趼人）
1904	女娲石（海天独啸子）、女狱花（王妙如）、中国现在记（李伯元）、海天鸿雪记（二春居士）、洪天雷（孙景贤）
1905	孽海花（曾朴）、新法螺先生谭（徐念慈）、苦社会
1906	二十年目睹之怪现状（吴趼人）、九命齐冤（吴趼人）、恨海（吴趼人）、文明小史（李伯元）、老残游记（刘鹗）、九尾鱼（张春帆）、泡影录（彭俞）